UN ÉTÉ
EN AMÉRIQUE

PAR

M. JULES LECLERCQ

PRÉSIDENT DE LA SOCIÉTÉ ROYALE BELGE DE GÉOGRAPHIE

OUVRAGE ENRICHI DE SEIZE GRAVURES

Deuxième Édition

PARIS

LIBRAIRIE PLON

E. PLON, NOURRIT ET Cie, IMPRIMEURS-ÉDITEURS

RUE GARANCIÈRE, 10

1886

Tous droits réservés

UN ÉTÉ EN AMÉRIQUE

L'auteur et les éditeurs déclarent réserver leurs droits de traduction et de reproduction à l'étranger.

Cet ouvrage a été déposé au ministère de l'intérieur (section de la librairie) en août 1877.

OUVRAGES DU MÊME AUTEUR

Voyages dans le nord de l'Europe. — Un Tour en Norvége. Une promenade dans la mer Glaciale (1871-1873). Deuxième édition, 1877.

Promenades et escalades dans les Pyrénées. Deuxième édition, 1877.

Voyage aux îles Fortunées. Le Pic de Ténériffe et les Canaries. (Librairie Plon.)

La Terre de glace : Féroë — Islande — les Geysers — le mont Hécla. (Librairie Plon.)

PARIS. — TYPOGRAPHIE DE E. PLON, NOURRIT ET Cie, RUE GARANCIÈRE, 8.

INDIENS DES MONTAGNES ROCHEUSES.

UN ÉTÉ
EN AMÉRIQUE

DE L'ATLANTIQUE AUX MONTAGNES ROCHEUSES

PAR

JULES LECLERCQ

PRÉSIDENT DE LA SOCIÉTÉ ROYALE BELGE DE GÉOGRAPHIE

OUVRAGE ENRICHI DE SEIZE GRAVURES

Deuxième Édition

PARIS

LIBRAIRIE PLON

E. PLON, NOURRIT et Cie, IMPRIMEURS-ÉDITEURS

RUE GARANCIÈRE, 10

—

1886

Tous droits réservés

UN ÉTÉ
EN AMÉRIQUE

I

A TRAVERS L'ATLANTIQUE.

Le 16 mai 1876, je me promenais sur les quais de Liverpool, attendant l'arrivée du steamboat qui devait me conduire à bord de l'*Hibernian*. Il neigeait à gros flocons, tout comme si décembre était revenu par une de ces transitions subites qu'un simple truc de machiniste produit à l'Opéra. Emmitouflé dans mes vêtements d'hiver, je me livrais aux mille réflexions qui se pressent dans l'esprit d'un voyageur solitaire prêt à partir pour l'Amérique, lorsque je vis passer un cercueil recouvert d'un drap noir et porté par quatre matelots. Sans doute un pauvre marin mort en mer! Nul ne se découvrit sur son passage, nul ne sembla s'intéresser au triste cortége. Cette lugubre apparition n'était pas de nature à chasser les idées noires dont j'étais obsédé. Jamais, à l'heure du départ, je ne me sentis plus grande envie de faire la sourde oreille aux séductions du démon des voyages. Mais ma cabine était retenue, mon passage payé, et au dernier moment je crus entendre je ne sais quelle voix d'Amérique qui me criait : « Go ahead! never mind! »

L'*Hibernian* est un des trois paquebots de la Compagnie Allan qui partent tous les quinze jours de Liverpool à destination de Baltimore, en touchant à Saint-Jean et à Halifax. La même Compagnie possède neuf paquebots qui font la traversée hebdomadaire de Liverpool à Québec. C'est, je crois, la seule ligne qui desserve à la fois les États-Unis et le Canada; elle permet ainsi au touriste de suivre deux routes différentes à l'aller et au retour. Quel que soit l'itinéraire que l'on choisisse, on y trouvera beaucoup plus d'attraits que sur la ligne directe de Liverpool à New-York, suivie par les autres paquebots transatlantiques. La route des paquebots de la ligne Allan est la plus septentrionale : elle est à deux cents lieues plus au nord que celle des lignes concurrentes. On a donc toujours chance d'y rencontrer les banquises de glace détachées de la mer de Baffin, d'y voir les ébats des baleines, d'y contempler les aurores boréales fréquentes dans les parages du Labrador, autant d'incidents qui rompent la monotonie d'une longue traversée. Si l'on suit la ligne de Baltimore, les escales à l'île de Terre-Neuve et à la Nouvelle-Écosse offrent d'agréables diversions; si l'on suit la ligne directe de Québec, on a sous les yeux, pendant deux ou trois jours consécutifs, l'admirable panorama du Saint-Laurent, la plus vaste, la plus grandiose avenue qui mène en Amérique. Et cependant, que de voyageurs pressés qui préfèrent débarquer sur les quais de la peu poétique New-York, après une dizaine de jours passés à ne contempler autre chose que le ciel et l'eau !

La ligne Allan offre autant de sécurité que celle du Cunard. Elle n'a jamais perdu qu'un seul navire, par suite d'une collision contre un iceberg, qui eut lieu dans le Saint-Laurent il y a une douzaine d'années. L'année dernière elle a failli perdre le *Moravian* de la même manière. C'était dans le voisinage de Terre-Neuve, par un épais brouillard ; à minuit le steamer, lancé à toute vitesse, donna contre une masse de glace. Le choc fut terrible : le mât de beaupré fut enlevé, et l'avant entièrement défoncé. Heureusement le *Moravian*, comme tous les steamers de la ligne Allan, était construit à compartiments étanches. Il put continuer sa route vers Québec, mais pendant trois jours il fallut continuellement faire fonctionner les pompes.

Si la ligne Allan est plus exposée que toute autre à rencontrer des icebergs, en revanche elle n'a pas à craindre les collisions de navires, la route qu'elle suit n'étant fréquentée que par ses propres paquebots. C'est là un immense avantage, car neuf fois sur dix les sinistres qui ont lieu sur l'Atlantique sont dus aux rencontres de navires. Malgré l'immensité de la mer, rien n'est plus restreint que l'espace parcouru par les steamers transatlantiques : tous s'efforcent de suivre la voie la plus courte et la plus directe, et de là les terribles catastrophes qui presque chaque année causent la perte de tant de vies humaines.

Un voyage sur l'Atlantique n'est jamais exempt de dangers. Le capitaine de l'*Hibernian* me disait que sur trois traversées on en compte une bonne et deux mauvaises. En hiver on est exposé à de terribles tempêtes qui durent souvent plusieurs jours ; en été les orages sont fréquents, et dans la région des glaces flottantes les brouillards sont presque permanents. Les brouillards, voilà ce qui fera toujours de l'Atlantique la pire des mers.

Le lendemain de mon départ de Liverpool, j'aperçus les gracieuses collines de l'Irlande. L'*Hibernian* fit une courte escale à Queenstown, où nous prîmes les passagers de l'Irlande et les dernières dépêches d'Europe. Cette petite ville, située au fond d'une immense baie, présente un coup d'œil magnifique : la mer, qui forme ici un lac paisible, est environnée de tous côtés de collines en pente douce, parées de cette splendide verdure qui a fait nommer l'Irlande « la verte Érin ». L'entrée de la rade est défendue par deux forts.

Bienveillante nature, comme tu resplendis à mes yeux ! D'où vient donc que tout se renouvelle en moi ? Oh ! c'est que le soleil de Queenstown a succédé au ciel neigeux de Liverpool. Hier j'étais triste et maussade au moment de m'élancer sur l'Océan ; aujourd'hui je me sens pénétré d'un fluide vivifiant et régénérateur à la vue de cette belle nappe bleue qui réfléchit la voûte céleste.

En sortant de la rade de Queestown, nous fûmes devancés par un steamer du Cunard. L'*Hibernian* n'est pas un rapide marcheur : c'est le plus petit des douze steamers de la ligne Allan, et il file à peine onze nœuds à l'heure. Pendant toute la soirée nous continuâmes à côtoyer l'Irlande, dont les collines se profilaient vaguement dans la distance. A onze heures du soir nous saluâmes le dernier phare d'Europe.

Le lendemain matin nous voguions en plein océan Atlantique, poursuivant avec une régularité mathématique notre marche vers les terres américaines. Presque tous les passagers de première classe étaient des Canadiens de la Nouvelle-Écosse et du Nouveau-Brunswick qui retournaient dans leur pays après une visite à la mère patrie. L'élément européen était représenté par trois Norvégiens, un Espagnol et un Portugais. Deux des Norvégiens allaient à l'exposition de Philadelphie, envoyés aux frais de leur gouvernement ; le troisième était capitaine de navire et se rendait à New-York pour prendre le commandement d'un voilier. Il n'y avait qu'un seul Anglais à bord : il allait visiter sa plantation de Virginie, dont il avait confié la direction à son fils. L'Atlantique était une de ses vieilles connaissances. Il y avait trente-trois ans qu'il l'avait traversé pour la première fois sur un navire à voiles : dans ce bon vieux temps on s'estimait fort heureux de pouvoir faire le voyage en quarante jours.

Rien de curieux comme l'intimité qui s'établit immédiatement entre les divers passagers d'un steamer transatlantique. Faut-il attribuer ce phénomène à la destinée commune qui les enchaîne tous? Nous avions à peine quitté l'Europe, que déjà la glace était rompue avec la plupart de mes compagnons de route. Le temps se passait en grande partie à la tabagie, située sur le pont, au milieu du navire : on y goûtait les plaisirs de la conversation et du jeu de cartes, et la fumée du havane était assaisonnée de piquantes histoires du nouveau et de l'ancien monde que chacun racontait à tour de rôle. Je n'avais pas un seul compatriote à bord, et cependant je ne me pris jamais à songer à mon isolement. Pas un passager ne parlait français; il fallut donc, bon gré, mal gré, me perfectionner dans la conversation anglaise, ce qui répondait entièrement au but que je m'étais proposé en m'embarquant sur un navire anglais.

C'est chose incroyable comme on devient paresseux sur mer. Nulle envie de travailler. La lecture même est difficile. On n'est disposé que pour le jeu et le sommeil. Quand le temps est beau, on arpente le pont à grands pas. Les plaisants appellent cela la promenade aux boulevards. Les plus galants offrent le bras aux dames : ce que celles-ci semblent rechercher avec le plus d'empressement, c'est la promenade avec le capitaine.

Un passe-temps fort amusant, c'est le jeu du *shaffleboard,* sorte de croquet *ad hoc* bien connu de tous ceux qui ont traversé l'Océan : cet exercice répond parfaitement au besoin de mouvement que crée la vie de bord. Le soir, on se récrée au salon, où de charmantes misses promènent leurs doigts sur le piano. On ne manque jamais de consacrer au moins une soirée au grand concert vocal et instrumental au profit des orphelins des matelots.

En dépit de ces distractions, ceux qui s'imaginent qu'il y a beaucoup de poésie dans une traversée de l'Océan se trompent étrangement. Nulle part la vie matérielle ne tient plus de place qu'à bord d'un navire transatlantique. La plus grande partie de la journée est absorbée par les repas. Chaque fois que le son béni de la cloche appelle les passagers à table, il est curieux de les voir se précipiter chacun à la place qui lui est assignée, avec ce formidable appétit que donne l'air salin de la mer. Il faudrait remonter au temps d'Homère pour retrouver de pareilles agapes. Et cette scène se reproduit non pas une fois, mais cinq fois par jour. Dès huit heures et demie du matin, on attaque les côtelettes, le jambon, les viandes froides, les œufs sous toutes les formes, le tout agrémenté d'une tasse de thé ou de café pour sauver les apparences : car ce premier repas n'est censé être qu'un simple déjeuner. A midi a lieu le « luncheon ». Ce mot, intraduisible en français, a été inventé pour distinguer le premier dîner du second. Le second, le vrai dîner, a lieu à quatre heures et demie : il se compose de tous les éléments confortables qui constituent la cuisine anglaise, depuis l'*ox tail soup* jusqu'au *plum-pudding*. A sept heures, sous prétexte de prendre le thé, on dévore mille friandises étalées sur la table. Dans la crainte de ne pas dormir, il faut encore, à dix heures du soir, souper de poisson, de viande froide avec les accessoires.

Le 20 mai, la table se trouva considérablement dégarnie, et pour cause : la moitié des passagers payaient tribut au mal de mer. De grosses vagues faisaient danser notre navire comme un fétu de paille. A chaque instant l'hélice était soulevée hors de l'eau, et ses ailes, manœuvrant dans le vide, battaient l'air avec fracas. Au salon toutes les boiseries craquaient et mugissaient, comme si le navire avait voulu se disjoindre. Ce jour-là nous ne fîmes que cent cinquante milles, cent milles de moins qu'à l'ordinaire.

Le 22, six jours après le départ de Liverpool, nous atteignîmes la limite extrême des icebergs, et du même coup nous arrivâmes dans la région des brouillards. A chaque instant retentissait le sifflet de la machine, pour avertir de notre présence les navires qui auraient pu se trouver dans notre voisinage. Le brouillard porte le son à une grande distance, en sorte qu'il suffit de faire jouer le sifflet toutes les deux minutes. Ce bruit strident est aussi lugubre qu'agaçant, et comme ma cabine n'était pas loin de la machine, j'avais grand'-peine à m'endormir la nuit. Cette couche de brouillards qui s'étendait sur l'immensité de l'Océan ne semblait pas avoir une bien grande hauteur, car le soleil était toujours visible au milieu du jour, quoique notablement obscurci, mais la ligne de l'horizon restait continuellement invisible, ce qui empêchait de faire le point à midi et de calculer notre situation exacte

Parfois je m'aventurais à l'avant du navire. Il y faisait un froid de loup. Un homme était posté là, immobile comme une statue, scrutant de ses yeux de lynx l'espace qui s'ouvrait à la vue. Sa mission était de signaler les navires ou les blocs de glace qui se seraient trouvés sur notre voie. C'était de lui que pouvait dépendre notre vie!

Nous restâmes enveloppés dans la brume pendant trois jours consécutifs. Le soir, la température n'était guère tenable sur le pont. Le thermomètre descendait à 32° Fahrenheit (zéro centigrade). La respiration était coupée par un vent glacial venant en droite ligne des icebergs qu'il avait caressés au passage. Le brouillard s'épaississait au point que de grosses gouttes de pluie tombaient du haut des cordages et couvraient d'une froide humidité ceux qui avaient le courage de s'aventurer au dehors. Ces sensations me procuraient une édition nouvelle du voyage que je fis dans la mer Glaciale en 1873.

Le 24, nous naviguâmes toute la journée en plein banc de Terre-Neuve. Deux fois la sonde fut jetée à la mer. On constata respectivement une profondeur de soixante-douze et de soixante-dix-neuf brasses. L'eau a ici une teinte beaucoup plus pâle que dans les autres régions de l'Atlantique. Le seul endroit dangereux du banc de Terre-Neuve, ce sont les écueils appelés « Virgin Rocks ». C'est peut-être là qu'a sombré le *City of Boston* de la ligne Inman, qui disparut en 1870 sans qu'on n'en ait plus jamais eu de nouvelles.

Aux approches de l'île de Terre-Neuve, nous naviguâmes avec la plus grande prudence. Quand le phare de Saint-Jean (Saint-John) fut en vue, le commandant fit tirer des fusées pour appeler un pilote : soit que les signaux eussent été aperçus ou non, le pilote ne vint pas. Il était dix heures du soir. Le capitaine, plutôt que de passer la nuit en vue du port, tenta d'aborder malgré la brume.

Saint-Jean est situé au fond d'une baie encaissée entre des montagnes. L'entrée de cette baie est fort étroite, et un écueil invisible en occupe le milieu. Nous courûmes les plus grands dangers pour y pénétrer. En effet, un bloc de glace flottant se trouvait justement sur notre passage, et le brouillard était si intense, que lorsque la vigie cria : « Iceberg, sir ! » il était déjà trop tard pour stopper. Nous ne pûmes que nous détourner à droite ; mais il fallait éviter à la fois et l'iceberg et l'écueil : nous dûmes passer entre les deux. Comme nous marchions sous petite vapeur, nous ne pûmes évoluer assez rapidement pour que la quille de l'*Hibernian* ne touchât la partie invisible et immergée de l'iceberg. Deux secousses suivies de deux craquements sinistres mirent tout le monde en émoi ; mais la plupart n'avaient pas encore pu se rendre compte de ce qui se passait, que déjà nous avions passé sains et saufs Charybde et Scylla. Lors de cet incident, j'étais dans la tabagie. Je me précipitai au dehors avec tous les fumeurs, et nous pûmes voir derrière nous, s'estompant vaguement dans la brume, l'énorme masse de glace à laquelle nous venions d'échapper. Les passagers qui se trouvaient au salon s'imaginaient que nous avions touché l'écueil situé à l'entrée de la baie. En somme, tous en furent quittes pour la peur.

II

SAINT-JEAN DE TERRE-NEUVE. — HALIFAX.

A onze heures du soir nous étions mouillés dans le port de Saint-Jean de Terre-Neuve, et comme l'obscurité était complète, nous annonçâmes notre arrivée par deux coups de canon qui réveillèrent la ville endormie. Un écho prolongé, répercuté par tous les rochers des environs, répondit à la double décharge. Bientôt le quai se couvrit de curieux accourus de tous les points de la ville pour recevoir les nouvelles d'Europe : ce bonheur n'échoit à Saint-Jean que de loin en loin. En attendant qu'on pût débarquer, des plaisanteries furent échangées de part et d'autre.

Ce ne fut qu'à minuit que nous pûmes prendre possession du plancher des vaches, huit jours après le départ de Liverpool. En mettant le pied sur cette terre qui est en quelque sorte la sentinelle avancée du nouveau monde, j'éprouvai cette émotion que tout voyageur a ressentie en débarquant sur un sol qu'il foule pour la première fois.

Comme le steamer ne devait faire qu'une courte escale à Terre-Neuve, je me fis éveiller le lendemain à cinq heures du matin. Saint-Jean est situé au fond d'une crique environnée de montagnes stériles de l'aspect le plus triste. Cette crique rappelle à s'y méprendre les fjords de la côte occidentale de la Norvége. La ville elle-même, avec ses maisons de bois bâties sur les rochers, a un aspect tellement scandinave, que les Norvégiens qui m'accompagnaient se croyaient chez eux.

La cathédrale catholique, avec ses deux tours carrées, occupe le plus haut point de la ville. Cet édifice massif, qui n'a de remarquable que ses immenses dimensions, a été commencé en 1845 et terminé en 1848, comme l'indique l'inscription de la façade. L'intérieur ressemble plus à une grange qu'à une église. Nous y avons remarqué un assez bonne copie d'une Vierge de Murillo; le reste ne vaut pas l'honneur d'être nommé. Les autres édifices de Saint-Jean sont l'insignifiant bâtiment du gouvernement et l'église protestante. On était en train de construire un temple maçonnique en pierre grise. En Amérique, il n'est si petite ville qui n'ait son « masonic hall ». C'est souvent le plus beau monument de la ville. Ces temples sont accessibles aux profanes comme tous les édifices quelconques. La maçonnerie américaine ne s'enveloppe pas de profonds mystères comme en Europe : j'ai quelquefois rencontré en pleine rue des individus accoutrés de leur tablier frangé d'or et de tous leurs insignes.

Saint-Jean, dont la population s'élève à environ vingt mille âmes, est le chef-lieu de l'île de Terre-Neuve. Cette île, découverte vers la fin du quinzième siècle par

Sébastien Cabot, a une étendue égale à celle de l'Irlande. Bien qu'elle soit située sous une latitude plus méridionale que cette dernière contrée, le climat y est très-rigoureux : la neige y tombe pendant plus de la moitié de l'année ; l'été, qui dure à peine six semaines, est sans cesse contrarié par les brumes épaisses que produit le voisinage des glaces chassées vers ces côtes par les courants polaires. J'étais à Terre-Neuve à la fin de mai : la température y était encore âpre et piquante comme au cœur de l'hiver. La flore et la faune de l'île sont celles des climats froids. Les arbres résineux y dominent. On y trouve des ours blancs et des phoques sur les côtes. C'est de l'île de Terre-Neuve que nous vient cette belle race de chiens de haute taille qui se naturalisent si bien en Europe. Les habitants s'adonnent à la chasse au phoque et à la pêche de la morue. M. M..., en qui j'ai trouvé l'un des plus agréables passagers de l'*Hibernian*, s'est fait une grande fortune par ce genre d'industrie ; il possède plusieurs steamers destinés à la chasse au phoque : il m'a fait les honneurs d'un de ces bâtiments, qui ressemblent assez bien aux baleiniers que j'ai vus à Vadsö en Finmark.

Les pêcheries de Terre-Neuve sont aussi célèbres que celles des Loffoden : l'Angleterre, la France, l'Amérique y envoient chaque année des milliers de vaisseaux qui capturent des millions de morues ; mais telle est la prodigieuse fécondité de ces poissons migrateurs, que la pêche reste toujours également productive [1].

[1] D'après Leuwenhoek, l'ovaire d'une morue de moyenne

L'île de Terre-Neuve était autrefois l'une des nombreuses possessions que la France avait en Amérique; le traité d'Utrecht la donna à l'Angleterre en 1713. La France n'a conservé dans ces parages que les îles Saint-Pierre et Miquelon, situées au sud de l'île. Le traité de Paris, en 1814, a assuré aux Français le droit de pêche sur le banc de Terre-Neuve.

A dix heures du matin, l'ancre de l'*Hibernian* dérapa, et nous reprîmes la mer par un ciel pur et serein : les brouillards de la veille s'étaient complétement dissipés. Pendant plusieurs heures nous longeâmes les côtes de Terre-Neuve. Elles présentent partout l'aspect de rochers nus, tapissés d'énormes plaques de neige et dénués de toute végétation : c'est ainsi que je m'imagine les régions maudites de la Nouvelle-Zemble.

De Saint-Jean jusqu'à la pointe Cape-Race, nous pûmes jouir sans restriction de la vue des montagnes de glace flottantes que les brouillards nous avaient obstinément cachées les jours précédents. Ce spectacle a été cent fois décrit par les courageux navigateurs des régions arctiques; et cependant la réalité restera toujours au-dessus de la description. Ces banquises, que les courants polaires ont arrachées aux glaciers des contrées hyperboréennes, présentent toutes les formes imaginables. Tantôt elles affectent la forme de clochetons, d'aiguilles, de tours, d'églises, de châteaux; tantôt ce sont d'énormes masses désordonnées, des blocs informes qui

---

grandeur renferme neuf millions trois cent quatre-vingt-quatre mille œufs!

émergent à trois cents pieds au-dessus de l'eau, et dont la partie immergée plonge à une profondeur sept fois plus considérable. Presque tous ces icebergs étaient échoués sur la côte de Terre-Neuve. Quelques-uns flottaient au large, se laissant aller au fil du courant avec toute la majesté de la force inerte. Malheur au navire qui irait butter à toute vapeur contre ces murailles de glace !

On ne peut se figurer les teintes fantastiques des ice; bergs sans les avoir vus. La plupart, couverts d'une fourrure de neige, sont d'une blancheur éblouissante. D'autres sont trop escarpés pour que la neige puisse y rester adhérente : ceux-là sont d'une teinte vert pâle avec des reflets d'émeraude, et semblent, pour ainsi dire, transparents lorsque le soleil fait miroiter leurs parois. Ces miroitements les font apercevoir à des distances énormes.

Ce que nous vîmes de baleines dans les eaux de Terre-Neuve ne se peut imaginer. Elles abondent tellement dans ces parages, que nous en avions parfois une douzaine en vue. Leur présence s'annonce par les jets d'eau qu'elles lancent par leurs évents. Elles m'ont semblé d'une taille beaucoup plus petite que celles que j'ai rencontrées dans la mer Glaciale. Ces cétacés ont ici un redoutable adversaire : c'est une espèce de requin que les matelots anglais appellent *thrasher* : ils sont presque aussi nombreux que les baleines. Parfois ces squales passaient si près de nous, que nous pouvions entendre leurs mugissements caverneux.

Hélas! toutes ces splendeurs du monde polaire s'évanouirent à six heures du soir. Nous eûmes à peine perdu de vue les côtes de Terre-Neuve, que nous nous trouvâmes de nouveau enveloppés dans l'humide linceul qui plane presque continuellement sur cette région de l'Atlantique. Il fallut naviguer avec cette sage lenteur qui est la meilleure des précautions. Les écueils de glace sont partout dans ces parages, et le danger croît en raison de l'intensité du brouillard. Nous passâmes à une trentaine de mètres d'un immense iceberg dont les formes se dessinaient confusément à travers le voile de brume : au bout de quelques tours d'hélice, nous l'eûmes perdu de vue. Si nous nous étions heurtés contre cette masse solide, nous eussions pu nous briser comme verre et sombrer en quelques secondes.

Le froid m'obligea à me réfugier au salon, où je trouvai tout le monde accoudé aux hublots : qu'est-ce donc qui pouvait les intéresser par un pareil brouillard? J'occupai l'un des hublots vacants, et remarquai une infinité de petits blocs de glace qui semblaient faire cortége au navire : ces banquises en miniature, qui n'émergeaient que de trois ou quatre pieds, plongeaient en réalité à plus de vingt pieds au-dessous de la ligne de flottaison. Mais le steamer filait doucement, et les petits icebergs s'inclinaient et nous laissaient passer de la meilleure grâce. C'était d'un prestige charmant. Mais gare à l'hélice, quand un de ces blocs de glace vient à s'y engager!

Je me couchai ce soir-là nullement certain de n'être pas réveillé la nuit par quelque alerte. J'étais à peine endormi, que le bruit strident et continu du sifflet de la machine vint m'arracher aux bras de Morphée. Je ne fus pas longtemps à me rendre compte que le navire était arrêté. Je sautai de mon cadre, me rhabillai et montai sur le pont pour connaître la cause de notre stationnement. J'entendis un sifflement qui semblait s'éloigner de plus en plus : nous nous trouvions dans le voisinage d'un navire que le brouillard nous empêchait d'apercevoir. Nous venions d'éviter la collision d'un navire après avoir échappé le même jour à la rencontre d'un iceberg ! On le voit, une traversée de l'Atlantique est riche d'émotions.

La brume se dissipa deux jours après que nous eûmes quitté Terre-Neuve. Le 27, je me réveillai par un ciel pur. L'air était vivifiant, et un vent frais soulevait la mer en petites vagues couronnées d'une crête d'écume : on eût dit un immense troupeau de moutons blancs. Vers trois heures, nous commençâmes à distinguer les montagnes de la Nouvelle-Écosse. Après onze jours de navigation nous étions enfin en vue du continent américain. Bientôt nous vîmes venir à nous une barque à voile latine rasant avec la légèreté d'un oiseau les flots qui la secouaient sans pitié : elle nous amenait un pilote. Nous pénétrâmes dans une sorte de fjord resserré entre deux rideaux de collines où s'épanouissaient de belles forêts de sapins. A cinq heures nous étions devant Halifax.

Vue du port, la capitale de la Nouvelle-Écosse ou ancienne Acadie présente un coup d'œil charmant. La cathédrale gothique, la douane, le post-office, les forteresses qui commandent l'entrée du port, enfin les nom-

HALIFAX. Page 18.

breux vaisseaux ancrés le long des quais, tout cela forme un ensemble gracieux et imposant. La ville se déploie en amphithéâtre sur une colline, s'élevant jusqu'à la citadelle qui lui sert de diadème.

Après Québec, Halifax est la meilleure place forte de l'Amérique anglaise. La citadelle, qui n'a pas moins d'un mille de circonférence, est armée de plusieurs batteries de canon dont la plupart sont dirigées vers la rade. La garnison est de deux mille hommes : c'est tout ce que le Canada possède de troupes régulières depuis le retrait des troupes anglaises.

Du haut de la citadelle j'ai contemplé un des plus beaux panoramas du monde : l'œil erre avec un charme indicible sur le beau golfe bleu enchâssé comme une glace dans un superbe cadre de montagnes fuyant en pente douce vers la mer dont on aperçoit à une lieue de distance la nappe sans limites, resplendissant au soleil. Toutes les lignes du paysage ont une douceur exquise et une grâce charmante. Je n'ai rencontré par la suite, en Amérique, qu'une seule vue qui puisse rivaliser avec celle-ci : c'est le panorama qui se déroule au regard du haut de la citadelle de Québec. A Halifax, c'est un large bras de mer qui est le point de mire du tableau ; à Québec, c'est le majestueux fleuve Saint-Laurent.

La capitale de la Nouvelle-Écosse ne devrait être vue que de loin. A l'intérieur, la ville est laide et triste. Les rues, couvertes d'un mauvais macadam, se croisent à angle droit suivant la manie américaine ; la plus pittoresque est celle qui longe la mer : c'est une sorte de

Cannebière où sont étalés tous les produits de l'industrie anglo-canadienne. Dans cette partie de la ville, la plupart des maisons sont bâties en pierre avec ce luxe d'architecture qu'on retrouve dans toutes les villes anglaises. Dans la ville haute, toutes les constructions sont en bois.

Halifax fait un commerce assez considérable avec les Indes occidentales et les autres colonies anglaises de l'Amérique, ainsi qu'avec les États-Unis et l'Angleterre. Le chemin de fer intercolonial, qui venait d'être inauguré, va augmenter encore la prospérité de ce beau port de mer. Halifax peut maintenant communiquer avec Québec et Montréal, la métropole commerciale et la plus grande ville de la Dominion. Le chemin de fer intercolonial a d'autant plus d'importance, que pendant l'hiver les glaces du Saint-Laurent bloquent le port de Montréal, tandis que le port d'Halifax est libre de glaces pendant toute l'année. Cette nouvelle voie ferrée a une importance non moins considérable au point de vue stratégique. Lorsque l'Angleterre envoya des troupes au Canada pendant la guerre de sécession, le Saint-Laurent était pris par les glaces, et Québec n'était accessible que par terre. Les troupes devaient se rendre à ce poste sans retard : on ne pouvait s'arrêter à l'idée de les faire passer par le territoire des États-Unis, dont les dispositions n'étaient alors rien moins que favorables à l'Angleterre; il fallut donc se résoudre à leur faire entreprendre un pénible voyage de plus de deux cents lieues à travers la Nouvelle-Écosse et le Nouveau-Brunswick.

Cette longue distance peut être maintenant franchie en trente-six heures par les trains omnibus et en vingt-quatre heures par les trains express.

Le gouvernement anglais a fait d'Halifax une de ses principales stations navales. C'est là que stationne le *Faraday*, que l'on m'a assuré être le plus grand navire du monde après le *Great-Eastern*. Je me fis donner la permission de le visiter. Ce bâtiment, destiné à la pose du câble transatlantique, a une longueur de trois cent soixante-deux pieds anglais et une largeur de cinquante-trois pieds. La cale contient trois immenses chambres circulaires servant à emmagasiner le câble. La plus grande de ces chambres peut recevoir une longueur de câble de quinze cents milles. Les trois chambres réunies peuvent en contenir deux mille huit cents milles. Le steamer est armé d'immenses bouées et d'une machine spéciale servant à la pause du câble.

Le 28 mai était un dimanche. Le temps était superbe. Je proposai à deux passagers de l'*Hibernian* de faire une promenade en voiture. On ne peut s'imaginer quelle douce jouissance on éprouve à humer l'air des champs après une longue navigation. Le beau pays que la Nouvelle-Écosse! A chaque détour de la route, nous rencontrions des bras de mer ou des lacs d'eau douce, dormant au milieu des sites les plus romantiques. La végétation est partout luxuriante. Les bouleaux et les pins prédominent. Le sol est très-riche en pierres granitiques dont on se sert pour les constructions. Tout le long de la route nous remarquons de nombreuses maisons de campagne : en général leur architecture est du meilleur goût ; la plupart sont en bois ; d'autres ont des murs de briques recouverts de bois pour résister aux rigueurs de l'hiver, très-rude dans cette contrée.

L'*Hibernian* reprit la mer après une escale de deux jours. Il nous restait à faire un trajet de neuf cents milles. En quittant la rade d'Halifax, nous échangeâmes un salut avec un steamer suédois qui nous fit savoir par des signaux que les brouillards l'avaient retenu en mer la veille, pendant qu'il faisait un temps superbe à Halifax. C'est un fait avéré que les brouillards de l'Atlantique ne pénètrent pas dans les terres. A peine eûmes-nous atteint l'issue du golfe, que nous distinguâmes des stries blanchâtres qui planaient au large. Deux minutes après, nous étions de nouveau dans une brume intense, dont nous ne fûmes délivrés que lorsque nous entrâmes dans les eaux tièdes du Gulf-Stream.

Pendant trois jours il y eut calme plat. La mer est rarement houleuse dans ces parages. Nous longions la côte des États-Unis à une centaine de milles de distance. Le voisinage de la terre s'annonçait par la présence d'une espèce d'hirondelle de mer vulgairement connue des marins sous le nom de « mother Cary's chickens ». D'après une croyance superstitieuse, ces oiseaux ne seraient autres que les âmes des marins devenus la proie des flots. Ils suivent les navires et se nourrissent des restes qui tombent à la mer.

La température s'élevait à mesure que nous voguions

vers le sud. Quand nous arrivâmes au trente-septième parallèle, latitude de Cadix, les rayons du soleil devinrent tellement cuisants, qu'il fallut dresser les tentes sur le pont. Le 29 mai, nous grelottions sous un triple vêtement de laine; le 31, nous rôtissions sous un simple vêtement de coutil !

III

LA CHESAPEAKE. — BALTIMORE.

Le 1ᵉʳ juin, à dix heures du matin, seize jours après le départ de Liverpool, nous fûmes en vue des États-Unis. Les rivages de la Virginie profilaient à l'horizon une ligne grisâtre à peine perceptible : ces côtes basses et sablonneuses rappellent celles de la Hollande. Vers midi, après avoir dépassé le phare Saint-Charles, nous entrions dans la baie de Chesapeake.

Chacun se souvient que c'est dans la baie de Chesapeake que se livra le combat naval à jamais mémorable du *Merrimack* et du *Monitor*. Cette baie, dont on m'avait dit merveille, n'a de remarquable que son immense étendue : on l'appelle baie, mais c'est plutôt un long bras de mer qui pénètre à deux cents milles dans l'intérieur des terres, et en maints endroits n'a pas moins de quarante milles de largeur. Ses rives, où les tortues abondent, se découpent en une infinité de bras ou d'estuaires qui affectent les formes les plus bizarres. Les rivières qui s'y déversent sont très-poissonneuses : les principales sont la Susquehanna, le Patapsco et le Potomac. Les eaux de la Chesapeake et de ses tributaires sont le paradis des chasseurs de gibier aquatique. Des canards de toutes tailles, des oiseaux de toutes les espèces y vivent en nombre prodigieux, attirés par les bancs poissonneux qui se trouvent sur les rives et dans les anses des rivières.

Ce fut dans la Chesapeake que je passai ma dernière nuit à bord de l'*Hibernian*. Nous glissions doucement sur l'eau paisible, en laissant derrière nous un sillage phosphorescent. L'air était si calme, la température était si douce et la nuit si belle, que je m'imaginais voguer sur une rivière des tropiques. La planète Vénus scintillait comme un phare puissant. La lune avait un éclat inconnu dans nos froides contrées du nord : elle semblait n'être qu'à une petite distance de la terre, et sa longue traînée d'argent tremblotait sur l'eau. Nous croisions une infinité de petits bateaux à voiles; parfois aussi nous rencontrions des steamers à plusieurs étages qui se rendaient à Norfolk ou à Richmond; leurs cheminées vomissaient des flammes bleuâtres, et leur double bordée de fenêtres illuminées était reflétée par le miroir des eaux : on eût dit d'éblouissants palais de feu qui brillaient dans la nuit profonde. C'était aussi pittoresque que fantastique.

Le lendemain matin je m'éveillai devant Baltimore, au terme de mon voyage maritime, et à trois mille trois cent quatre-vingts milles (six mille deux cent soixante kilomètres) de Liverpool.

En débarquant sur le pier[1] de Baltimore, il faut passer par la douane. Particularité tout américaine : on me présente une Bible en me priant de baiser la couverture et de faire le serment que ma malle ne renferme que les objets que j'ai déclarés. Sur mon refus de me prêter à cette formalité, on m'impose la visite la plus minutieuse, à laquelle n'échappent pas d'ailleurs les naïfs qui se sont laissé prendre au piége.

Je confiai mes bagages aux soins d'un *expressman* qui, en échange d'un dollar, me délivra deux rondelles de laiton portant chacune un numéro : ces rondelles s'appellent *check*. Autant de colis, autant de chèques. Mon bagage étant *chéqué* à destination de Philadelphie, je n'avais plus à m'en préoccuper, et je partis à pied pour explorer la ville.

Baltimore est situé sur la rivière *Patapsco*. Ce nom a une saveur indienne qui me plaît. Pour me rendre du débarcadère au centre de la ville, il me fallait traverser cette rivière dans un bac. Je pris donc un ticket pour cinq sous, et me mis bravement à attendre sur le quai l'arrivée du bac qui devait me transporter à l'autre rive. J'étais encore à me demander pourquoi il tardait tant à venir nous chercher, quand tout à coup je m'aperçus que le quai s'éloignait derrière nous. Alors que je me croyais sur le quai, j'étais sur le bac sans m'en douter. Ces bacs américains sont construits de telle façon que leur pont

---

[1] On désigne par ce nom un quai de pilotis de sapins enfoncés dans l'eau.

forme en quelque sorte la continuation des jetées auxquelles ils s'adaptent. Ils marchent indifféremment dans les deux sens, l'avant et l'arrière étant identiques. Véritables chaussées flottantes, ils transportent voitures et chevaux tout attelés.

Pour un premier échantillon des cités américaines, Baltimore me plut infiniment. C'est même, parmi toutes les villes que j'ai vues aux États-Unis, celle dont j'ai emporté le plus agréable souvenir. Toutes les rues étant plantées d'une double rangée d'arbres verdoyants, la ville me faisait l'effet d'un immense jardin. Les maisons sont bâties en briques d'un rouge vif, avec fenêtres *à guillotine* et entrée spéciale pour les souterrains ; les trottoirs sont également en briques. N'était la physionomie des habitants et la quantité de nègres qui flânent dans les rues, on se croirait dans une ville hollandaise.

De toutes les cités de l'Union, Baltimore est la plus riche en monuments. Aussi les Américains lui ont-ils décerné le titre pompeux de *cité monumentale* (monument city). Je comprends que les splendeurs monumentales de Baltimore puissent faire l'admiration des Américains qui n'ont pas vu autre chose ; mais nous autres habitants du vieux monde, nous avons le droit d'être plus exigeants. A part le colossal et grandiose édifice du Capitole, à Washington, je n'ai pas vu en Amérique un seul monument qui puisse rivaliser avec ceux de nos capitales européennes. La cathédrale de Baltimore, qui passe pour un des plus beaux monuments religieux de l'Amérique, ferait pauvre figure à côté de la moindre église gothique de France. Encore les richesses artistiques qu'elle contient viennent-elles d'Europe. J'y ai admiré deux tableaux qui sont des chefs-d'œuvre : l'un représente « la Descente de la croix »; l'autre, « Saint Louis ensevelissant les soldats morts devant Tunis ». Le premier a été offert par Louis XIV, le second par Charles X.

Un autre monument qui excite l'enthousiasme des indigènes, c'est le « Washington monument », haute colonne massive surmontée d'une statue colossale du fondateur de la République américaine. Ce qui est vraiment beau, c'est le panorama que j'ai contemplé du haut de la colonne. La ville s'étendait à mes pieds, avec ses nombreux clochers d'églises, ses milliers de maisons se terminant en terrasses métalliques, ses squares, ses rues arborées, son port, ses vaisseaux et sa superbe baie de Chesapeake qui resplendissait à l'horizon sous un ciel tout méridional. Au delà de la ville la vue erre sur de gracieuses collines où s'épanouit une luxuriante végétation.

Baltimore, fière de son commerce, se décerne le titre de « New-York du Sud ». Il y a longtemps que sa population a dépassé celle de la Nouvelle-Orléans, et elle est actuellement la plus prospère de toutes les villes du Sud[1]. Baltimore appartient, en effet, au Sud, autant par ses aspirations que par sa situation. Son ciel est bleu et

---

[1] Baltimore, qui n'avait que vingt-six mille âmes au commencement de ce siècle, en a aujourd'hui trois cent mille. Sous le rapport de la population, c'est la sixième ville de l'Union.

brûlant. Les habitants ont un type méridional très-prononcé : en général, leur teint est brun, et bien que Baltimore ait longtemps passé pour la ville la plus anglaise des États-Unis, il m'a semblé que le type anglo-saxon a presque entièrement disparu.

La beauté des femmes de Baltimore est proverbiale. Ce sont les plus belles femmes de l'Amérique, et ce n'est pas peu dire, car l'Américaine est charmante en général. Elles sont petites et bien tournées; il y a quelque chose d'espagnol dans les éclairs de leurs regards. Je n'exagère pas en disant que sur quatre il y en a trois de jolies. En me promenant dans la Broadway, la rue fashionable de la ville, j'ai remarqué en une heure plus de charmants minois que je n'en ai jamais vu dans le cours de toute une après-midi sur les promenades de Paris, de Londres ou de Madrid.

J'ai dit que Baltimore est une ville du Sud par ses aspirations. Elle est, comme on sait, la capitale du Maryland, et le Maryland était, avant la guerre de sécession, un État à esclaves. La situation du Maryland entre les États du Nord et Washington, capitale politique des États-Unis, donnait une grande importance à la question de savoir si cet État se prononcerait pour le Sud ou pour le Nord : en effet, si le Maryland prenait parti pour la cause de l'esclavage, Washington se trouvait entre deux feux, et il fallait transférer le gouvernement à Philadelphie ou quelque autre ville du Nord. Le président Lincoln, dans le but de défendre la capitale, forma l'armée du Potomac et fit venir des troupes du Massachussetts par la voie ordinaire de New-York, Philadelphie et Baltimore. Lorsque ces troupes arrivèrent dans la capitale du Maryland, elles furent accueillies par la populace qui voulut les empêcher de poursuivre leur route jusqu'à Washington. Un combat s'ensuivit, et le sang coula de part et d'autre : ce fut le premier sang versé dans la terrible guerre civile qui allait désoler si longtemps l'Amérique.

Le fait que je viens de rappeler montre que si la population du Maryland ne désirait pas ouvertement la sécession, elle nourrissait au fond des sympathies pour les États à esclaves. Ce fait montre aussi l'antagonisme qui éclate parfois aux États-Unis entre le gouvernement fédéral et la loi individuelle des États. Le Maryland, tout en protestant de sa fidélité à l'Union, prétendait que le gouvernement fédéral n'avait pas le droit de faire passer des troupes à travers son territoire et d'en faire le théâtre de la guerre contre le gré de sa population. Lincoln, pour ne rien envenimer, décida qu'à l'avenir les troupes, au lieu de passer par Baltimore, seraient embarquées sur la Chesapeake jusqu'à Annapolis et transportées de là à Washington par la voie ferrée.

De toute façon, les troupes devaient passer à travers le Maryland; mais Annapolis est une petite ville dont la population était trop faible pour s'opposer au passage de l'armée, qui s'effectua en dépit des protestations de la législature du Maryland. Le président Lincoln répondit aux commissaires envoyés par la législature que le Maryland pouvait embrasser telle ligne de conduite qui lui plairait, aussi longtemps qu'il ne prendrait pas une attitude hostile à l'égard du gouvernement fédéral. Lincoln reconnaissait donc lui-même que le refus de reconnaître le pouvoir que la constitution accorde au Président de lever des troupes, ne constituait pas un acte hostile envers le gouvernement fédéral.

Si de pareilles difficultés pouvaient surgir déjà en 1860, n'est-il pas à craindre, en supposant que de semblables circonstances puissent se représenter un jour, que des collisions plus graves n'éclatent entre le pouvoir central de Washington et le pouvoir personnel des États ? Ceux-ci, d'ailleurs, ne cherchent-ils pas avec un soin jaloux toutes les occasions d'affirmer leur autonomie ? Et à mesure que les États grandiront, à mesure qu'augmenteront leur population et leur influence, à mesure surtout que les intérêts des diverses parties de l'Union seront en antagonisme, n'est-il pas à croire que la tendance à s'affranchir d'un pouvoir central se produira avec une force toujours croissante ?

Après une journée passée à Baltimore, je pris l'express pour Philadelphie. Me voilà roulant en chemin de fer américain. Parlons d'abord du paysage. La route de Baltimore à Philadelphie est très-accidentée. Le train court au milieu d'un pays riche en cultures, en pâturages, en bois. Les arbres sont d'un vert splendide, d'un vert frais et vif que je n'ai pas vu en Europe : ce sont les chênes qui dominent. Nous traversons la rivière Susquehanna sur un pont d'un mille de longueur ; le train met cinq minutes à le franchir. La Susquehanna est une des rivières les plus pittoresques de l'Amérique. Elle se jette ici dans la baie de Chesapeake, qui se déploie à droite comme un lac immense ; à gauche, la vue fuit sur deux rideaux de collines verdoyantes et sur les îles à végétation exubérante qui semblent flotter sur la rivière. Ailleurs, nous côtoyons des lacs ravissants, des criques encadrées de forêts luxuriantes. Bientôt nous dépassons la fameuse ligne de Mason et Dixon qui séparait autrefois les États à esclaves des États libres. Le soleil couchant jetait sa teinte mélancolique sur la nature au moment où nous laissions le Maryland pour entrer en Pennsylvanie. Cette première vue de l'Amérique m'a laissé une agréable impression que je n'ai pas oubliée.

Jetons les yeux maintenant sur notre wagon. Les voitures de chemin de fer sont une des plus belles choses que j'aie rencontrées en Amérique. Moi qui n'avais jamais voyagé que dans des boîtes à bonbons où l'on a à peine la liberté d'étendre les jambes, j'ouvris des yeux ébahis à la vue de ces larges et spacieuses voitures américaines qui n'ont guère moins de vingt mètres de longueur avec seize fenêtres de façade, et peuvent aisément contenir soixante voyageurs. De chaque côté sont disposées des rangées de banquettes entre lesquelles règne un passage qui permet de circuler d'un bout à l'autre de la voiture. Les banquettes, garnies de velours rouge, ont des dossiers reversibles, en sorte que le voyageur peut, à son gré, faire fasse ou tourner le dos à la locomotive. A chaque bout du wagon une porte s'ouvre sur une plate-forme extérieure, par laquelle on peut passer dans la voiture voisine. Chaque voiture est munie d'un poêle, d'un filtre d'eau glacée, d'une Bible que personne ne lit, et — pourquoi ne pas le nommer? — d'un W. C. Hélas ! il n'y a qu'en Amérique qu'on ait songé à ce détail !

IV

PHILADELPHIE.

J'arrivai à Philadelphie dans l'obscurité. Je pris un fiacre et me fis conduire à « Colonnade hotel ». Au bout de cinq minutes, le cocher s'arrêta devant un colossal édifice à cinq étages, dont la porte d'entrée était précédée d'un péristyle. Quand j'eus franchi le seuil, je me trouvai dans un somptueux vestibule accessible au public comme aux hôtes de la maison ; c'est le « Hall », comme on l'appelle ici. Je passai entre deux remparts de malles entassées les unes sur les autres, et me dirigeai vers un bureau où trônait un personnage d'un air important qui, sans daigner desserrer les lèvres, me présenta un registre énorme. J'y consignai mon nom au-dessous de celui du dernier arrivé ; le personnage important écrivit à côté le numéro de la chambre qu'il me destinait, et sonna un garçon — un nègre du noir le plus intense — auquel il remit une clef en prononçant ces paroles cabalistiques : « Two and sixty-six. » Le nègre, à son tour, sonna l'ascenseur. Dix secondes plus tard, j'étais introduit dans ma chambre, numéro 266, au second étage. Le nègre alluma le gaz, et avant de se

PHILADELPHIE.   Page 35.

retirer me donna un coup de balai. Ce petit instrument, qui en Amérique remplace la brosse, est inséparable des domestiques nègres : du matin au soir ils le promènent sur les habits des hôtes de la maison qui entrent et qui sortent. Ils balayent même votre chapeau.

Il est dix heures du soir. Allons souper, ou il sera trop tard. Je m'informe où est la salle à manger, et voilà aussitôt toute une nuée de nègres qui se précipitent au-devant de moi : c'est à qui m'aura le premier indiqué la place la plus fraîche du « dining room ». Deux nègres à la fois se partagent l'honneur de me servir. L'un m'apporte les plats, l'autre me sert à boire et agite son éventail autour de ma tête. Il se tient derrière moi aussi longtemps que dure le souper, remplit mon verre à l'instant où il est vide, me sert un plat nouveau quand j'ai à peine achevé le précédent; en un mot, ne m'accorde pas une seconde de répit. Cette surveillance assidue, renouvelée des Romains, remonte au temps où l'esclavage florissait en Amérique; pour ma part, j'y trouve une tyrannie intolérable : je n'aime rien tant que de manger et boire librement et sans contrôle, et j'éprouve une certaine gêne à voir un homme noir se résigner à faire ce qu'un blanc ne voudrait faire à aucun prix.

Philadelphie est la seconde ville de l'Union sous le rapport de la population. Elle n'a pas moins de huit cent mille âmes, et elle couvre une superficie plus considérable que celle de New-York. Londres seule la dépasse en étendue. La plus longue rue mesure trente-cinq kilomètres d'un bout à l'autre. Voilà toutes choses dont se vantent les habitants de Philadelphie.

Mais si vous consultez les gens de New-York, ou de Chicago, ou de toute autre ville rivale, ils vous diront que les Philadelphiens sont les plus parfaits blagueurs de l'Amérique, ils vous diront que les calculs qui précèdent font entrer en ligne de compte la population d'un district qui s'étend à une douzaine de milles de Philadelphie, que ces calculs comprennent des localités réunies à la ville proprement dite par des chemins de fer qui passent non pas à travers des rues, mais à travers des champs cultivés, voire des campagnes incultes. A ce compte, on pourrait considérer l'Amérique tout entière comme ne formant qu'une seule cité de quarante millions d'âmes, avec des rues de quinze cents lieues de longueur!

Maintenant que j'ai exposé l'opinion des Philadelphiens, qu'ils me permettent de dire franchement la mienne. Je ne fais nulle difficulté d'admettre que la ville fondée par William Penn est devenue, en l'espace d'un siècle, l'une des plus grandes et des plus peuplées de l'univers, et je considère ce résultat comme admirable et prodigieux. Mais quand on a été gâté par la vue de nos belles villes d'Europe, quand l'imagination est remplie des splendeurs de Paris, de Londres, de Bruxelles, de Copenhague, de Stockholm, sans parler de l'Italie, on ne peut s'empêcher de trouver Philadelphie la ville la plus ennuyeuse, la plus pauvre en monuments, la plus dénuée de caractère qu'il soit possible de rencontrer sous la coupole céleste.

Représentez-vous un immense damier, régulier comme une figure de géométrie, divisé en blocs parfaitement carrés, traversé par des rues tracées au cordeau, se coupant toutes à angle droit, offrant des perspectives à perte de vue et de la plus désespérante monotonie; imaginez-vous d'interminables enfilades de façades basses, toutes en briques rouges, toutes de l'architecture la plus uniforme et la plus insignifiante, toutes de la même grandeur et de la même hauteur; au milieu de ces rues droites et mathématiquement alignées, mettez deux rubans de fer aussi parallèles que les rues elles-mêmes, et sur lesquels *cars,* voitures, fiacres, tous les véhicules emboîtent le pas l'un derrière l'autre; employez tout un traité de botanique à composer la nomenclature de ce nombre infini de rues, et vous aurez à peu près une idée de ce grand et insipide village qui n'est rien moins que poétique et qui s'appelle si poétiquement Philadelphie, ou, pour qui entend le grec, la ville de l'amour fraternel. Ce nom n'est d'ailleurs qu'une amère dérision, car il n'est pas de lieu au monde où la fraternité soit plus singulièrement entendue : les vols, les assassinats, les voies de fait de toute nature sont plus communs à Philadelphie que dans n'importe quelle ville d'Amérique. Il y a même un faubourg appelé *Moyamensing* célèbre par les rixes et les scènes de pugilat qui s'y passent tous les jours. On m'avait soigneusement recommandé de ne pas m'aventurer le soir dans ce coupe-gorge.

Il y a des villes ennuyeuses où les étrangers trouvent

du moins à se distraire le soir ; mais à Philadelphie, rien de ce genre : il n'y a pas un seul café, pas un « music hall », pas un théâtre convenable. Un soir j'allai au *Fox theatre,* dont on m'avait dit monts et merveilles. Je fus surpris de ne pas y voir de dames, mais je ne fus pas longtemps à en deviner la raison. On y jouait de grossières bouffonneries accompagnées de scandaleuses pantomimes et épicées de calembours à dérider le premier idiot venu. Les bons mots avaient d'autant plus de succès qu'ils étaient plus bêtes. Ce qui amusait surtout ce bon public, c'étaient les représentations de faux nègres : c'est particulièrement sur la scène que ces pauvres noirs sont l'objet de la risée et du mépris de ceux-là mêmes qui se posent comme leurs défenseurs et leur ont octroyé les droits politiques. Les bouffonneries alternaient avec des exhibitions de chiens savants, de clowns, de gymnasiarques et autres divertissements fort en vogue dans nos théâtres de province. Mais la *great attraction,* c'était le spectacle final, réservé pour « la bonne bouche ». Ce fut une danse licencieuse, écœurante, exécutée avec un cynisme tellement révoltant, que je n'en croyais pas mes yeux.

Je sortis du *Fox theatre* fort peu édifié à l'endroit des mœurs de la ville qui prétend être la plus religieuse, la plus philanthropique des États-Unis. Et je me demandai si j'étais bien dans la sainte cité des quakers et des puritains. Que dirait l'austère William Penn s'il pouvait sortir de sa tombe et voir dans quel abîme de démoralisation est tombée la ville qui, dans sa pensée, devait être la Jérusalem de la quakerie et de l'amour fraternel !

Malgré ses nombreuses églises, malgré ses institutions de bienfaisance, il y trouverait autant de dépravation qu'à New-York, et peut-être plus de misère encore.

Ce William Penn, qui a donné son nom à la Pennsylvanie, dont Philadelphie est la capitale, était un quaker des plus enragés. Il mena une vie pleine d'aventures. Après avoir étudié à Oxford et à Paris, il prit part à la guerre d'Irlande. Puis il se mit à prêcher, et à prêcher si fort, qu'il passa la moitié de sa vie en prison. Il finit par s'embarquer pour l'Amérique avec ses partisans. Il s'établit sur les rives de la Delaware, et, prêcheur infatigable, il exposa sa doctrine aux Indiens, dont il sut toucher le cœur simple et naïf. Ceux-ci firent le serment de vivre en paix avec William Penn et avec ses enfants aussi longtemps que brilleraient le soleil, la lune et les étoiles. Cette promesse fut observée à la lettre, et jamais un Indien ne versa une goutte de sang quaker. Penn acheta aux Indiens le futur emplacement de la cité où, quelques années plus tard (1776), les délégués des treize États révoltés signèrent l'acte mémorable par lequel ils secouaient le joug de l'Angleterre et proclamaient l'existence d'une république libre et indépendante.

Les Philadelphiens ont conservé religieusement l'ancien hôtel de ville où se passa ce grand événement. C'est encore ce que Philadelphie a de plus intéressant. L'édifice est simple et sans prétention : sa façade en briques rouges est dans le style de l'époque. Devant la porte d'entrée se dresse une affreuse statue de Washington, le père de la patrie, dont la tête disparaît sous une énorme couronne de fleurs. Une partie du rez-de-chaussée a été convertie en musée national : on y a réuni quantité d'autographes, de portraits, de reliques, se rattachant à l'histoire des États-Unis et aux fondateurs de la république dont les noms sont devenus populaires dans le monde entier. La salle de l'Indépendance (Independence Hall) est restée dans son état primitif. En y entrant, je me reportai instinctivement à cent ans en arrière. Il me semblait voir là devant moi la noble figure de Washington, lorsqu'il fut proclamé en 1775, ici même, général en chef de l'armée américaine. Le 4 juillet de l'année suivante se réunissaient dans cette salle les hommes qui tenaient dans leurs mains les destinées de l'Amérique. C'étaient des hommes courageux : en signant l'acte d'indépendance, ils savaient qu'ils risquaient leurs têtes. Mais ils avaient l'âme trop bien trempée pour céder à la peur. Cependant, s'ils avaient pu prévoir les sept années de luttes qui allaient ensanglanter l'Amérique, avant que son indépendance fût reconnue par l'Angleterre, peut-être plus d'un d'entre eux aurait-il hésité à assumer une telle responsabilité.

Je me livrais à ces réflexions en contemplant l'original de l'acte d'indépendance. L'écriture en est devenue pâle. Cent ans ont suffi pour effacer presque complétement les signatures. Celles des deux Adams sont seules aisément lisibles. A côté de l'acte figure l'encrier d'argent qui a servi à sa confection. On conserve dans la même salle le fauteuil de John Hancock, qui présidait la séance, et la table sur laquelle se sont appuyés les signataires de la déclaration. Un brave paysan ne peut s'empêcher de me faire remarquer qu'en ce temps-là les gouvernants se contentaient de meubles plus simples qu'aujourd'hui, et que les contribuables s'en trouvaient beaucoup mieux. Ce bon campagnard avait raison. Le luxe des gouvernants est encore excusable, même dans une république; mais ce qui ne l'est pas, c'est l'effroyable corruption administrative qui, depuis la guerre de sécession, ronge l'Amérique comme un chancre.

En sortant de l'Independence Hall, je poursuivis mon excursion historique. Si l'on éprouve pour les hommes de génie contemporains de Washington l'admiration qu'ils méritent, quelque jugement que l'on porte sur les idées qu'ils professaient, on ne peut se défendre d'une certaine émotion quand on s'arrête devant la modeste tombe de l'immortel Franklin, dont tout le monde connaît la curieuse épitaphe, et quand, errant dans le vieux quartier de la ville, on rencontre la maison de Jefferson, la même où il rédigea l'acte d'indépendance, et celle où résida William Penn, et celle où s'assembla le premier congrès des Colonies-Unies. Le temps n'est pas loin où ces respectables reliques disparaîtront comme ont disparu le véritable toit sur lequel Franklin posa le premier paratonnerre, et l'orme légendaire à l'ombre duquel Penn conclut son fameux traité avec les Indiens [1].

J'ai dit que Philadelphie est pauvre en monuments. Il

---

[1] Cet orme fut renversé en 1809. On conserve à Philadelphie une chaise faite de son bois.

en est un cependant dont elle peut être fière : c'est le collége Girard, qui s'élève à l'extrémité de la ville, dans un quartier presque désert. Ce collége est tout simplement un palais entièrement construit en marbre. Malheureusement, son architecture n'a pas le mérite de l'originalité : c'est une copie presque servile de l'église de la Madeleine de Paris. Dans le vestibule se dresse la statue en marbre blanc du fondateur, Étienne Girard, un enfant de Bordeaux qui fut tour à tour mousse, capitaine de navire, fabricant de cigares, marchand de cordes, vendeur de clous et de ferraille; un beau jour, quand il eut amassé dans l'ombre assez de piastres pour oser se lancer dans le monde brillant de la finance, il fonda une banque et devint en peu d'années l'homme le plus riche de Philadelphie. Il consacra une somme de deux millions de dollars à l'institution d'un collége qui devait porter son nom et renfermer ses restes. L'édifice dépasse en magnificence les plus belles universités du monde : il a coûté un million neuf cent trente-trois mille huit cent vingt et un dollars, ce qui équivaut à peu près à dix millions de francs. Et cela pour une simple école destinée à trois cents enfants pauvres! C'est ce qui s'appelle du gaspillage. L'intérêt énorme que représentent ces dix millions aurait pu servir à l'éducation de la jeunesse pauvre de plusieurs villes d'Amérique. Girard s'est peut-être trompé en voulant faire œuvre de philanthropie. Il n'est pas bon de loger dans un palais des enfants pauvres. L'orgueil de Girard semble habiter sous les lambris du somptueux édifice, et l'atmosphère que les élèves y respirent n'est pas propre à engendrer chez eux les sentiments qui conviennent aux déshérités de la fortune.

A peu de distance du collége Girard se trouve la célèbre prison cellulaire de Cherry-Hill qui a servi de modèle à toutes les autres. Sa fondation remonte à 1829. J'obtins très-facilement la permission de la visiter. Elle occupe une étendue de onze acres et est entourée d'une épaisse muraille d'environ dix mètres de hauteur qui rappelle assez bien le mur d'enceinte de la tour de Londres. On y entre par une double porte en fer. La disposition intérieure de l'édifice est trop connue pour qu'il soit nécessaire de la décrire de nouveau. Tous ceux qui ont visité une prison cellulaire savent que les corps de logis occupés par les détenus sont placés, relativement à celui du surveillant, dans la position des ailes d'un moulin à l'égard de leur axe. Les modifications ne portent que sur le nombre des ailes. A Cherry-Hill il y en a sept. Comme il y a deux étages, les galeries des détenus sont au nombre de quatorze. Il y a trois cents cellules à chaque étage. Le nombre des détenus dépassait celui des cellules lors de ma visite : ils étaient huit cent cinquante-six, ce qui, proportionnellement à la population de la Pennsylvanie, donnait un criminel par quatre mille habitants. Eu égard à cette surabondance de criminalité, un certain nombre de cellules étaient occupées par deux prisonniers; mais le principe est celui de la séparation complète des détenus. Détail curieux à signaler, les femmes détenues étaient au nombre de quatre. Ce fait proclame hautement la supériorité morale des Américaines sur les Américains. Pas n'est besoin d'ailleurs de faire une visite au pénitencier de Philadelphie pour se convaincre de cette vérité.

Il faut croire que l'on s'est beaucoup relâché à Cherry-Hill de l'ancienne rigueur qui souleva l'indignation de Charles Dickens et de M. Xavier Marmier. J'y ai vainement cherché, pour ma part, ce que l'un qualifie d'horreurs et d'effets atroces de la reclusion solitaire, et l'autre de système propre à engendrer la folie et l'idiotisme. Actuellement, les détenus qui se conforment à toutes les prescriptions du règlement ont la permission d'aller travailler chaque jour sur les terres qui dépendent de l'établissement. Ce seul adoucissement au régime de la solitude donne aux condamnés une distraction suffisante pour écarter le penchant à la folie. Que de pauvres ouvriers de Philadelphie envieraient la nourriture des prisonniers de Cherry-Hill! On leur distribue de la viande chaque jour. Leur nourriture journalière ne coûte pas moins de trente-cinq cents par tête (un franc soixante-quinze centimes). Lors de ma visite, il n'y avait que cinq malades, ce qui semble prouver que le régime des prisonniers est loin d'être défavorable à la santé. Mais je ne veux pas me prononcer ici pour ou contre ce système répressif : la question touche trop directement aux intérêts de la société pour qu'on puisse l'aborder sans une étude sérieuse et approfondie des résultats acquis.

Un somptueux collège en marbre, une prison modèle, en voilà assez sans doute pour exalter l'amour-propre des Philadelphiens? Non, ils ont voulu avoir encore le plus colossal temple maçonnique du monde. Cet édifice, achevé en 1873, présente une façade en granit, dans le style normand, flanqué de tours massives, très-hautes, très-solides ; les châteaux forts du moyen âge n'avaient pas un aspect plus belliqueux ni plus rébarbatif. Cette construction a coûté deux millions de dollars (dix millions de francs). Quand on en visite les différentes salles, on est littéralement pris de vertige à la vue du luxe tout oriental qui règne dans ce merveilleux palais. En entrant dans la salle égyptienne, je me suis demandé si je n'étais pas dans quelque séjour enchanté des *Mille et une Nuits*. Les panneaux ornés d'emblèmes égyptiens, les colonnes surmontées de chapiteaux qui sont la reproduction exacte de ceux trouvés dans la vallée du Nil, les meubles d'ébène dans le style à l'avenant, les tapisseries noires frangées d'or, tout était éblouissant, fantastique.

Le principal titre de gloire de Philadelphie, ce ne sont pas ses rares monuments, son futur hôtel de ville en cours de construction, qui sera tout en marbre blanc [1], ni son parc Fairmount qu'une exposition universelle a fait connaître au monde, mais ce sont ses dix mille manufactures, ses cent cinquante mille ouvriers, ses chantiers, son port, ses travaux hydrauliques. Je comprends que Philadelphie soit fière de rivaliser avec Manchester, Birmingham, Sheffield : ces splendeurs-là contribuent

---

[1] L'édifice est arrivé au tiers de sa hauteur. Les travaux sont arrêtés à cause du manque de fonds. Cet hôtel de ville pourrait bien avoir le sort de certaine cathédrale qui ne sera jamais achevée.

plus au développement d'une ville que les splendeurs monumentales. Là est le secret de la pousse hâtive de la plupart des cités américaines. Comme l'a observé un écrivain anglais [1] qui professe pour Philadelphie un véritable enthousiasme, cette ville a grandi naturellement.

« Des causes accidentelles ont fait la fortune de certaines cités. La prospérité d'Omaha est due à son chemin de fer, celle de Birkenhead à ses docks, celle de Petrolia à ses sources d'huiles minérales. Celle de Philadelphie découle uniquement de causes générales et ne saurait être compromise par l'écroulement d'une douzaine d'industries. »

Cette extension de Philadelphie se perpétuera-t-elle éternellement? Sa population continuera-t-elle à doubler en vingt ans? Il est permis d'en douter. Philadelphie, comme les autres grandes cités de l'est de l'Union, n'est peut-être pas loin d'avoir atteint son apogée. C'est l'émigration européenne qui a fait l'Amérique. Or, les dernières statistiques démontrent que le courant tend à s'arrêter. Ceci s'applique surtout à l'Allemagne, qui a fourni au nouveau monde un immense contingent de population. L'émigration allemande a tellement diminué dans ces dernières années, qu'on peut la considérer comme nulle. En 1875, la contre-émigration a dépassé l'émigration. C'est d'ailleurs vers les États de l'ouest que se portent maintenant les nouveaux arrivants. New-York, Philadelphie, Boston, Baltimore sont des villes faites et

[1] Hepworth Dixon.

où toutes les places sont prises. Le temps n'est plus où l'on ne rencontrait pas de pauvres dans leurs rues. La misère y est aujourd'hui presque aussi grande que dans les villes européennes. Un magistrat de New-York [1] disait dernièrement : « Dieu sait combien il y a en cette ville de milliers de familles sans un morceau à manger ! »

Courons maintenant la ville au hasard, et allons en quête d'impressions. La première chose qui frappe le nouvel arrivé à Philadelphie, ce sont les degrés de marbre blanc qui donnent accès aux habitations. Ce calcaire est très-commun aux environs de Philadelphie, mais il n'a ni la pureté ni l'éclat de notre beau marbre de Carrare. C'est le marbre de Pennsylvanie qui a servi à la construction du collége Girard et dont on fait actuellement le nouvel hôtel de ville. La plupart des maisons de banque sont faites de la même substance. Nulle part les établissements de ce genre ne sont plus somptueux. En revanche, les simples maisons d'habitation n'ont pas les prétentions architecturales de celles des autres grandes cités américaines : elles rappellent les monotones maisons de brique des faubourgs de Manchester. Les rues longitudinales portent des noms d'arbres, tels que le châtaignier, le noyer, le mûrier, la vigne, etc. Quant aux rues transversales, qui coupent les premières à angle droit, on les désigne par les nombres ordinaux, première, seconde rue, etc. Tant est grand l'amour des Américains pour les chiffres !

---

[1] Le juge Duffy, de la cour de police des Tombes.

Philadelphie a adopté pour le numérotage des maisons un système assez ingénieux que je n'ai trouvé nulle part ailleurs. Les maisons sont groupées en blocs carrés, qu'on appelle *squares* : la signification particulière donnée à ce mot ne laissait pas que de m'embarrasser dans les premiers temps. Une centaine de numéros sont alloués à chaque square ; un square n'aurait que soixante maisons, il n'en serait pas moins censé en avoir cent : de telle sorte qu'à chaque rue transversale commence une nouvelle centaine. Supposons que, venant de la première rue, nous ayons dépassé la douzième, la première maison que nous rencontrerons à droite portera le numéro 1201, celle de gauche 1202, et ainsi de suite jusqu'à la treizième rue, où commencera une nouvelle centaine, 1301, 1302, etc. Grâce à cet arrangement, le numéro de la maison indique le square où elle est située. On conçoit que ce système, fort commode en pratique, n'est applicable qu'à une ville bâtie en damier comme Philadelphie.

L'Amérique est la patrie du tramway. A Philadelphie, toutes les rues en sont sillonnées. Les *street-cars* (omnibus de tramway) marchent à la file, et les rues étant fort mal pavées, les voitures ordinaires emboîtent les rails qui sont construits pour cet usage. Comme les rues sont toutes parallèles, les véhicules ne s'y croisent pas : ils suivent telle ou telle rue suivant qu'ils vont au nord ou au sud ; malgré l'énorme circulation qui règne à Philadelphie, il n'y a donc jamais d'encombrement de voitures.

Les *street-cars* sont un moyen de locomotion si commode et si rapide, que tout le monde s'en sert. Bien qu'ils soient faits pour n'admettre qu'une vingtaine de voyageurs, les conducteurs en acceptent au moins quarante, en vertu du dicton qu'un omnibus ne peut jamais s'emplir. La galanterie américaine exige que les messieurs cèdent leurs places aux dames. Chez nous, un gentilhomme qui pousserait la distinction jusqu'à cet acte de courtoisie aurait en retour un « merci, monsieur », ou un gracieux sourire. Ici, rien de semblable. Vous avez à peine pris place, qu'un visage féminin vient se planter devant vous, vous toisant de la tête aux pieds. Vous laissez le journal dont vous aviez entamé la lecture, et vous offrez à la dame la place qui vous appartenait de par le droit du premier occupant. Celle-ci s'en empare aussitôt sans salut ni merci. Puis elle désigne à son amie un autre monsieur assis, qui va partager votre infortune, à moins qu'il ne comprenne pas la galanterie de la même façon, ce qui se voit parfois même en Amérique.

Les Américaines ont d'autres priviléges en voyage, par exemple : occuper deux siéges pendant que vous vous tenez debout, vous commander d'ouvrir la fenêtre alors que vous souffrez d'un torticolis, ou de la fermer quand l'atmosphère de la voiture vous incommode, ou de baisser le volet quand vous contemplez les beautés du paysage, sans parler de mille autres petits avantages, comme celui d'occuper dans un *Pullman-car* le lit de dessous, ou de passer le matin la première au cabinet de toilette.

Les Américaines connaissent parfaitement les priviléges que leur octroie le code de la chevalerie; mais elles semblent ignorer ce que le même code exige d'elles en retour. De peur de forfaire moi-même aux lois chevaleresques, je dois dire en leur faveur que messieurs les Yankees sont en ceci les seuls coupables. Ils parlent continuellement des droits des femmes sans jamais rappeler leurs devoirs. Nulle part la femme n'est plus adulée; nulle part la galanterie ne frise de plus près l'exagération et le ridicule. De cette façon, les femmes en viennent à se croire toutes reines, et les hommes, vils esclaves, doivent se plier à toutes leurs exigences. De quoi se plaindraient ceux-ci? Pourquoi les ont-ils gâtées?

On parle souvent de l'excentricité des Américaines. Si l'on entend par ce mot le luxe dans la toilette, je dois dire que les dames de nos grandes villes leur disputent la palme à cet égard. Si excentricité veut dire manière d'être extravagante, le mot ne s'applique qu'à une certaine catégorie de femmes que les écrivains se sont plu à confondre avec le monde distingué. En Amérique, il y a beaucoup de femmes dont le bon ton, la délicatesse et la distinction feraient croire qu'elles ont été élevées dans le meilleur monde européen. Leur maintien modeste, leur mise simple et de bon goût, leur langage noble et digne, et jusqu'au timbre harmonieux de leur voix, tout dénote chez elles une origine aristocratique. Il y a une aristocratie américaine tout comme une aristocratie anglaise : si on ne la remarque guère, c'est qu'elle s'efface et que, comme chez nous, elle est clair-semée. Voilà pour les Américaines.

Que dire des Américains? Ce qui me frappa dès l'abord, c'est leur taciturnité. Si les Anglais sont peu expansifs, les Américains le sont beaucoup moins encore. Dans les hôtels, dans les rues, à table, en omnibus, partout ils sont pensifs, silencieux, partout ils paraissent absorbés dans des réflexions graves et profondes, toujours ils semblent méditer, ruminer des projets et des spéculations. Dix Américains réunis font moins de bruit que deux Anglais, moins de bruit qu'un seul Français. S'ils se connaissent, ils causent peu ; s'ils ne se connaissent pas, ils ne causent pas du tout. Ce fait me frappa d'autant plus que je voyageais seul. J'éprouvais souvent l'irrésistible désir de tromper mon isolement en nouant conversation avec le premier venu : c'était toujours à moi à faire les avances. Si parfois un interlocuteur s'offrait spontanément, c'était la rare exception. Mais une fois la glace rompue, mes Américains se déboutonnaient avec un sans-gêne et une liberté d'allures qu'on ne trouve pas chez les Anglais.

Il est assez difficile de savoir si l'Américain est spirituel. L'esprit se produit avec la gaieté, et la gaieté n'est pas l'apanage des Yankees. Le rire et le badinage sont bannis de leurs réunions, et les saillies n'assaisonnent guère leurs repas. A table comme ailleurs, ils sont graves et concentrés. Leur ivresse même n'a pas la moindre gaieté ; elle les plonge dans une sombre mélancolie. C'est dans la préoccupation des affaires plus encore que dans l'influence du climat qu'il faut chercher l'explication de cette singularité. En Amérique, personne n'est inoccupé ; tout le monde y « fait de l'argent », et la classe des oisifs y est absolument inconnue. A première vue, on pourrait croire que c'est là un bien ; mais il suffit de réfléchir pour se convaincre que l'absorption de tout un peuple dans les affaires est un obstacle au développement des arts, des sciences et de la littérature.

Le type américain diffère notablement du type anglo-saxon. Les Américains ont le visage plus allongé, plus maigre, plus pâle que les Anglais. Ils parlent d'une voix aigre, avec un accent nasal assez prononcé. Les jeunes filles n'ont pas les couleurs roses et fraîches, ni les chairs potelées des misses anglaises : leur taille est plus mince et leur teint plus blême. Les grands froids de l'hiver et les chaleurs excessives de l'été exercent une influence profonde sur leur tempérament.

Telles furent les impressions que j'éprouvai en observant les Américains dans les rues, les omnibus et les hôtels de Philadelphie. Par la suite, je pus les étudier de plus près, et je compléterai à l'occasion ces premières remarques.

Je me trouvais à Philadelphie à l'époque du centenaire et de l'exposition universelle. Cette circonstance donnait à la ville de Penn une physionomie particulière. Les rues, pavoisées de milliers de drapeaux étoilés, présentaient une animation qu'elles ne peuvent avoir en temps ordinaire. Quant à l'exposition, je me dispenserai d'en parler après tous les comptes rendus qu'en ont publiés les journaux de l'époque.

V

LA VILLE IMPÉRIALE.

Voici une ville dont tout le monde parle, et que bien peu connaissent. New-York est si loin de l'Europe, et l'Atlantique est si large! Un spirituel voyageur, en parlant de New-York, y a relevé un grand défaut : c'est que l'étranger n'y trouve rien à voir. Dans les autres grandes cités de l'importance de New-York, on peut admirer des monuments, des œuvres d'art, de vieilles églises, des tombeaux d'hommes illustres, des édifices remarquables par leur magnificence architecturale. A New-York, rien de tout cela. C'est une ville jeune et neuve, où les choses artistiques n'ont pu encore s'acclimater. C'est avant tout une ville affairée, et les hommes d'affaires ont bien le temps de songer aux choses artistiques !

New-York ne possède pas de monuments. On y voit des constructions énormes, des hôtels somptueux, d'immenses magasins, des maisons de marbre, mais point de vrais monuments. Les églises ne manquent pas à New-York, mais toutes datent du dix-neuvième siècle et sont d'un intérêt plus que médiocre. Les rues tortueuses, les pignons ouvragés, les carrefours pittoresques, les vieilles fontaines, tout ce qui fait le charme et l'originalité de nos antiques cités, on le cherche vainement dans la métropole américaine.

Et cependant cette ville qui n'a aucun caractère propre, aucune saveur particulière, cette ville qui est la moins pittoresque de l'univers par la raison qu'elle ressemble à toutes les villes de l'univers, cette ville cosmopolite, en un mot, est fort curieuse à voir. Ses rues longues de plusieurs lieues, l'activité dévorante qui y règne à toute heure du jour, les entreprises hardies de ses habitants, l'immense commerce qu'elle fait avec tous les pays du monde, le développement prodigieux qu'elle prend chaque année, frappent d'étonnement l'étranger qui la voit pour la première fois, et lui montrent à quel degré de puissance, de richesse et de prospérité peut arriver un peuple jeune, énergique et audacieux.

Voilà une ville qui n'avait qu'un millier d'habitants au dix-septième siècle, qui a eu à lutter contre la guerre, l'incendie, l'émeute, les épidémies, et dont la population est aujourd'hui dix fois centuplée. En deux siècles l'obscur village est devenu la ville la plus colossale de la chrétienté après Londres et Paris. Et même, si l'on ajoute à la population de la cité celle de ses annexes, Brooklyn et Jersey-City, New-York vient au premier rang après Londres[1].

---

[1] D'après les derniers recensements municipaux, la population de New-York est de 1,060,000 habitants, et celle de Brooklyn

Les Américains l'appellent « la ville impériale » (empire city), et ce nom est mérité. New-York est la métropole d'un immense empire, d'une puissance de premier ordre, dont l'auteur du *Paradis perdu* prévoyait déjà la future grandeur lorsqu'il s'écriait, dans son *Essai sur la liberté de la presse* : « Je crois voir une nation magnanime et puissante, semblable à l'aigle altier, qui exerce sa jeunesse vigoureuse, et allume le feu de ses yeux étincelants aux rayons du soleil. »

Philadelphie, avec ses petites maisons rouges dont les boîtes de Nuremberg donnent l'idée, m'avait causé une si complète déception, que je craignais vraiment, en abordant la fameuse cité impériale, de perdre encore une de mes illusions, de voir s'envoler la New-York de mes rêves. Je me demandais avec inquiétude si une ville qui s'est faite si vite pouvait être construite de matériaux solides et substantiels, et je me souvenais avoir lu dans mon enfance qu'il y avait à New-York des milliers de maisons bâties si légèrement, avec des matériaux si fragiles, qu'on les voyait tomber l'une après

---

de 507,000 habitants. Ainsi New-York, avec son annexe Brooklyn, et abstraction faite de ses nombreux et importants faubourgs, a déjà 1,567,000 habitants. D'après le dernier recensement décennal, il y avait à New-York 202,000 Irlandais, 151,222 Allemands, 24,432 Anglais, 13,073 nègres, 8,267 Français, 7,554 Écossais, 4,338 Canadiens, 2,790 Italiens, 2,392 Polonais, 2,169 Suisses, 1,569 Suédois, 1,393 Cubains, 1,237 Hollandais, 1,139 Russes, 682 Danois, 587 Gallois, 464 Espagnols, 373 Norvégiens, 328 Belges, 213 Américains du Sud, 115 Chinois, 64 Mexicains et 38 Turcs.

l'autre de la façon dont s'écroulent les maisonnettes de cartes faites par les enfants.

Quel ne fut donc pas mon étonnement de retrouver par delà l'Atlantique, à quelque six mille kilomètres de Londres et de Paris, une reproduction fidèle de ces deux cités! Cette fois, ce n'est plus, comme Philadelphie, un immense et ennuyeux village, c'est une métropole de premier ordre, dont les grandes et larges artères sont bordées de somptueux édifices en granit ou en marbre, aussi solidement, aussi substantiellement bâtis que ceux de n'importe quelle capitale européenne. Il y a longtemps que New-York a cessé d'être une ville provisoire où l'on allait chercher fortune, quitte à l'abandonner ensuite. La plupart de ceux qui s'y enrichissent en font leur nouvelle patrie, et voilà comment New-York est devenue depuis quelques années la ville la plus brillante de l'univers après Paris, la plus industrieuse après Londres. Ces deux villes lui ont servi de type, et cette double analogie lui donne une physionomie particulière. Le luxe architectural des maisons, la splendeur des magasins rappellent Paris, mais l'atmosphère qui règne dans ses rues affairées est plutôt anglaise. Si New-York n'a pas la gaieté de la ville française, elle n'a pas non plus l'aspect morose et triste de la métropole britannique, ni ses maisons noires et enfumées, ni son air brumeux où l'on respire le spleen.

La métropole commerciale des États-Unis est située dans une île allongée qui s'avance comme une langue de bœuf entre le fleuve Hudson et la rivière de l'Est. Cette île s'appelle Manhattan : je voudrais qu'on appliquât à la ville même ce nom beaucoup plus poétique que New-York. Le nom de New-York (la nouvelle York) remonte au temps où l'Amérique était une colonie anglaise, mais n'a plus sa raison d'être. L'île Manhattan a, je crois, cinq lieues de longueur et à peine une demi-lieue de largeur. Il en résulte que la ville, ne pouvant s'étendre en largeur, a dû prendre la forme allongée et rétrécie de l'île dont elle couvre entièrement la surface. Voilà comment ont voit à New-York des rues de vingt kilomètres.

De toutes les rues de New-York, la plus célèbre est la Broadway, dont tout le monde a au moins entendu parler. La Broadway est à New-York ce que le boulevard des Italiens est à Paris. Si la physionomie diffère, l'animation est la même. Cette magnifique artère commence à la pointe extrême de l'île et traverse toute la ville jusqu'au parc central. Elle se dirige en ligne droite sur un parcours d'une lieue, puis tourne à gauche vers l'Hudson : à partir de ce point elle coupe obliquement les différentes avenues qui suivent une direction parallèle à l'Hudson. Elles sont au nombre de onze, et on les désigne par leurs nombres ordinaux, première, seconde avenue, etc.

La partie la plus ancienne de la ville, ou la cité proprement dite, présente la pittoresque irrégularité de nos villes d'Europe : elle s'étend depuis l'extrémité sud de l'île jusqu'à une lieue au nord. A partir de ce point les rues deviennent rectangulaires, et la contagion de la ligne droite sévit ici comme à Philadelphie. Les onze

avenues sont coupées à angle droit, de la rivière de
l'Est à la rivière Hudson, par la première rue, la seconde, la troisième, la quatrième... je m'arrête, car il
y en a près de deux cents à nommer, et ce serait un peu
long, surtout quand j'arriverais dans les environs de la
cent quatre-vingt-dix-neuvième rue Je ne m'attacherai
d'ailleurs pas davantage à dépeindre la configuration de
l' « empire city », car un coup d'œil jeté sur un plan de
la ville peut seul en donner une idée exacte.

Le spirituel Théophile Gautier dit quelque part, dans
son *Voyage en Espagne,* qu'en arrivant dans une ville,
le premier monument que va visiter un voyageur, c'est
l'hôtel des postes. C'est là une vérité dont n'auront pas
de peine à se convaincre tous ceux qui ont voyagé.
Allons donc à la poste nous assurer s'il n'y a pas de
lettres portant le timbre de notre cher pays. La première
chose qui me frappe en y entrant, ce sont les rangées
de boîtes (boxes) munies d'une petite porte en cuivre.
Toutes ces portes sont numérotées et ont une clef particulière. Elles sont au nombre de cinq ou six mille. Les
négociants de New-York ont chacun leur boîte où ils
trouvent les lettres qui leur sont adressées. Ce système
est en usage dans toute l'Amérique. Voici de grands
tableaux où sont imprimés par ordre alphabétique les
noms de tous les destinataires des lettres adressées
poste restante. Autant de pays, autant de tableaux.
Grâce à cet arrangement pratique, j'ai bientôt trouvé
mon nom et obtenu mes lettres, dont la dernière n'a que
douze jours de date.

L'hôtel des postes est le plus bel édifice de New-York. Il a été inauguré en 1875. C'est une colossale construction en granit, de style classique et renaissance, surmontée de dômes, ornée de statues et de colonnes massives. L'ensemble ne manque pas de grandeur, mais ce n'est pas dans la grandeur que résident le bon goût et l'élégance. Ce bâtiment, entièrement construit de matériaux incombustibles, a coûté la bagatelle de six millions de dollars (trente millions de francs).

L'hôtel des postes se trouve au cœur de la cité, au centre du quartier des affaires. Il fait face à l'hôtel de ville, édifice renaissance d'une belle simplicité. A l'intérieur, rien à signaler que la salle du gouverneur (M. Tilden), où se trouve la table à écrire sur laquelle Washington rédigea son premier message au Congrès. En sortant de là, je m'arrêtai devant un édifice inachevé : c'est le palais de justice qui a déjà englouti tant de millions, grâce à l'une des plus gigantesques exploitations qui se soient vues dans les temps modernes. Suivant les devis, l'édifice devait coûter huit cent mille dollars (quatre millions de francs). En 1869, l'administration municipale passa aux mains de ce fameux cercle de Tammany (Tammany Ring), qui détourna du Trésor plus de douze millions de dollars. Le palais de justice fut leur principale veine d'exploitation : bien qu'il soit inachevé, il a déjà coûté autant de millions que le Parlement de Londres ou le Capitole de Washington. Sous le gouvernement du Tammany Ring, l'administration de la ville coûta trente millions de dollars par an. En 1871, des discordes s'élevèrent parmi ces honorables édiles ; l'un d'eux divulgua leurs faits et gestes. Cette révélation souleva un immense cri d'indignation dans toute la presse, et aux premières élections le Ring subit une éclatante défaite. Quelques-uns de ses membres crurent prudent de se soustraire par la fuite au sort qui les attendait ; les autres passèrent devant les tribunaux. Tweed, le chef de la bande, fut condamné à douze années de prison en 1873. On connaît le reste de son histoire. Au bout de quelques mois de détention, il parvint à s'évader et à gagner l'Espagne, qui extrada le fugitif à la demande du gouvernement de Washington. Quand j'étais à New-York, la grande question du jour était celle de savoir si, en l'absence d'un traité, cette extradition était légale.

Quel est cet énorme édifice à neuf étages surmonté d'un campanile qui s'élance à quelque cent mètres au-dessus du sol ? C'est le nouveau bâtiment où sont installés les bureaux du journal *la Tribune*. Ici comme partout, l'entrée est libre à tout venant. S'il vous plaît de flâner dans les ateliers d'imprimerie et de composition, il ne viendra à l'idée de qui que ce soit de vous demander ce qui peut bien vous y amener. J'avise un élévateur — en Amérique ils en ont mis partout — et l'on me hisse gratuitement tout comme les gens de la maison. Me voici au sommet de l'édifice, dans le belvédère du campanile. Le magnifique panorama ! On domine d'ici tout New-York, comme on domine Paris du haut du Panthéon. Ce qui frappe tout d'abord, c'est l'absence de toitures en tuiles : toutes les maisons sont couvertes de terrasses en zinc. A mes pieds s'étend la colossale fourmilière humaine où se font et se défont tant de fortunes, la ville où se gagne et se dépense le plus d'argent, le réceptacle de tant d'aventuriers, de fripons émérites, de voleurs de grande rue. L'imagination s'y égare et l'œil s'y perd. Du côté de la terre, la ville semble s'étendre à l'infini. Du côté de la mer, on découvre l'immense miroitement de la baie de New-York, avec ses milliers de mâts de vaisseaux, avec son fouillis d'îles qui ressemblent de loin à des émeraudes flottantes. Au delà de l'Hudson et de la rivière de l'Est, on distingue Jersey-City et Brooklyn, qui sont elles-mêmes des villes énormes. Mon œil planait sur une agglomération de deux millions d'âmes ; des innombrables artères que je voyais fuir dans toutes les directions s'élevaient mille bruits confus, mille notes discordantes se fondant en une immense rumeur. La cité impériale resplendissait de tout l'éclat d'un soleil de plomb. Tous les objets étaient inondés de la lumière crue et aveuglante d'un ciel sans nuage. Il faisait chaud, atrocement chaud. Et je compris, comme je rôtissais là-haut, pourquoi New-York est la ville des insolations.

Pendant l'été, la chaleur est plus excessive à New-York qu'à la Havane et dans les autres villes de l'Amérique du Sud situées sous les tropiques. Elle se déclare tout à coup, sans transition, et c'est dans les premiers jours qu'elle est la plus redoutable. A l'époque où je me trouvais à New-York, au commencement du mois de juin 1876, la chaleur avait une intensité qu'elle n'avait plus atteint depuis soixante ans. Aussi les insolations faisaient-elles des ravages effrayants. Chaque jour, les journaux publiaient la liste de plusieurs centaines de personnes tombées mortes ou malades dans les rues. Un jour, soixante-dix soldats furent atteints d'insolation. A une parade militaire qui eut lieu le même jour au camp Beddle, près de New-York, trente hommes tombèrent dans les rangs, et l'on dut interrompre la parade : des sept médecins du camp, six tombèrent en prostration, et il fallut mander à la hâte les médecins de Trenton. Ce jour-là, le thermomètre marquait 110° Fahrenheit à l'ombre (43°,5 centigrades). Plusieurs facteurs ayant succombé à la chaleur, on fut obligé de suspendre le service de la distribution des lettres pendant le jour. Les plus à plaindre étaient les policemen, obligés de stationner sur place : chaque jour la mort enlevait quelques-uns de ces braves fonctionnaires. Les chevaux eux-mêmes ne pouvaient résister à cette terrible pluie de feu ; on avait beau leur protéger la tête au moyen d'un triple parasol et d'une éponge toujours mouillée, ils tombaient foudroyés. Suivant le mot de la Fontaine, ils ne mouraient pas tous, mais tous étaient frappés.

On ne peut se figurer à quel degré d'intensité s'élève l'altération de New-York dans les grandes chaleurs d'été. Ce que les habitants consomment de boissons glacées, de limonades, de sorbets, de *lager beer*, est fabuleux. Les rues sont remplies de débitants de rafraîchissements qui ne peuvent suffire à la demande : les passants font queue, attendant leur tour à la buvette. Je ne sais vraiment pas comment ils ne deviennent pas hydropiques à force de boire. J'avoue que, pour ma part, je cédais comme eux aux séductions qui à chaque pas sollicitaient mes lèvres brûlantes. Comment y résister par une température de Sénégambie, à la vue de ces gracieuses petites pompes en marbre, où, moyennant dix sous, vous pouvez puiser à votre choix l'une des dix ou douze variétés de liquides gazeux, aromatisés, que les détaillants d'eau de Seltz maintiennent à une température rigoureusement glaciale, trop glaciale même pour la santé? Les Américains ont porté l'art du rafraîchissement à un degré de perfectionnement inconnu chez nous. Leurs limonades mousseuses au citron, à l'orange, à la fraise, à la vanille, sont tout à fait délicieuses : votre gosier, en les absorbant, jouit de toutes les exquises sensations que procurent les neiges et les glaces du pôle nord, pendant que votre corps brûle de tous les feux du tropique du Capricorne.

L'abus de la glace est, à n'en pas douter, l'une des causes qui produisent la maigreur et la pâleur des Américains. Ils en mettent dans toutes les boissons, dans l'eau, dans la bière, dans le lait, et même dans les liquides que nous aimons à boire chauds, tels que le thé et le café. Le thé et le café glacés me faisaient horreur; mais le lait à la glace, je déclare en conscience que c'est la meilleure boisson du monde.

Veut-on savoir ce que l'on consomme de glace dans

la seule ville de New-York? Chaque hiver, plus de deux cent mille tonneaux de glace sont emmagasinés dans les glacières, dont quelques-unes peuvent contenir vingt mille tonneaux. Les New-Yorkais ne doivent pas aller bien loin pour s'en approvisionner : ils en ont tout autour d'eux dans l'Hudson et la rivière de l'Est qui gèlent chaque année, car les hivers sont aussi froids à New-York que les étés brûlants. Les Américains qui ont voyagé en Europe se plaignent généralement de deux choses : la rareté de la glace et l'absence de W. C. dans les voitures de chemin de fer. Que de fois j'ai dû essuyer leurs railleries sur ces deux points!

Puisqu'il fait trop chaud pour continuer l'exploration de la ville, allons faire une excursion sur l'eau, à l'une des îles de la baie de New-York. Nous sommes venus à New-York par terre, mais il faut voir aussi l'aspect que présente la ville impériale vue de la mer. De la pointe de la Batterie part toutes les heures un *ferry-boat* pour l'île de Staten-Island.

Me voilà voguant dans la splendide baie de New-York, assez vaste pour contenir tous les navires du monde. Qu'il fait bon de prendre le frais de la mer par cette température de fournaise! Et avec quel plaisir, tout en humant la brise qui me caresse le visage, je promène mes regards sur la grande cité qui fuit derrière nous... *recedentia longe littora!*

Vue de la mer, New-York offre l'aspect le plus saisissant. Elle est fièrement campée sur son promontoire baigné d'un côté par la rivière de l'Est, qui la sépare de

Brooklyn, et de l'autre par le fleuve Hudson, qui la sépare de Jersey-City. Ces trois villes réunies forment un croissant d'une immense étendue ; sur tout le parcours du croissant surgissent des tours, des clochers, des cheminées d'usines et des mâts de vaisseaux en nombre incalculable. On peut dire de New-York ce que Fénelon disait de Tyr. Cette grande ville, qui est au milieu des flots, dans une île, semble nager au-dessus des eaux, et être la reine de toute la mer.

Nous glissons rapidement au milieu des navires à voiles et à vapeur qui voguent vers l'Europe, vers les Indes occidentales, vers l'Amérique du Sud. Au même moment, nous avons en vue un navire venant de Liverpool, un autre venant d'Australie, un troisième venant du Brésil. Pendant que la ville impériale s'éloigne à l'horizon, nous rasons de près l'île du Gouverneur, avec sa vieille tour William et son fort Colombus armé de cent vingt canons. Nous longeons ensuite les rivages verdoyants de Long-Island, où s'élèvent d'élégantes maisons de campagne, des châteaux qui rappellent les habitations seigneuriales de l'Angleterre. Puis nous pénétrons dans la passe des « Narrows » comprise entre Staten-Island et Long-Island. A droite se dresse, sur un rocher élevé, le fort Richmond, armé de cent quarante canons. A gauche, et en face du fort Richmond, apparaît le fort Hamilton, et plus loin le fort Lafayette, qui servit de prison militaire pendant la guerre de la sécession. La passe des Narrows, qui a ici moins d'un mille de largeur, est défendue par quatre cents canons. Une flotte ennemie qui parviendrait à franchir les Narrows aurait encore à essuyer le feu des trois cents canons des forts qui défendent la baie intérieure. Autant dire que New-York est imprenable.

Staten-Island, où nous abordons au bout d'une heure, est l'île de Wight des Américains. Beaucoup de New-Yorkais y ont leur maison de campagne. Aussitôt débarqué à Port-Richmond, je me mis à la recherche d'un compatriote demeurant dans les environs, pour qui j'avais une lettre d'introduction. M'étant informé de sa demeure, je me mis à suivre une chaussée bordée de jolies habitations. Au bout de cinq minutes, j'étais en rase campagne, loin de la civilisation et du fracas des affaires. Le chant du coq, le gazouillement des oiseaux me transportaient en pleine Europe. Je me serais cru à mille lieues de New-York que je venais de quitter. Ce qui diminuait le charme de cette promenade à travers champs, c'était l'insupportable ardeur des flammes que le soleil dardait sur ma tête : il me semblait par moments que mon cerveau entrait en ébullition. Je marchai ainsi une demi-heure, ne rencontrant pas une âme sur mon chemin : il n'y a que les touristes et les chiens qui s'exposent à pareille température. Je suis très-probablement le seul qu'on ait vu dans ces heures torrides arpentant la campagne en plein soleil sous un parapluie. C'était bien la peine d'ailleurs de braver les insolations pour apprendre finalement que mon compatriote était absent !

Retournons à New-York, et poursuivons notre excursion à travers la ville. Il n'y a que les Américains pour faire des prodiges d'audace comme le chemin de fer aérien (*elevated railway*) de la neuvième avenue. Je n'ai pu sans frémir voir des locomotives et des wagons courir à six mètres de hauteur avec la rapidité de l'éclair sur des rails soutenus par des colonnes de fer d'une effrayante légèreté. J'étais grimpé par un escalier à l'une des stations situées au niveau de la voie, dans le but de voir de près ce train d'un nouveau genre.

J'aperçus, à une demi-lieue de distance, la fumée d'une locomotive. Deux minutes après, elle arrivait à toute vapeur, et telle était sa rapidité, que je m'imaginais qu'elle allait passer outre sans s'arrêter. Grande fut ma surprise quand je vis le train stopper juste en face de moi : six secondes de temps et dix mètres d'espace avaient suffi pour opérer ce miracle !

Lorsque je me trouvais à New-York, plusieurs travaux grandioses étaient en cours d'exécution. Je visitai à Astoria les immenses travaux d'excavation pratiqués sous la rivière de l'Est dans le but de faire sauter les rochers qui en cet endroit s'opposaient au passage des grands navires. Un large puits de dix mètres de profondeur avait été ouvert sur le bord de la rivière. De là rayonnaient en éventail seize galeries pratiquées dans le roc à dix pieds au-dessous de l'eau. Ces galeries rayonnantes étaient coupées par des galeries concentriques, de façon que la voûte n'était plus soutenue que par un système de piliers carrés de trois mètres de largeur. Les galeries terminées, il fallait introduire dans tous les piliers les matières explosives, les réunir par un fil télégraphique, et, après avoir laissé entrer l'eau dans les galeries, déterminer l'explosion au moyen de l'électricité. On sait que cette entreprise hardie a parfaitement réussi : l'explosion eut lieu sans aucun accident quelques semaines après ma visite, et aujourd'hui les rochers de Hellgate n'empêchent plus les navires de fort tonnage de passer par la rivière de l'Est.

La rivière de l'Est sépare New-York de Brooklyn. Un pont suspendu réunira bientôt les deux villes. Les travaux sont conduits par le colonel Roebling, le fils de l'ingénieur qui a fait le pont suspendu du Niagara. Le pont aura une longueur de seize cents pieds d'une tour à l'autre. Déjà les tours sont achevées : elles sont en granit, et offrent plus de solidité que d'élégance. La largeur du tablier sera de quatre-vingt-cinq pieds. Ce pont suspendu sera le plus grand du monde.

Prenons un de ces nombreux ferry-boats qui circulent entre Long-Island et l'île Manhattan, et allons flâner dans la Broadway en attendant l'heure des théâtres. Flâner! voilà un mot que les Américains ne connaissent pas. Qui flâne ici, si ce n'est quelque rare touriste égaré au milieu des flots d'hommes qui tourbillonnent du matin au soir dans cette large avenue? Voyez ces gens affairés, comme ils courent à la poursuite du dollar. Ont-ils jamais goûté un quart d'heure de paisible *farniente?* Ont-ils jamais joui de la volupté du repos? Qu'ils aillent à pied, en voiture, en omnibus, toujours ils songent à *make money,* à faire des dollars. La Broadway est leur boulevard;

mais ils n'y vont pas pour s'adonner à la rêveuse promenade qui fait l'un des principaux charmes de l'existence du Parisien ; non, ce boulevard de la Broadway est plutôt la montagne où ils se donnent rendez-vous pour rouler tous les jours leur rocher de Sisyphe. Je reviendrai ailleurs sur ce côté de la vie américaine.

Il y a à New-York un théâtre français. On y donnait la *Vie parisienne,* et l'orchestre était dirigé... je vous le donne en mille... par le maestro en personne, par l'illustrissime Offenbach, qui commençait par New-York sa tournée triomphale en Amérique. Offenbach toujours, Offenbach partout. De l'orient à l'occident, c'est lui qui représente la France. Ce serait drôle, si ce n'était affligeant.

Voici qu'il est minuit. C'est le moment d'aller voir fonctionner les presses du *New-York Herald* qui s'imprime la nuit, par le procédé de la stéréotypie. Un ascenseur me hisse à la fonderie, située sous les combles de l'édifice. C'est là qu'on coule en plomb les planches composées, à l'aide de moules en étain auxquels on a donné une forme cylindrique. Les formes en plomb sont reproduites dix fois, de manière à pouvoir décupler la rapidité du tirage. A l'étage situé au-dessous de la fonderie sont les ateliers de composition : il y a là une armée d'ouvriers typographes; on travaille jour et nuit. Au rez-de-chaussée sont les bureaux. Dans les souterrains fonctionnent les presses. A minuit et demi précis le travail d'impression commence. Tout est en ordre : les formes stéréotypées sont adaptées aux cylindres, les ouvriers sont à leur poste, et à un signal donné une puissante machine à vapeur s'ébranle et met en mouvement cinq presses construites d'après un procédé spécial dont le *New-York Herald* fait seul usage. Chacune de ces presses est munie de deux cylindres et imprime deux journaux par seconde. Ce n'est pas le papier qui roule autour du cylindre, comme dans les presses ordinaires, mais bien le cylindre qui roule sur le papier et y laisse l'empreinte des caractères stéréotypés. C'est la machine elle-même qui se charge de couper le papier après chaque tour de cylindre : grâce à ce système, le papier peut se dérouler sans discontinuité, et l'on en imprime un kilomètre en moins d'un quart d'heure. Le *New-York Herald* se tire à soixante-dix mille exemplaires : on croit généralement qu'il est le journal le plus répandu en Amérique, mais son tirage est dépassé par celui du *Boston Herald,* qui tire à cent mille numéros, et par le *Philadelphia Ledger,* qui tire à quatre-vingt mille. Le personnel attaché à la partie matérielle du journal s'élève à trois cents hommes. Quant aux rédacteurs et aux correspondants, il y en a dans tout l'univers, même au centre de l'Afrique. On sait que Stanley est un reporter du *Herald*.

Il était une heure et demie du matin quand je sortis de l'imprimerie du *Herald*. Je me trouvais à une lieue de mon hôtel, et j'étais à me demander comment j'y retournerais sans m'exposer à être assommé ou dévalisé en route dans quelque rue déserte, lorsque je vis venir un street-car. Je criai au conducteur : « Broadway, twenty-seventh street. — All right. » En moins d'une demi-heure j'étais à destination. Les tramways marchent ici pendant toute la nuit, de demi-heure en demi-heure.

VI

UN DIMANCHE A NEW-YORK.

Le lendemain était un dimanche. Mon premier soin fut d'aller à la poste, qui n'est ouverte ce jour-là que de neuf heures à onze heures. Force me fut d'aller à pied, car à New-York les omnibus ne vont pas le dimanche. Il y a d'autres prohibitions plus singulières. Ainsi, par exemple, il est défendu le dimanche de prendre de la bière, du vin ou des liqueurs en dehors des repas. Il va sans dire que les habitants de la ville connaissent les moyens d'enfreindre ces règlements; mais les étrangers sont fort à plaindre. Dans les hôtels, on élude la défense de la manière que voici : le *bar room* où se débitent les liqueurs a une grande porte pour la semaine, et une petite porte dérobée pour le jour du Seigneur; la porte principale est fermée, mais on y peut lire un avis indiquant par quel détour on pourra pénétrer dans le sanctuaire. Voilà un trait qui peint d'un coup le pharisaïsme américain.

La Broadway, si gaie, si animée d'ordinaire, présente un aspect morne et triste le dimanche. Tous les magasins sont fermés, les voitures ne circulent pas, et l'on ne rencontre que de rares promeneurs qui ne ressemblent guère aux gens affairés de la veille. Il n'y a d'autre ressource pour l'étranger que de visiter les églises ou d'aller au parc central.

Avez-vous vu le parc central? Telle est la première question que vous posent les gens de New-York quand vous leur parlez de leur cité. Et je comprends qu'ils en fassent grand cas, car ils n'ont vraiment rien d'autre à montrer aux étrangers. A les en croire, le parc central est la huitième merveille du monde; d'autres, moins modestes, disent que c'est la première merveille. Franchement, j'ai vu en Europe de plus beaux parcs, sans même parler de Versailles ou de Saint-Cloud. Le parc du Djurgarden à Stockholm, le parc du Buen-Retiro à Madrid, sont infiniment plus attrayants que celui de New-York. Ce qui n'empêche pas le parc central d'être une fort belle chose qui mérite d'être admirée. Si elle n'est pas en elle-même l'une des merveilles du monde, il est au moins merveilleux de la rencontrer au beau milieu de la métropole américaine, qui n'était déjà que trop à l'étroit dans son île.

Comme son nom l'indique, le parc occupe le centre de la ville; et, cependant, telle est son étendue, qu'une fois qu'on s'est engagé dans ses mystérieuses allées pleines d'ombre et de fraîcheur, on se croirait à cent lieues de toute habitation humaine. Les bosquets sont peuplés de paons; des oiseaux de toute espèce y gazouillent dans les arbres. A chaque pas s'ouvrent des échappées pittoresques : tantôt ce sont des lacs, tantôt des cascades, tantôt des ponts rustiques, le tout encadré de charmantes petites montagnes. Au centre du parc sont les deux réservoirs alimentés par la rivière Croten, qui fournissent l'eau à toute la ville. Le bassin principal a une étendue de plus de cent acres, et une capacité d'un milliard de gallons. Le parc n'a pas moins de huit cent cinquante acres de superficie ; il a une lieue de longueur et un kilomètre de largeur. Quand on songe que l'emplacement qu'il occupe n'était, il y a vingt ans, qu'un désert inculte et marécageux, on ne peut que rendre hommage à l'énergie de ceux qui ont opéré une si merveilleuse transformation. Ce travail a coûté soixante millions. Tout était à créer ; le sol était si rocailleux, qu'il a fallu y apporter de la terre végétale ; on y a planté deux cent soixante mille arbres, le quart du chiffre de la population de New-York.

J'ai remarqué au parc central beaucoup de beaux carrosses dont les roues sont d'une admirable légèreté. L'allure des chevaux américains diffère beaucoup de celle de leurs congénères d'Europe ; leur trot est infiniment plus correct ; ils sont évidemment dressés à lever les jambes en courant. J'ai vu peu de cavaliers : l'équitation ne semble guère en honneur chez les Américains.

En sortant du parc, je me mis à cheminer le long de la Cinquième avenue, aussi célèbre à New-York que les Champs-Élysées à Paris. C'est le quartier où réside l'élite de l'aristocratie. Même dans la république des États-Unis, il existe une ligne de démarcation bien tranchée entre les différentes classes de la société. A défaut d'une aristocratie d'hommes titrés, il y a à New-York une aristocratie de nababs. Trop fiers pour se mêler aux vilains qui n'ont pas eu la chance ou l'adresse d'amasser autant de dollars qu'eux, ces nobles yankees ont voulu avoir leur Chaussée d'Antin, et ils ont choisi la Cinquième avenue. Cette avenue n'a pas moins de dix kilomètres de longueur. Les terrains y ont une valeur énorme. Chaque résidence est un petit palais; les moindres valent un million. Au reste, elles se ressemblent toutes : la porte est toujours précédée d'un perron avec colonnes corinthiennes supportant un fronton triangulaire ou à plein cintre. Ces constructions sont faites d'une pierre granitique brune qui les fait ressembler à des maisons de chocolat. Quelques-unes sont bâties en marbre blanc, comme celle de feu M. Stewart, le célèbre marchand de nouveautés, qui a consacré dix millions à la construction de son palais.

En me promenant dans cet opulent quartier, il me semblait lire en toutes lettres sur chaque dalle du trottoir ce mot magique : *dollar*. Impossible de passer par là sans songer au dollar : l'air qu'on y respire semble tout imprégné de la poussière de l'or et des billets de banque. Ce serait chose intéressante d'écrire la biographie de tous les Crésus qui résident dans la Cinquième avenue. Un tel a fait un million de dollars par son système de tire-bottes perfectionné. Un autre a fait deux millions en imaginant un nouveau genre d'agrafes de corset et de boutons de pantalon. Le propriétaire de ce somptueux hôtel en marbre, dont on ne compte plus les richesses incalculables, est l'inventeur du célèbre élixir qui guérit les maladies provenant du froid et du chaud. Voilà les titres de noblesse de l'aristocratie de la Cinquième avenue. Ces titres sont fort respectables. Mais on n'entend guère parler de résidents qui se soient illustrés au barreau, à la tribune, dans les fonctions judiciaires ou dans les arts : à New-York ces carrières-là ne conduisent pas à la Cinquième avenue.

L'empereur de la ville impériale, c'est le dollar. Ritualistes, méthodistes, presbytériens, unitariens, se tiennent tous par une religion commune; tous décernent le même culte au dieu Greenback. Un homme n'a droit à la considération dans ce milieu-là que s'il est riche, peu importe comment il l'est devenu. Le commerce et l'industrie sont les seules carrières honorées. Ne parlez pas à un Américain d'un grand artiste ou d'un grand poëte : il vous demandera tout de suite combien il vaut, *how much he is worth*. A New-York, un homme qui possède cent mille dollars *vaut* cent mille dollars. Fussiez-vous un homme de génie sans dollars, vous ne vaudriez pas plus qu'un vulgaire décrotteur.

Comment donc les New-Yorkais, qui ont tant de sens pratique, n'ont-ils pas encore songé à orner leur porte d'une plaque de cuivre indiquant en chiffres ronds le montant de ce qu'ils valent? On saurait au moins à quoi s'en tenir sur le degré de considération qu'il faudrait accorder à chacun. Il est vrai que beaucoup seraient tentés d'exagérer le chiffre de leur valeur pour se grandir dans l'opinion de leurs concitoyens. Je connais mes bons Américains, dont la naïveté n'est pas le principal défaut. Et puis les faillites sont si communes à New-York, que tel homme qui vaut aujourd'hui cent mille dollars ne vaudra peut-être rien du tout la semaine prochaine : il faudrait trop souvent ôter ou ajouter des zéros au chiffre rond de la plaque de cuivre.

A New-York, la faillite n'a pas le caractère déshonorant qu'elle a partout ailleurs aux yeux des gens honnêtes. C'est souvent la ressource de celui qui veut sortir d'une situation difficile, d'une crise inattendue. Si ce moyen lui réussit, c'est un homme habile, *a smart fellow*. C'est presque un titre de gloire pour un négociant d'avoir failli plusieurs fois, pourvu que chaque fois il se soit tiré d'embarras. On le montre du doigt comme un héros, et chacun l'admire en se disant à lui-même : Voilà un homme qui vaut cinq cent mille dollars. Cela suffit, aux yeux des Américains, pour effacer de son front le stigmate de la faillite. Cet homme fourbe et malhonnête est pour eux un modèle de finesse et d'habileté ; ce qu'ils lisent sur son front, ce sont ses cinq cent mille dollars. Il a frustré bien des créanciers, mais il mérite l'estime de ses concitoyens au même titre qu'un général d'armée qui a gagné une victoire au prix du sang de ses semblables.

Si l'âpreté au gain est le faible des New-Yorkais, il faut dire à leur décharge qu'ils sont prodigues de leur argent. Lorsqu'ils entassent dollar sur dollar, ce n'est pas dans le but de les laisser dormir dans leur coffre-fort. Ils les dépensent à pleines mains et trouvent une sorte de jouissance à risquer leur avoir dans des spéculations hasardeuses. Souvent ils perdent en un jour ce qu'ils ont acquis en dix ans, et leur ruine leur cause moins de chagrin que le gain ne leur cause de satisfaction. L'Américain ne se décourage jamais : son énergie lui procure toujours les moyens de se relever. C'est cette énergie qui a, en moins d'un an, relevé de leurs cendres les villes de Boston et de Chicago que les flammes avaient consumées.

Disons encore, à l'honneur de ces adorateurs du dollar, qu'il n'est peut-être pas de ville au monde où les pauvres soient plus secourus par les riches qu'à New-York, pas de ville où l'on trouve plus d'établissements de bienfaisance pour le soulagement de toutes les misères. La plupart des institutions charitables sont dues à l'initiative privée. C'est un principe passé dans les mœurs que celui qui s'est enrichi doit en mourant laisser une grande partie de sa fortune à la ville où il l'a amassée, sinon il encourt le blâme de ses concitoyens. J'étais à New-York peu de temps après la mort de M. Stewart, qui laissa soixante millions de dollars à sa famille, et rien à la ville de New-York. Ce fut d'abord un désappointement, puis des appréciations indignées dont tous les journaux se firent l'écho.

Je fus frappé de la quantité d'églises qui ajoutent à la magnificence architecturale de la Cinquième avenue. J'en ai compté une douzaine, dont une en construction. Ces églises sont généralement conçues dans le style gothique, et surmontées d'une flèche élancée. Elles sont faites de cette pierre chocolat que je n'ai vue nulle part ailleurs. Quand on pénètre dans ces temples, on est surpris de la différence d'aspect qu'ils présentent suivant la congrégation religieuse à laquelle ils appartiennent. Je trouvai les uns remplis d'assistants, les autres à peu près déserts. Les uns rappelaient la disposition intérieure de nos églises avec leur nef gothique et leur autel; les autres ressemblaient moins à une église qu'à une salle de concert. J'en ai vu un qui ne renfermait pas un seul objet, pas un seul symbole qui en rappelât la destination religieuse : un ministre en habit laïque y commentait des passages de la Bible devant une assistance composée de quatre personnes; mon entrée y fit une telle sensation, que je sortis bien vite pour ne pas troubler davantage la sainte quiétude qui régnait dans cette glaciale enceinte.

En Amérique, la religion est considérée par la plupart des gens comme une affaire de forme et de convenance. Il est de bon ton de professer un culte quelconque, si absurde qu'il puisse être. Il y a les cultes à la mode et les cultes démodés. Il y a les cultes aristocratiques pour les classes riches, et les cultes démocratiques pour les classes populaires. Les églises de la Cinquième avenue ne sont fréquentées que par la haute volée. On s'y rend en voiture, et l'on paye un dollar à l'entrée. Dans les églises intermédiaires, on paye un demi ou un quart de dollar. Enfin, il y a les églises pour les pauvres, où l'on ne paye que cinq sous. Ce n'est pas tout : il y a encore les églises pour les nègres [1].

[1] Le nombre des églises en Amérique a grandi dans des pro-

Me promenant le soir dans une des rues de la cité, j'entendis des chants religieux d'une sonorité si extraordinaire, que j'eus la curiosité de savoir de quels poumons ils pouvaient bien sortir. En entrant, je me trouvai au milieu d'une réunion de deux ou trois cents nègres, qui du fond de leurs gosiers de stentor tiraient des éclats de voix à faire trembler les voûtes de l'édifice. Comme j'étais le seul enfant de Japhet au milieu de ces descendants de Cham, je crus que ma place n'était pas là, et je me disposais à la retraite, lorsqu'un nègre se tourna vers moi et me dit : « Come in, sir. » En même temps, il m'offrit une chaise. C'était la première fois que je me trouvais au milieu d'une société aussi bigarrée. Je fus frappé tout d'abord de la grande variété de nuances de leurs physionomies. Les uns étaient noirs comme l'ébène; les autres, presque aussi blancs qu'un Yankee, ne trahissaient leur sang que par leurs cheveux crépus. Entre ces deux couleurs opposées je pouvais observer toute l'échelle des teintes, depuis celle du nègre du Congo jusqu'à celle de l'Éthiopien. Après les cantiques, il y eut des prières dites d'une

portions beaucoup plus grandes que la population. La population est onze fois plus considérable qu'il y a cent ans, tandis qu'il y a trente-sept fois plus d'églises qu'il n'y en avait il y a cent ans. Il y a aujourd'hui aux États-Unis 72,000 églises pour une population de trente-huit millions, soit une église par 529 habitants; au lieu qu'au siècle dernier il n'y avait que 1,950 églises pour une population de trois millions et demi, soit une église par 1,700 habitants. On peut consulter sur cette question un intéressant article publié dans le numéro centenaire de la *North American Review*. Cet article signale les progrès énormes que le catholicisme a faits aux États-Unis depuis un siècle.

voix monotone et criarde : il semble à ces braves gens que leurs prières ne seront pas entendues en haut s'ils ne crient bien fort. L'office se termina par une petite allocution d'un clergyman qui n'avait pas une goutte de sang blanc dans les veines. Il parlait d'un ton badin, faisant une pause après chaque phrase comme pour laisser plus libre cours aux accès de joie de l'assistance. Il donnait lui-même le signal du rire, chaque fois que l'occasion s'en présentait. J'étais malheureusement trop éloigné pour saisir le sens des plaisanteries qui provoquaient l'hilarité de l'auditoire. Tout ce que je pus comprendre, c'est que l'allocution du pasteur avait pour objet de faire un appel à la générosité de son troupeau. Quand il eut fini, toutes les brebis noires allèrent déposer leur offrande sur un plateau que leur présentait le ministre à la peau luisante et aux cheveux crépus.

VII

L'HUDSON.

Nous sommes à bord d'un de ces palais flottants qui, deux fois par jour, remontent l'Hudson jusqu'à Albany [1], petite ville située à une cinquantaine de lieues de New-York. Les steamers américains qui font le service des rivières et des lacs ont un aspect bien différent des nôtres. Ils sont divisés en plusieurs étages. Au rez-de-chaussée, les machines à haute pression et les marchandises. Au premier étage, un splendide salon qui occupe généralement toute la longueur du bâtiment, de la poupe à la proue. Le long du salon et de chaque côté sont distribuées les cabines à deux couchettes. Le second étage sert de promenoir; sur le toit est installé le pavillon du pilote. Le tout est dominé par le balancier (*walking beam*), au mouvement grave et majestueux, et par deux immenses cheminées qui vomissent de noirs tourbillons de fumée. L'énorme édifice est porté par un bateau à fond plat, n'ayant qu'un très-faible tirant d'eau, et construit spécialement pour naviguer dans les eaux basses.

[1] Albany est la capitale politique de l'État de New-York.

Entre les deux cheminées du steamer est suspendu un signe particulier qui sert à reconnaître la ligne à laquelle il appartient : une étoile rouge, une boule dorée. J'en ai vu qui portaient des emblèmes maçonniques.

Beaucoup d'Américains, qui désirent oublier pour quelque temps le tracas des affaires et respirer l'air pur, élisent domicile pour plusieurs jours dans ces hôtels flottants. Mais ce sont surtout les jeunes mariés qui en font leur séjour de prédilection. Il y a dans chaque steamer de charmants petits boudoirs appelés *wedding rooms*, dont le nom indique qu'ils sont spécialement réservés à ces heureux convives du banquet de la vie.

On jouit, à bord de ces luxueux bâtiments, de tout le confort qu'on peut souhaiter. Les prix y sont modérés, mais gardez-vous du *bar room* : on vous y volera comme dans un bois. Un simple petit verre de *brandy* (eau-de-vie) vous sera compté quarante sous tout comme un *cock tail*. Le *cock tail* est une boisson américaine dont je fis connaissance à bord d'un steamer de l'Ohio. C'est une savante combinaison de différentes liqueurs, dont les Yankees raffolent. A bord des steamers on lie bientôt connaissance avec les compagnons de route : le *cock tail* sert alors à cimenter les nouvelles relations.

« Voulez-vous prendre un *cock tail ?* » me dit un avocat de Cincinnati à qui j'avais eu l'honneur d'être présenté. N'étant pas encore suffisamment américanisé pour distinguer un *cock tail* d'une queue de coq (traduction littérale de *cock taïl*), je répondis que je n'avais jamais mangé de la vie un pareil plat. Cette répartie eut auprès de mon interlocuteur un succès de fou rire. Il en parla toute la journée, et la raconta à tous les habitués du *bar room*. Je connus plus tard la véritable cause de sa longue hilarité : j'avais employé bien innocemment un mot parfaitement *shocking* pour des oreilles anglo-saxonnes. Le lendemain, je revis cet avocat à Cincinnati, accompagné d'un ami auquel il me présenta. En même temps il m'annonça qu'il venait d'apprendre la mort de sa mère. Je crus devoir lui adresser des paroles de condoléance, mais voilà qu'il part tout à coup d'un éclat de rire et se met à raconter à son ami l'histoire du *cock tail*. Cette manière de se consoler de son malheur me fit faire d'étranges réflexions. Quelque invraisemblable que puisse paraître cette anecdote, je certifie qu'elle est absolument historique : il me semble qu'elle peint d'un trait les Américains

Revenons de l'Ohio à l'Hudson. De tous les steamers qui font le service de l'Hudson entre New-York et Albany, le plus beau, le plus puissant, le plus rapide est le *Mary Powel*. Il file ses vingt milles à l'heure. Il défie tous les autres à la course. Un jour, il s'est signalé par un exploit que les steamers américains peuvent seuls accomplir : il a franchi en trois heures et quarante-cinq minutes une distance de quatre-vingt-dix milles, soit vingt-quatre milles à l'heure. Grâce à ses chaudières en acier, il peut égaler la vitesse d'un cheval de course sans courir les risques d'explosion.

Ce fut à bord du *Mary Powel* que je pris passage pour remonter l'Hudson jusqu'à West-Point. Ce fleuve, que les Américains appellent la rivière du Nord (*North river*), est trop connu pour qu'il soit nécessaire d'en donner ici la position géographique. Pas n'est besoin d'avoir été en Amérique pour savoir que New-York est situé à son embouchure. Ce qu'on sait moins, c'est que l'Hudson a porté sur ses eaux le premier bateau à vapeur. Robert Fulton, inventeur de ce nouveau mode de locomotion, ayant été repoussé en France comme un utopiste, s'adressa à l'Amérique, son pays natal, qui ne l'accueillit guère mieux dans les premiers temps. A New-York comme à Paris, il ne trouva que des railleurs et des incrédules. Chaque matin, lorsqu'il se rendait au chantier où l'on construisait son bateau, il entendait les cruels discoureurs qui parlaient de la *folie de Fulton*. Mais Fulton ne se laissa pas décourager. Quand vint le jour de l'épreuve, ce fut à grand'peine qu'il obtint de quelques amis de l'accompagner à bord. Malgré la construction défectueuse de son navire, il parvint à remonter l'Hudson de New-York à Albany. Ce grand événement avait lieu en 1807, juste deux siècles après la découverte du fleuve par l'infortuné capitaine anglais Henri Hudson. Ce navigateur fit plusieurs tentatives inutiles pour découvrir au nord-est une route vers la Chine. En 1609, il résolut de chercher un passage au nord-ouest. Il s'embarqua sur un vaisseau hollandais, la *Demi-Lune*, fit voile vers le détroit de Davis, rencontra le continent américain par 44° de latitude nord, gouverna vers le sud, et découvrit l'embouchure d'un fleuve que les Indiens appelaient Mohegan, et qui, depuis, a conservé le nom du célèbre marin. Il crut d'abord avoir découvert le bras de mer qu'il cherchait; mais il reconnut bientôt son erreur lorsqu'il vit que les rives du fleuve se rapprochaient insensiblement. Il remonta le fleuve jusqu'à une distance considérable, et revint en Europe avec la conviction qu'il n'y avait pas moyen d'aller par là en Chine. En 1610, il fit un dernier voyage sur le *Discovery*. Il toucha au Groënland, au Labrador et à la baie d'Hudson. Là, une partie de son équipage se révolta. Les mutins s'emparèrent de sa personne pendant la nuit, lui lièrent les mains derrière le dos, et l'abandonnèrent dans une chaloupe avec son fils et sept matelots qui lui étaient restés fidèles. On n'en eut plus jamais de nouvelles : les expéditions envoyées à sa recherche restèrent sans résultat.

L'Hudson passe pour être le fleuve le plus pittoresque de l'Amérique du Nord. A mon humble avis, le Saguenay, que je visitai plus tard au Canada, est d'une beauté bien supérieure. L'Hudson a été trop souvent mis en parallèle avec le Rhin pour que je veuille me donner l'air d'avoir trouvé la comparaison. Et cependant le rapprochement ne me semble pas tout à fait juste. Ce qui fait le charme particulier de l'Hudson, c'est l'admirable verdure qui couvre ses montagnes : ici, comme dans tous les paysages de l'Amérique du Nord, c'est le vert qui est la couleur dominante; tandis que dans les paysages du Rhin, c'est la couleur brune qui domine. Les rives de l'Hudson ont, d'ailleurs, infiniment plus de caractère que celles du fleuve allemand. Le Rhin ne perdrait-il pas une grande partie de son charme si on lui ôtait ses vieux châteaux en ruine? Les ruines manquent à l'Hudson; mais l'Hudson a, lui aussi, ses souvenirs historiques, ses légendes et ses traditions illustrées par le génie de Willis, de Fenimore Cooper et de Washington Irving [1]. En remontant le cours du fleuve, on croit voir à chaque détour la noble figure du navigateur Hudson. Ici, les Indiens attaquèrent son vaisseau; là, s'élevait autrefois le village indien où Hudson jeta l'ancre; voici l'endroit où son vaisseau s'engrava au beau milieu du fleuve.

L'Hudson emprunte une physionomie particulière aux innombrables embarcations qui remontent et descendent son cours. Sous ce rapport, aucune rivière au monde ne saurait lui être comparée. La navigation sur le Mississipi et les autres grands fleuves de l'Amérique n'approche pas de celle qui se fait sur l'Hudson. L'Hudson n'a pas seulement ses bateaux à vapeur qui sont les plus beaux du monde; sur ses eaux voguent des flottilles de yachts aux blanches voiles déployées comme des ailes de cygne, des goëlettes, des bateaux carrés, des files de bateaux de canal traînés par des remorqueurs, des trains de bois; qu'on ajoute au mouvement des embarcations celui des trains de chemin de fer qui passent comme l'éclair sur les quatre voies parallèles alignées sur la rive gauche,

---

[1] Washington Irving résida longtemps et mourut sur les bords de l'Hudson, dans une délicieuse retraite à laquelle il donna le nom de *Sunnyside*. Il en a fait une charmante description dans *Wolfert's Roost*. Le cottage subsiste encore tel qu'il était du vivant du célèbre écrivain : la façade est couverte d'une grappe de lierre provenant d'une bouture que Walter Scott donna à Irving à Abbotsford.

et l'on aura à peu près l'idée de la prodigieuse animation qui règne sur l'Hudson à toute heure du jour et de la nuit.

Le fleuve coule majestueusement entre un double rideau de montagnes d'une grande variété d'aspect. Non loin de son embouchure, la rive droite présente une longue succession de rochers basaltiques connus sous le nom de « Palissades ». Rien de plus fantastique que cette énorme muraille à pic qui, destituée de toute végétation, commence pour ainsi dire aux portes de New-York et se prolonge, sur un espace de plusieurs lieues, avec la régularité d'une construction militaire, dominant de plus de six cents pieds les flots qui rongent sa base.

Des forêts luxuriantes en couronnent le faîte. Çà et là, de profondes crevasses en labourent les flancs escarpés, et là bas une gracieuse cascade flotte le long de la paroi comme un voile de mousseline qui s'enfle au souffle de l'air. Plus loin, le fleuve s'élargit au point de former un lac de deux lieues de largeur. Ce lac a conservé le nom de Tappan Zee que lui ont donné les Hollandais qui ont occupé cette contrée. De véritables tempêtes se déclarent parfois sur cette petite mer. C'est là que Washington Irving a placé le théâtre de la plupart des légendes conservées par les traditions populaires.

En quittant le Tappan Zee, on s'engage dans les *Highlands :* le fleuve se rétrécit entre des montagnes d'une grande hauteur et d'une beauté de formes qu'on chercherait vainement dans les montagnes si monotones du Rhin

L'ÉCOLE MILITAIRE DE WEST-POINT, SUR L'HUDSON.

et de la Moselle. Le ciel était couvert, ce qui ajoutait encore à la grandeur du paysage : les cimes disparaissaient dans les nuages qui en complétaient l'architecture. C'est là, au mileu du site le plus pittoresque de l'Hudson, que se trouve la célèbre école militaire de West-Point que je m'étais proposée pour but de mon voyage.

L'école se trouve sur un vaste plateau situé à mi-côte d'une montagne verdoyante qui commande le plus beau panorama fluvial que l'on puisse rêver. West-Point est, j'en suis sûr, le plus délicieux endroit des États-Unis. J'ai passé là plusieurs heures, m'enivrant de l'air pur des montagnes. Un joli sentier grimpant me conduisit du débarcadère au plateau où s'élèvent les bâtiments de l'école. Je les visitai en détail, ayant pour *cicerone* un officier fort affable qui ne connaissait pas un traître mot de français.

Cette ignorance des langues étrangères est générale aux États-Unis. Le président de la république, M. Grant, ne parle d'autre langue que l'anglais. Un sénateur m'a affirmé qu'il n'a pas dans toute l'assemblée du Sénat plus de deux collègues qui sachent s'exprimer en français. Ce qui est vraiment étrange, c'est que les dames parlent presque toutes le français d'une façon fort convenable. Comme je demandais la raison de cette anomalie, on me répondit que, les hommes devant être en état de *make money* et de se suffire à eux-mêmes dès l'âge de dix-huit ans, ils n'ont réellement pas le temps de s'adonner à l'étude des langues étrangères. C'est pour la même raison que les Américains dédaignent de cultiver la musique, le dessin, les fleurs : ces arts si délicats, qui font le charme de notre vie, sont laissés aux dames, et considérés comme indignes d'occuper le temps d'un Yankee. Pauvres Yankees ! S'ils pouvaient comprendre tout ce que la musique peut procurer de délassements et de jouissances à l'esprit fatigué par les calculs et les soucis de la vie positive, ils seraient, certes, moins taciturnes, moins sombres que je ne les ai vus.

L'école militaire de West-Point et tout le plateau qui en dépend sont la propriété exclusive du gouvernement fédéral, qui en a fait l'acquisition à l'État de New-York. Nul ne peut bâtir une maison, tenir un hôtel sur les terres avoisinantes sans la permission des autorités militaires. On me fit voir succesivement le manége, le laboratoire, l'observatoire, la bibliothèque, l'hôpital, le réfectoire, la chapelle, la caserne. Puis on me montra des reliques de la guerre d'indépendance, des canons enlevés aux Mexicains, un mortier et des drapeaux pris aux Anglais, et bien d'autres objets qui semblent avoir été mis là pour exalter le patriotisme des futurs défenseurs de la patrie.

La caserne des cadets est un imposant bâtiment en pierre contenant cent soixante-seize chambres, dont cent trente-six pour les cadets. Ces chambres sont meublées avec la plus grande simplicité : on accoutume les élèves à souffrir toutes les rigueurs de la vie militaire à laquelle ils se destinent. Chaque chambre est occupée par deux cadets : tout l'ameublement se compose de deux lits en fer, de chaises, de tables et autres objets de stricte nécessité. Le cadet ne peut avoir ni domestique, ni cheval, ni chien ; il doit lui-même faire son lit et entretenir son quartier. Le canon le réveille à cinq heures du matin. A cinq heures et demie sa chambre doit être en ordre, sa literie pliée, son aiguière renversée. Gare à lui s'il est en retard ! Il est visité par un supérieur, qui fait rapport sur sa contravention. De cinq et demie à sept, il est censé travailler. Vingt-cinq minutes lui sont accordées pour déjeuner, puis une demi-heure de récréation, puis quatre heures de classe. De midi à deux heures, dîner et récréation. A quatre heures le travail est fini, et le restant du jour est consacré aux amusements et aux exercices militaires. A dix heures, les lumières sont éteintes dans les quartiers, et le soldat en herbe va se coucher. Parfois il s'endort ; parfois aussi il est simplement censé dormir. Les plus turbulents se livrent trop souvent à ce qu'ils appellent « le hachis de minuit » (*midnight hash*). Ils sortent à pas de loup de leurs quartiers, un à un, s'assemblent dans l'appartement d'un camarade, ferment fenêtre et rideaux, et allument le gaz. La viande, les pommes de terre, le sel, le pain, le beurre, sont exhibés mystérieusement, et le hachis est mélangé dans le bassin du lavabo. Un petit poêle à gaz caché dans la cheminée est mis au jour ; on y fait cuire les viandes, puis le régal commence. Si personne ne trouble la fête, on exhibe les pipes et le whiskey ; mais si par malheur le moindre bruit vient à être entendu, vite l'un des convives détale et ses camarades le suivent, comme dans la fable du rat de ville, laissant à leur hôte toute la responsabilité de l'affaire.

Un voyageur qui visita l'Amérique il y a quinze ans raconte qu'un cadet étant sorti de la caserne en uniforme, dans le but de rendre visite à une jeune personne qui se trouvait à l'hôtel, fut pour ce seul fait obligé de quitter l'établissement. Le même voyageur assure que ni bière, ni vin, n'étaient tolérés à West-Point, et que l'interdiction était si stricte que l'hôtelier de West-Point n'était pas même autorisé à tenir un *bar room*. La moindre infraction à la règle entraînait l'expulsion du délinquant. On s'est beaucoup relâché aujourd'hui de cette sévérité exagérée. Bien que le règlement soit toujours le même, on ferme les yeux sur les petites peccadilles.

Quand Washington conçut l'idée d'établir ici, à vingt lieues de New-York, une école militaire, il avait sans doute pour but de soustraire les élèves aux séductions de la cité. Mais, hélas! il n'avait pas prévu les chemins de fer et les bateaux à vapeur. Pendant l'été, West-Point est pour les New-Yorkais un but d'excursion fort en vogue : députés, sénateurs, diplomates et autres personnages officiels viennent ici passer la saison des chaleurs torrides. Lors de ma visite, l'hôtel était rempli. West-Point perd alors son aspect austère et silencieux, et devient un lieu de dissipations innocentes, dues surtout à la présence de l'élément féminin. D'innombrables pique-niques, des soirées dansantes, viennent égayer la vie des cadets. La flirtation, pendant les mois de juin et juillet, est à West-Point une véritable maladie épidémique. D'ailleurs il ne manque pas dans les environs de chemins écartés, de grottes romantiques, d'allées mystérieuses ombragées par des arbres touffus entrelaçant leurs branches; il y a même un sentier si propice aux promenades sentimentales des jeunes cadets, qu'on lui a donné le nom de *Flirtation Walkn*.

L'école de West-Point a un nombre fixe de deux cent cinquante élèves. C'est la Chambre des représentants qui nomme les candidats. Ils sont reçus après avoir subi un facile examen d'admission. Mais il n'en est pas de même des examens de passage; pendant le cours des études, dont la durée est de quatre années, on renvoie environ les deux tiers des élèves pour cause d'incapacité. Cent et vingt élèves entrent chaque année à West-Point; quarante gradués en sortent annuellement. Beaucoup échouent dans l'examen final, qui est très-étendu et très-rigoureux. Les élèves sortants sont recommandés au congrès, qui leur confie des grades dans le corps du génie, dans l'artillerie, l'infanterie et la cavalerie. Beaucoup, après avoir passé quelque temps au service militaire, embrassent des carrières civiles plus lucratives, car aux États-Unis les officiers ne sont pas mieux payés qu'ailleurs. L'armée permanente des États-Unis est d'environ trente mille hommes. Elle se compose en grande partie de mercenaires.

La supériorité de l'enseignement donné à West-Point ressort de ce fait que tous les généraux qui se distinguèrent pendant la guerre de sécession étaient d'anciens élèves de cette école, et que pas un seul homme ne s'illustra qui ne fût sorti de West-Point. Le général Grant, que ses talents militaires ont élevé à la présidence, a étudié à West-Point; Lee, Sherman, Mac-Clellan, Meade, Beauregard, ont tous été formés à la même école. Sheridan est, je crois, le seul qui se signala en dehors des gradués de West-Point.

VIII

WASHINGTON.

Me voilà à cent lieues de l'Hudson. Le chemin de fer m'a emporté de nouveau à travers Philadelphie et Baltimore, et je n'ai quitté les frais ombrages de West-Point que pour retrouver la température saharienne de Washington, qui passe pour l'endroit le plus chaud de l'Amérique. Longtemps avant d'y être, on distingue dans la distance l'énorme dôme blanc du Capitole : la silhouette qu'il découpe dans le ciel bleu rappelle si bien celle des Invalides, qu'instinctivement on cherche la barrière de l'Étoile et les autres monuments de Paris. Mais l'illusion ne dure qu'un instant. Sitôt descendu du train, on ne tarde pas à se convaincre que la capitale des États-Unis est à mille lieues de celle de la France.

Si Philadelphie m'avait paru une ville morose et triste, que dire de Washington ? Il y a des gens qui osent prétendre qu'ils s'ennuient. Dans certain monde, c'est même bon genre de s'ennuyer. Eh bien, je conseille à ceux qui voudraient se guérir de cette maladie d'aller s'établir pour quelques jours, en été, au cœur de la cité de Washington, capitale des trente-huit États d'Amérique, et si ce remède homœopathique ne les guérit pas, c'est que leur mal est décidément incurable. C'est à Washington qu'ils distilleront la quintessence de l'ennui, et, par la suite, ils se trouveront à jamais heureux de vivre partout sur la terre, excepté à Washington.

Oh! que je plains les ambassadeurs, les ministres résidents, les secrétaires de légation que leur destinée a envoyés sur les bords du Potomac! Pour ma part, le spleen me gagne rien qu'à jeter les yeux sur un plan de la capitale fédérale. Au premier coup d'œil, on voit dans ces lignes géométriques une double disposition. Dans son plan primordial, la ville est construite en damier, comme Philadelphie : ces rues à angle droit sont coupées obliquement par un système d'artères qui rayonnent symétriquement dans toutes les directions, aboutissant toutes au Capitole ou à l'hôtel du président. Ce second plan rappelle Versailles. Washington est donc en quelque sorte une ville insipide, greffée sur une ville fastidieuse. Un algébriste dirait qu'à Washington la monotonie a été élevée à la deuxième puissance. Les artères rayonnantes sont au nombre de vingt et une. Elles portent chacune le nom d'un des États de l'Union : Pensylvania avenue, Massachussetts avenue, etc. Quant aux rues en damier, on les désigne par les lettres de l'alphabet, ou par des numéros, suivant qu'elles courent de l'est à l'ouest, ou du nord au sud, en prenant le Capitole pour point de départ. Ce qui embarrasse singulièrement l'étranger, c'est que deux rues différentes portent la même lettre ou le même numéro, suivant qu'elles sont à l'est ou à l'ouest, au nord ou au sud du Capitole. L'emploi d'une boussole est absolument indispensable lorsqu'on vous parle de la rue K à l'ouest ou de la Quatorzième rue au sud ; sans l'aide de cet instrument, on courrait grand risque d'aller se perdre dans la rue K à l'est ou dans la Quatorzième rue au nord.

Washington, comme Ottawa au Canada, comme Madrid et Berlin en Europe, comme toutes les capitales qui ont été créées par la fantaisie d'un souverain, est une ville factice, artificielle, n'ayant aucune physionomie propre, recevant du dehors la vie et l'impulsion. Ce n'est ni un centre intellectuel comme Boston et Philadelphie, ni un centre commercial comme New-York et Chicago, ni un centre industriel comme Pittsburgh et Cincinnati. La ville fédérale est uniquement le siège du gouvernement, elle est la capitale du pays sans en être la tête.

Il n'existe pas de ville aux États-Unis qui soit, comme Paris et Londres, une métropole tout à la fois politique, commerciale et sociale. Washington n'est que la capitale politique du pays. Si New-York peut-être considérée comme la capitale commerciale, Boston réunit tous les titres pour aspirer au rang de capitale sociale. Les différents États de l'Union, qui ont tous leur gouvernement propre, ont chacun un chef-lieu où siège la législature locale ; le plus souvent, ces chefs-lieux sont des villes peu importantes et d'une population minime. Tout ce qu'on exige de ces capitales en miniature, c'est qu'elles soient situées au centre de l'État qu'elles gouvernent, afin de faciliter l'administration. Voilà pourquoi ce n'est pas New-York qui est capitale de l'État de New-York, mais Albany; ni Philadelphie la capitale de la Pensylvanie, mais Arrisburgh; ni Baltimore la capitale du Maryland, mais Annapolis. De même Chicago, Saint-Louis, Cincinnati, San-Francisco, Charleston, Savannah, Louisville, ne sont nullement les capitales des États dont elles forment le plus bel ornement.

Washington est et sera probablement toujours une ville inachevée. Les Américains, qui ont donné à la plupart de leurs cités des épithètes plus ou moins justes, ont nommé Washington la «ville des distances magnifiques». On ne peut, en effet, y faire un pas sans y rencontrer d'immenses espaces de terrain inoccupé, et cela au beau milieu de la ville. Un soir que je venais de quitter l'hôtel du président, je m'acheminai dans la direction du Potomac. Je n'avais pas fait vingt pas depuis la Maison-Blanche, que je me trouvai en rase campagne, dans un grand désert où l'on ne voyait pas une seule maison, pas un mur, pas un arbrisseau : j'avoue même que je me réjouissais intérieurement de n'avoir pas oublié mon revolver. Au bout d'un quart d'heure, j'arrivai au bord du Potomac. Je restai quelque temps à contempler cette large rivière, aux eaux marécageuses et pestilentielles, et à écouter le coassement peu harmonieux de myriades de grenouilles qui vivent sur ses bords. Autour de moi, les *lightning bugs* [1] jetaient leurs flammes éphémères. Je

---

[1] Les *lightning bugs* ou *fire-flies* (mouches de feu) sont de petits insectes qui lancent en volant des flammes bien plus brillantes que

me rappelle qu'en face de cette scène étrange je me pris
à douter si j'étais bien à Washington : il régnait là un
tel calme, un tel silence, que je me serais cru à Ujiji,
sur les bords de quelque rivière du centre de l'Afrique,
bien plutôt qu'au sein de la capitale des États-Unis. Il
me fallut un grand effort d'imagination pour me rappeler
que j'étais à cinq minutes de marche de l'hôtel du président
de la république. La lanterne que je voyais briller
comme un phare au-dessus du dôme du Capitole acheva
de dissiper mes doutes.

La ville fédérale est éparpillée sur un immense espace
de terrain, dont plus de la moité attend encore des rues
et des maisons, car on a fidèlement conservé les limites
de l'enceinte qui avait été primitivement tracée par le
père de la patrie. Cette enceinte a près de deux lieues
de longueur et une lieue de largeur. Il y a là de quoi
loger une population égale à celle de New-York. Or,
la population de Washington ne dépasse guère celle
de Genève. Il est difficile, d'ailleurs, d'en déterminer
le chiffre exact, car la population est en grande partie
flottante : elle varie d'une saison à l'autre comme celle
des villes d'eaux. En dehors de la session du congrès,
qui y fait affluer le monde officiel, Washington a tout au
plus quatre-vingt mille âmes dont environ trente-cinq
mille nègres. La douceur de la température y attire
beaucoup de malades en hiver, mais en été la chaleur y

celle du ver luisant. Le soir, on les voit voler par milliers dans
les contrées méridionales de l'Amérique.

est si intolérable que tout le monde déserte, depuis le président de la république jusqu'au secrétaire de légation de troisième classe. La capitale des États-Unis ressemble alors à une ville abandonnée.

Je me trouvais précisément à Washington au milieu de ces chaleurs sénégaliennes : la ville eût été décimée par le choléra ou la fièvre jaune, qu'elle n'eût pas présenté un aspect plus lugubre. Il fallait toute l'ardeur d'un touriste pour oser s'aventurer dans ses larges avenues ensoleillées, dont la brûlante couche d'asphalte fondait au point que les talons de mes bottes y laissaient une profonde empreinte. Il n'y avait pas d'autre mouvement dans les rues que celui des *street-cars* circulant à vide.

Il n'est pas dans tous les États-Unis de climat plus insalubre que celui de Washington. A ses étés torrides vient se joindre une autre cause d'insalubrité. Le Potomac est sujet à de fréquents changements de niveau : ses rives étant d'une nature bourbeuse, chaque fois que les eaux du fleuve cessent de les baigner, il s'en dégage un gaz délétère qui engendre des fièvres pernicieuses. La Maison-Blanche, située tout près du Potomac, reçoit de première main ces émanations pestilentielles. Tous les présidents qui se sont succédé à la Maison-Blanche ont plus ou moins souffert de ce dangereux voisinage. Quoi d'étonnant que la population de Washington reste stationnaire? Les villes ne grandissent guère dans les milieux insalubres. Voilà ce qui advient des cités que le caprice d'un homme improvise en un jour sans consulter la nature des choses!

Quand Washington décréta l'emplacement de la ville qui porte son nom, il se proposait de donner à la future capitale une position centrale parmi les États de l'Union ; il la plaça au bord du Potomac en vue d'en faire une ville maritime et commerciale ; enfin il choisit un site assez éloigné de la mer pour que la capitale fût à l'abri de toute invasion ennemie. Chose étrange, la ville nouvelle n'a joui jusqu'ici d'aucun des avantages entrevus par son fondateur. Au point de vue stratégique, la position de Washington est si peu invulnérable, que vingt ans après sa fondation elle tombait aux mains des Anglais [1]. Au point de vue commercial, Washington est complétement éclipsée par sa voisine Baltimore. Ce qui s'oppose d'ailleurs à l'extension de Washington comme port de mer, c'est que les eaux du Potomac sont trop basses pour permettre aux navires de fort tonnage d'en remonter le cours : il paraît que la rivière s'est envasée depuis le temps où fut choisi l'emplacement de la ville. Enfin, au point de vue politique, Washington a cessé d'être le centre de l'Union depuis que vingt-cinq États nouveaux sont venus s'adjoindre aux treize États primitifs : aujourd'hui que la grande république américaine s'étend de l'Atlantique au Pacifique, rien n'est moins central que

[1] En 1814, les troupes britanniques marchèrent sur Washington sous le commandement du général Ross. L'armée américaine, bien que supérieure en nombre, recula au premier choc et prit la fuite, et les Anglais entrèrent victorieux dans la capitale. Le président Madison dut se réfugier en Virginie. Les Anglais brûlèrent la capitale, la Maison-Blanche et les autres édifices publics.

la position de la capitale C'est l'État du Kansas, situé à quelque cinq cents lieues de Washington, qui est aujourd'hui le centre géographique de l'Union, tandis que Washington se trouve de fait à l'extrémité des États, et que San-Francisco est situé à sept journées de chemin de fer du siége du gouvernement fédéral.

Dans ces derniers temps, quelques grandes villes, notamment Saint-Louis et Philadelphie, ont fait des efforts pour déplacer à leur profit le centre du gouvernement local, dont le siége respectif est à Jefferson-City et à Harisburg. Il est assez étonnant que les républicains qui ont inauguré le mouvement centralisateur en 1860 n'aient pas encore posé la question pour Washington. Un journal disait récemment : « La vallée du Mississipi est le centre naturel de la grande république, et si l'on veut sérieusement continuer la politique d'unification, et écraser dans leur germe les tendances séparatistes, c'est quelque part dans cette région qu'il faudra établir un pouvoir capable de faire respecter son autorité sur les bords du Pacifique comme sur le littoral atlantique. »

Le jour même de mon arrivée à Washington, je me rendis à la Maison-Blanche pour présenter mes hommages au général Grant. Il suffit de se faire passer pour citoyen américain pour être admis immédiatement. Le président n'est-il pas le fondé de pouvoir de ses gouvernés?

L'élu de la nation habite en face de l'avenue de Pensylvanie, près de la Seizième rue, une maison de modeste apparence, à un étage, n'ayant pour tout ornement qu'un portique supporté par quatre colonnes ioniques. Ses murs peints en blanc lui ont valu la dénomination populaire de *White-House* (Maison-Blanche). Rien ne peut faire supposer que c'est là la demeure du chef de l'État. Point de factionnaire à la porte, point de drapeau au sommet de l'édifice. A certains jours de la semaine, cette maison est ouverte à tout venant, au maître comme au valet, au magistrat comme au repris de justice, au législateur comme au cireur de bottes : n'ont-ils pas tous le droit de concourir à l'élection du président?

Comme je franchissais le seuil de la Maison-Blanche, un huissier vint à moi et me dit : « *You wish to see the President?* » (Vous voulez voir le Président?) Un simple « *yes* », et je passai. L'huissier me montra un escalier conduisant au premier étage. Là, je fus introduit dans l'antichambre — un salon aux murs couleur vert bouteille. — Imbu de mes vieux préjugés européens, j'avais, pour la circonstance, tiré de ma malle une cravate et des gants d'une blancheur irréprochable. Un simple coup d'œil jeté sur les personnes qui attendaient leur tour dans l'antichambre m'apprit que je m'étais mis inutilement en frais de toilette. Je crus même m'apercevoir qu'on me considérait comme un personnage assez bizarre, et qu'on chuchotait autour de moi au sujet de ma cravate blanche et de mes gants glacés. Ce que voyant, j'ôtai mes gants par respect humain, et j'eusse poussé la couardise jusqu'à changer de cravate si j'en avais eu une autre en poche. Ce que c'est que l'influence des milieux ! En Europe, nous nous étudions à paraître aristocrates; en Amérique, il faut le paraître le moins possible, surtout quand on est sous le toit du plus haut personnage de la République ! Après cinq minutes d'attente, nous fûmes introduits l'un après l'autre dans le salon de réception. L'introducteur, qui ignorait ma qualité d'étranger, ne me demanda ni mon nom ni ma carte de visite.

Au milieu de la salle, le président en redingote se tenait debout devant sa table à écrire. Quand je m'avançai vers lui, il me tendit sa large main, une main toute faite pour tenir la poignée d'un sabre. Au risque de paraître un intrus, je lui dis loyalement ma nationalité et tournai de mon mieux quelques phrases anglaises, car le général Grant n'entend pas plus le français que l'arabe. Il m'écouta avec bienveillance, me répondit avec la brièveté et la précision d'un soldat, me pria de faire ses compliments à un compatriote dont il avait été question dans la conversation, et appuya ses paroles d'une seconde poignée de main. Cinq minutes après, je fis une nouvelle entrée et allai me placer dans un coin de la salle pour observer à loisir les traits du vainqueur de la sécession, pendant qu'il continuait à *shake hands* avec toutes sortes de citoyens et de citoyennes. Certes, voilà un tableau qui paraît bien drôle à un habitant du vieux monde ! Cela vaut le voyage de Washington. Je ne pus m'empêcher de plaindre ce pauvre président, à qui la République impose la corvée de toucher des épidermes qu'il n'oserait pas toujours regarder de près.

Ulysse Grant est un homme court et trapu, de large carrure et d'une certaine corpulence. Il porte cinquante ans. Je n'ai vu en Amérique aucun portrait qui lui ressemblât. Les cheveux sont restés foncés, mais la barbe grisonne. Le front est court, le sourcil épais, l'œil fatigué et profondément enfoncé dans l'orbite, le nez court et charnu, les joues potelées, la barbe bien fournie et taillée en brosse. Deux rides profondes se dessinent sous les yeux, deux autres partent des narines. Le regard est méditatif, la physionomie rêveuse. On y cherche vainement l'énergie, et l'ensemble de la personne ne dénote guère un homme d'action. Qui jugerait le général d'après sa physionomie se tromperait. Il est évidemment d'une force de caractère et d'une énergie peu communes.

Il y a en Grant deux hommes distincts, le général et le président. Comme général, les services qu'il a rendus sur les champs de bataille lui valent l'admiration de tous ceux que n'aveugle pas la haine. Mais rien n'est plus discuté que l'administration du président. De tous les élus de la nation qui se sont succédé à Washington, nul n'a eu plus d'ennemis, nul n'a essuyé plus d'attaques, plus d'outrages. Il est certain que la corruption administrative n'a jamais atteint des proportions aussi effroyables que durant les dernières années de sa présidence. Maints procès scandaleux [1] ont prouvé que cette corruption régnait jusque dans son entourage, et c'est ce qui a beaucoup

---

[1] Notamment l'affaire du général Babcock, secrétaire particulier du président, et celle du général Belknap, ministre de la guerre.

contribué à la perte de sa popularité. Il n'a pas toujours eu cette scrupuleuse délicatesse qui n'est malheureusement pas la qualité dominante des hommes d'État américains. Il a vu l'agiotage et l'improbité pratiqués dans tous les départements de l'administration, et il a trouvé plus facile d'acquiescer à la corruption que de tenter une réforme. Parmi ses ministres, les uns se sont montrés honnêtes et droits, les autres ont été d'une improbité notoire; et le président semble s'être laissé servir par les uns comme par les autres avec la même complaisance.

Depuis l'expiration de son mandat, le général Grant a reconquis une partie de son ancienne popularité; à mesure que s'effaceront les traces de sa triste administration, l'impérissable souvenir des services militaires qu'il a rendus à son pays lui restituera l'auréole des Sherman et des Sheridan.

La Maison-Blanche est flanquée de deux corps de bâtiment où l'on a déployé un luxe d'architecture qui contraste avec la simplicité de l'hôtel présidentiel. C'est dans ces édifices que sont installés les bureaux des ministères. Au ministère de la Guerre, on vous montre une collection de drapeaux et autres trophées pris sur les rebelles pendant la guerre de sécession. Ce qui est plus intéressant, c'est le trésor (*treasury department*). En y entrant, je fus frappé du nombre considérable d'employés appartenant au sexe féminin. Ce sont des femmes qui comptent les banknotes, les mettent en liasse, opèrent le triage des billets usés ou déchirés : elles font tout cela avec une rapidité et une dextérité surprenantes. Comme les portes des bureaux sont toutes ouvertes, le visiteur peut jeter un coup d'œil indiscret sur les différentes opérations. La *gold room* (chambre de l'or), située dans les souterrains, est défendue par d'épaisses murailles de fer et d'acier : elle contient habituellement dix millions de dollars en or monnayé.

Il y a à Washington un grand nombre d'édifices en marbre dont l'architecture rappelle les anciens monuments de l'antiquité. Cette manie de copier les Grecs et les Romains est passée aux États-Unis à l'état de maladie épidémique. Les Anglais, qui donnent aussi dans ce travers, n'approchent pas sous ce rapport des Américains. Si l'on voulait compter tout ce que l'on a sculpté à Washington de colonnes doriques, ioniques, corinthiennes, il y aurait de quoi effrayer l'imagination d'un architecte. La seule capitale des États-Unis possède, je crois, plus de chapiteaux classiques que n'en eurent jamais tous les monuments réunis de l'Attique. Il n'est pas de temple de la Grèce qui n'ait été reproduit sur les bords du Potomac, non pas dans un but religieux, mais pour les besoins de l'administration. Ici, le Trésor figure le temple de Minerve; là, le bureau général des postes représente le temple de Thésée; ailleurs, le bureau des brevets rappelle le Parthénon. Ces emprunts aux anciens ne s'expliquent guère chez un peuple qui professe tant de dédain pour le vieux pays (*the old country*).

Le Patent office (bureau des brevets) est, de tous ces édifices, le plus curieux. Quand je m'informai où il était situé, on me répondit d'un air parfaitement sérieux : « Vous trouverez le Patent office entre la rue F et la rue H, et entre la Septième et la Neuvième rue. » Que si vous vous avisiez de demander où se trouve la Septième rue, on vous rirait au nez, ou l'on aurait peut-être la politesse de vous répondre : « Entre la Sixième et la Huitième. » Je finis cependant par découvrir le Patent office, grâce à un plan en caoutchouc extensible à volonté, de fabrication yankee. Comme son nom l'indique, cet édifice contient une collection de modèles de toutes les machines auxquelles il a été décerné un brevet d'invention. Le nombre des modèles exposés dépasse cent vingt mille ! Ce chiffre témoigne hautement du génie inventif des Américains. S'il faut en croire la statistique américaine (et sur ce point je m'en défie), l'Angleterre a délivré quarante mille brevets pendant les deux cent cinquante dernières années, tandis que les États-Unis en ont délivré cinquante mille en trente ans (de 1840 à 1870). Le compartiment des reliques nationales est assez étonné de se trouver dans la salle des modèles : on y voit la presse à imprimer de Benjamin Franklin, l'habit, le sabre et même la batterie de cuisine de Washington, et une foule d'autres curiosités exposées à la vénération des Américains.

La mort tragique de Lincoln m'avait frappé l'imagination lorsque j'étais encore enfant. Aussi, je désirais vivement visiter à Washington la salle de théâtre où le président martyr, comme on l'appelle en Amérique, mourut victime de l'assassin John Wilkes Booth, le 19 avril 1865. Après maintes informations, je parvins à découvrir le bâtiment que je cherchais. Mais, hélas! du *Ford's theatre* il ne reste plus que les quatre murs extérieurs. L'intérieur a été démoli de fond en comble pour être converti en Musée de médecine! Je demande à voir au moins l'emplacement de la loge où le crime a eu lieu · on me le montre, mais on n'est pas bien sûr que ce soit là! Voilà les Américains. A onze ans de distance, ils ont presque oublié l'un des plus dramatiques événements de l'histoire de leur pays. Là où retentissait naguère le sinistre « *Sic semper tyrannis* », on vous montre maintenant des squelettes d'hommes et d'animaux, des momies d'Indiens et d'Indiennes conservées par l'arsenic, des spécimens d'opérations chirurgicales pratiquées sur les blessés de la guerre de sécession; on vous montre des moules en plâtre représentant la délicate et terrible opération de l'enlèvement de la hanche, qui a été pratiquée avec succès sur neuf soldats; on vous fait voir aussi une effrayante collection de balles extraites du corps des malheureux qui ont subi le baptême du feu; la plupart se sont aplaties sur les os au point d'être méconnaissables.

Parmi tous les prétentieux monuments de Washington, il n'en est qu'un seul qui soit digne d'admiration, c'est le Capitole. Par sa situation sur un plateau qui commande un magnifique panorama, par ses dimensions imposantes, par son architecture sévère et grandiose, le Capitole mérite d'être classé parmi les plus beaux monuments du monde. Les Américains l'appellent l'édifice le plus magnifique et le plus imposant de l'univers (*the most magnificent and imposing building in the world*). Laissons-les dans cette douce conviction, plutôt que de les envoyer au Louvre ou à Saint-Pierre de Rome. S'ils disaient que leur Capitole est le plus majestueux palais parlementaire, ils seraient peut-être plus près de la vérité; mais les Anglais n'admettraient sans doute pas un seul instant cette assertion.

Le Capitole de Washington, tout grandiose qu'il est, m'a paru d'une architecture fort défectueuse. Son vice capital, c'est le manque d'unité. Ce vice provient de ce que l'édifice n'a pas été conçu d'un seul jet : on y a fait des agrandissements successifs, on l'a construit par pièces et morceaux. L'édifice se compose d'un bâtiment central et de deux ailes. Le bâtiment central n'est autre que l'ancien Capitole, tel qu'il existait originairement. Sa façade, enrichie d'un portique à colonnes corinthiennes, est d'un style noble et sévère : rien à critiquer que le maigre et mesquin bas-relief qui orne le tympan, et qui représente le génie de l'Amérique, flanqué de l'Espérance et de la Justice.

Malheureusement, deux ailes sont venues s'ajouter par la suite à l'ancien Capitole, deux ailes tellement énormes qu'elles dépassent en étendue l'édifice primitif et forment elles-mêmes de véritables Capitoles. Ces ailes seraient peut-être ailleurs de fort beaux monuments, mais ici elles nuisent à l'harmonie et à l'unité de l'édifice, loin d'en compléter l'architecture. Quant au dôme qui s'élève au-dessus du bâtiment central, sa hauteur exagérée est tellement en disproportion avec le

LE CAPITOLE A WASHINGTON.   Page 110.

reste de l'édifice, qu'il semble éraser sous son poids l'immense monument. Ce dôme, récemment terminé, est entièrement construit en fer. Il dépasse en hauteur celui du Panthéon de Paris, et ne pèse pas moins de dix millions de livres. Il est surmonté d'une colossale statue en bronze représentant la Liberté, debout sur un globe qui porte la devise des États-Unis, *E pluribus unum*. Les premiers rayons de l'aurore illuminent chaque matin la figure de la statue. La lanterne qui couronne le dôme, imitation du monument de Lysicrate à Athènes, est éclairée chaque soir par un feu puissant qu'on distingue de fort loin.

On pénètre dans le palais parlementaire par une porte en bronze qui rappelle celle du baptistère de Florence. Cette œuvre, exécutée à Rome par un artiste américain, Randolph Rogers, est d'un très-grand mérite. Les panneaux, au nombre de huit, retracent l'histoire de la découverte de l'Amérique par Christophe Colomb. La scène qui représente la mort de l'illustre navigateur est d'une admirable composition. On ne peut en dire autant des peintures ornant la célèbre rotonde qui occupe le centre de l'édifice. Ces peintures représentent divers épisodes de l'histoire de l'Amérique, depuis le débarquement de Colomb jusqu'à la déclaration d'indépendance. Elles sont fort admirées à Washington, mais on ne les tolérerait guère dans nos musées de province, tant leur exécution est médiocre. Le sens artistique semble faire complétement défaut à l'esprit mercantile des Américains. L'Exposition de Philadelphie l'a prouvé surabondamment. En peinture, il n'y a guère que le paysage qu'ils abordent avec succès.

C'est au Capitole que siégent le Sénat et la Chambre des représentants. Les Chambres législatives sont installées dans les deux ailes nouvellement construites ; la Cour suprême occupe la salle où siégeait autrefois le Sénat. Cette dernière salle, d'une extrême simplicité, a conservé sa disposition primitive en hémicycle. Je n'ai pas eu l'occasion d'y voir siéger les juges. Ces magistrats sont, m'a-t-on dit, les seuls aux États-Unis qui portent la robe, non pas la robe écarlate qui rehausse tant la majesté de notre Cour de cassation, mais une simple robe noire. La Cour suprême des États-Unis se compose d'un *chief justice* et de huit juges que le président nommé à vie, ou jusqu'à ce qu'ils cessent de se bien comporter (*during good behaviour*). Le président a donc le droit de les révoquer pour cause de mauvaise conduite. Cette cour est la seule dont les membres soient à la fois nommés par le pouvoir exécutif et pour toute la durée de leur vie. Quant aux cours des États, elles émanent de l'élection populaire, et leurs membres sont nommés pour un laps de temps qui varie, suivant les États, d'un à quinze ans. On sait ce que vaut ce système, qui n'est jamais entré dans la pensée des fondateurs de la République. La corruption de la justice est peut-être encore plus effroyable en Amérique que la corruption administrative. Comme les publicistes américains ne cessent de le répéter, c'est là le symptôme le plus grave de la décadence des États-Unis. La Cour suprême de Washington, par son mode de composition, offre seule encore des garanties d'incorruptibilité et d'indépendance; c'est aussi la seule dont les arrêts soient respectés.

De la Cour suprême, passons au Sénat. MM. les sénateurs sont absents, la salle est déserte, et je puis m'octroyer la fantaisie de m'asseoir sur le siége du président, et promener de là mes regards sur les bancs sénatoriaux disposés en trois rangs semi-circulaires et concentriques, suivant la mode adoptée par tous les États constitutionnels. Lors de ma visite, les siéges étaient au nombre de soixante-quatorze. Depuis lors, deux nouveaux siéges sont venus s'y ajouter, par suite de l'entrée dans l'Union d'un nouvel État, le Colorado, que nous visiterons plus tard. Les États, actuellement au nombre de trente-huit, délèguent chacun une portion de leur puissance au gouvernement fédéral de Washington. Chaque État, quelle que soit l'importance de sa population, envoie au Congrès deux sénateurs : le petit État de Delaware, qui n'a que cent vingt-cinq mille âmes, a au Sénat une représentation égale à celle de l'État de New-York, qui en a plus de quatre millions. A la Chambre des représentants, au contraire, c'est le chiffre de la population qui détermine le nombre de députés : les États envoient un député par cent vingt mille âmes. L'État de New-York a, je crois, trente-six députés; d'autres États n'en ont qu'un. Les sénateurs sont élus pour six ans; les représentants n'ont qu'un mandat de deux années. Les représentants sont nommés par le suffrage universel, sans condition de cens ou de capacité; les sénateurs, au contraire, sont choisis par les législatures des divers États. Le vice-président de la République est, de droit, président du Sénat; à la Chambre des représentants, le président est choisi par ses collègues.

J'ai assisté à une séance de la Chambre des représentants, qui occupe la plus belle salle du Capitole. Les sept rangées de pupitres, disposées en fer à cheval, présentent un agréable coup d'œil. Les députés sont assis sur des siéges mobiles qui peuvent tourner aux quatre points cardinaux, et ils usent largement de la liberté : ils tournent le dos tantôt au président, tantôt à l'orateur qui parle de sa place, et prennent les poses les plus impossibles et les moins convenables afin de se donner toutes leurs aises. Le sans gêne américain s'étale ici comme dans les *halls* des hôtels, comme en chemin de fer, comme dans les églises, comme partout.

Il est fort amusant de voir ces graves législateurs mâchonner leur rouleau de tabac, — pardon de ce détail — et cracher à distance de cette façon précise et méthodique qui n'est donnée qu'aux Yankees. Je l'ai de mes propres yeux vu. En voici un qui repose nonchalamment ses deux pieds sur le pupitre de son voisin. En voilà un autre qui, succombant à la chaleur, s'est bravement plongé dans un profond sommeil, après s'être couvert la tête d'un grand journal. La séance d'ailleurs est peu animée. Par cette température de 100° Fahrenheit, les députés préfèrent rester chez eux. A l'ouverture de la séance, il y a à peine un siége sur dix qui soit occupé ; la partie de l'hémicycle, où siégent les députés républicains est presque déserte. M. Blackburn, démocrate du Kentucky, occupe le fauteuil de la présidence. Un orateur privé du bras gauche parle sur une question de chemin de fer, ce qui semble fort ennuyer l'Assemblée. Tout manchot qu'il est, il se livre à une mimique qui exténuerait nos tribuns en moins d'un quart d'heure. Il parle avec un accent américain très-prononcé, avec cette intonation nasale — le *sing-song* — qui suffit pour distinguer un Yankee d'un Anglais.

Au bout d'une heure, cet orateur m'a fait perdre patience, et j'ai quitté le Capitole pour rentrer à l'hôtel. Là je me suis plongé tout entier dans un bain d'eau jaunâtre : c'était l'eau du Potomac. La capitale des États-Unis n'a pas même d'eau bonne à boire, bien qu'il y ait parenté évidente entre Potomac et potable ! Je pus me convaincre par la suite que l'eau claire est introuvable dans toute l'Amérique. A Saint-Louis, on ne boit pas d'autre eau que celle du Mississipi, qui contient autant de sable que de liquide. A Cincinnati, on fait la cuisine avec l'eau de l'Ohio, dont la teinte rappelle celle du café au lait. A Kansas-City, c'est l'eau salie et limoneuse du Missouri qui sert à la consommation des habitants. Faut-il s'étonner après cela des fièvres malignes qui sont endémiques aux États-Unis ?

IX

LA VIRGINIE

La chaleur m'a chassé de Washington. Je n'y ai dormi que deux nuits, et déjà je commençais à subir les effets de son climat débilitant. Je marchais aussi peu que possible, ce qui ne m'empêchait pas de ressentir une lassitude que je n'ai jamais éprouvée qu'à la suite de longues courses de montagnes. Je doute que Livingstone et Stanley aient enduré dans l'Afrique centrale un soleil plus brûlant que celui de la Colombie [1]. Aussi, j'ai quitté la capitale fédérale sans regret. J'avais pensé faire le pèlerinage du Mont-Vernon, où reposent les restes du *Père de la patrie,* mais il m'eût fallu pour cela rôtir un jour de plus sur les bords du Potomac, et mon admiration pour le grand Washington ne va pas jusque-là. C'est pour la même raison que je n'ai pas vu l'Institut smithsonien, sorte de musée ethnographique dont on m'avait beaucoup parlé. Si jamais un caprice fâcheux

---

[1] On appelle Colombie la partie du territoire qui a été distraite du Maryland pour y fonder la capitale des États-Unis.

de la destinée me ramène dans cette triste ville, il me restera du moins quelque chose à voir.

Et maintenant, en route pour l'Ouest! En route pour cette contrée lointaine qui, il y a quatre-vingts ans à peine, était encore une région perdue, une sorte de *terra incognita* couverte de forêts où s'aventuraient seuls les Indiens, et qui aujourd'hui est cultivée, défrichée, sillonnée de routes, de canaux et de chemins de fer, couverte de villes florissantes, au-dessus desquelles plane la fumée des usines. Jamais baguette de fée n'a opéré si rapide et si merveilleuse transformation. Cette chaîne des Alleghanies, qui s'élevait naguère comme une barrière infranchissable entre l'Est et l'Ouest, est aujourd'hui criblée de tunnels et traversée journellement par les wagons Pullman. Pour me rendre de Washington à Cincinnati, deux ou trois lignes de chemin de fer s'offraient à mon choix. Je me décidai pour la plus méridionale, celle connue sous le nom de *Chesapeake and Ohio railroad*. C'est la plus pittoresque, parce qu'elle traverse le cœur du massif des Alleghanies.

J'eus bientôt laissé derrière moi le Potomac, qui sépare la Colombie de la Virginie. Le pays qui se déroulait à mes yeux est d'une admirable fertilité. La voie est bordée de belles cultures de maïs et de tabac. Aux arrêts du train, le coup d'œil est très-pittoresque; on s'aperçoit bien vite, à l'aspect de la population, que le Potomac est une ligne de démarcation entre le Sud et le Nord. Cette population virginienne a une physionomie bien différente de celle des États que je viens de quitter.

Leurs types sont plus méridionaux ; les femmes sont presque toutes d'une grande beauté : elles ont le teint brun, les cheveux et les yeux noirs.

Plusieurs États de l'Amérique orientale doivent leurs noms à des rois ou à des reines d'Angleterre. La Géorgie rappelle Georges II, les deux Carolines rappellent Charles II ; le Maryland est la terre de Marie Stuart ; enfin, la Virginie a été ainsi nommée en l'honneur de la reine vierge Élisabeth. La Virginie est le plus ancien État de la Confédération américaine. Le premier qui vint s'y établir, au commencement du dix-septième siècle, était ce capitaine John Smith, qu'une singulière aventure a rendu célèbre.

Smith explorait la contrée, lorsqu'il fut surpris par des sauvages qui le firent prisonnier et l'amenèrent devant leur chef Powhatan. Le farouche cacique n'avait jamais vu assommer un blanc à coups de tomahawk, et il eut la curiosité de voir jusqu'à quel point les blancs ont la vie dure. Smith fut donc condamné à mort ; mais au moment où, la tête sur le billot, il attendait le coup de grâce, la princesse Pawhontas, fille unique de Powhatan, vola au secours du prisonnier, l'enlaça dans ses bras, et, se tournant vers le sachem, déclara qu'elle épouserait Smith. Porvhatan consentit à tenter cette nouvelle expérience, et accorda la liberté à son prisonnier. Smith, l'ingrat ! n'épousa pas Pacahontas : il envoya à sa libératrice un certain Rolfe, que celle-ci voulut bien accepter à la place de Smith.

. La Virginie a de tous temps exercé une profonde

influence sur les destinées politiques de la République américaine. Aussi, les Américains lui ont-ils donné le titre de « *Old Dominion* ». C'est elle qui a fourni aux États-Unis ses plus grands hommes d'État, ses plus grands généraux, ses plus grands orateurs. Washington, fondateur de l'Union, était Virginien ; Jefferson, l'auteur de la déclaration d'indépendance, était Virginien ; les présidents Madison, Monroe, Harrison, Tyler, Taylor, étaient nés en Virginie. Lee, Jackson, et la plupart des généraux qui commandèrent les armées du Sud, lors de la guerre de sécession, étaient originaires du même État. La défaite du Sud a mis fin à la glorieuse prépondérance de la Virginie. Après avoir gouverné l'Union pendant soixante ans, elle a partagé le triste sort de la Louisiane et des autres États sécessionnistes. Ce fut sur le sol virginien que la guerre commença et prit fin ; ce fut là que se livrèrent les plus sanglantes batailles. A l'issue de la lutte, la Virginie était ruinée, épuisée ; mais les Virginiens ne se sont pas découragés : ils sont rentrés dans l'Union aux conditions imposées par le Nord vainqueur, et, au lieu de s'apitoyer comme les autres confédérés sur la dure situation qui leur était faite par l'abolition de l'esclavage, ils ont travaillé à relever leurs ruines. Malheureusement la Virginie, comme tous les États du Sud, a été envahie par les *carpet baggers* [1], et tant qu'elle n'aura

---

[1] Les *carpet baggers* sont des hommes venus du Nord avec un sac de nuit pour tout bagage.

pas été nettoyée de cette vermine, elle ne pourra reconquérir son ancienne splendeur.

La Virginie est une des contrées les plus fertiles de l'Amérique. Toutes les graines du midi de l'Europe peuvent y prospérer. Dans ces dernières années, les essais de culture de la vigne y ont donné d'excellents résultats. Les adorateurs du tabac n'ignorent pas que a culture de cette plante constitue la principale industrie de la Virginie. Ce fut Walter Ralheigh qui, le premier, planta le tabac dans cette province et en introduisit l'usage en Angleterre. Le tabac virginien est inférieur à celui de la Havane pour la fabrication des cigares, mais il est sans égal comme tabac à priser et à fumer dans les pipes. On en fait aussi un tabac à chiquer d'excellente qualité. Ce sont les manufactures de Richmond et de Lynchburg qui fournissent à la consommation de presque toute l'Amérique. Le tabac à chiquer (*chewing tobacco*), dont usent les neuf dixièmes de la population mâle des États-Unis, se consomme sous forme de gâteau très-dur. On lui donne cette consistance en mélangeant aux feuilles narcotiques réduites en pâte de la mélasse d'érable et une petite quantité d'huile fine : on soumet le mélange à une forte pression, et on le dessèche ensuite.

L'abolition de l'esclavage a porté un grand coup à la prospérité de la Virginie. Nombre de fermes où travaillaient autrefois les esclaves sont aujourd'hui offertes à vil prix par leurs propriétaires. La Virginie ne demande que des bras : c'est encore une des rares contrées de l'Est où l'immigration soit demandée. Le salaire des cultivateurs blancs est d'un à un dollar et demi par jour, avec la nourriture. Quant aux noirs, qui sont censés avoir moins de besoins à satisfaire, on ne leur accorde que huit à douze dollars par mois.

Pendant que les belles campagnes virginiennes se déploient à mes regards, j'engage une conversation avec mon voisin, un planteur de la Louisiane. Bien qu'il habite la Nouvelle-Orléans, ville à demi française, il ne parle que l'anglais.

« La langue française, me dit-il, tend de plus en plus à disparaître en Louisiane. »

Trompé par son teint brun et ses cheveux noirs, je lui demande s'il est d'origine créole.

« Yankee pur sang, me répond-il. Mon grand-père était Anglais, mon père était de Boston, et je suis né moi-même dans la Nouvelle-Angleterre.

— Êtes-vous depuis longtemps fixé en Louisiane?

— Depuis trente ans.

— Votre physionomie n'est pas celle d'un Anglo-Saxon.

— Influence du climat, me répond-il. Dans ma jeunesse, j'avais les cheveux châtains et le teint clair; le soleil de la Louisiane a fait de moi un homme du Sud. »

Mon planteur me parle des *carpet baggers* et des nègres, de Kellog et de Pinchback. Ce Pinchback, vulgairement connu sous le nom de Pinch tout court, est un nègre qui, de simple barbier, s'est élevé au rang de sénateur, bien qu'il sache à peine lire et écrire. Dans un discours qu'il vient de prononcer devant une assemblée républicaine, il a parlé du président Grant en termes irrévérencieux — ô l'ingrat! — et il s'est permis de traiter sa politique de « *humbug* ». Il a juré qu'il ne prendrait pas de repos avant que les hommes de couleur aient obtenu tous les droits politiques accordés aux blancs. Que veut donc Pinch? Les amendements à la Constitution n'ont-ils pas accordé aux hommes de couleur non-seulement l'égalité devant la loi, mais aussi tous les priviléges politiques dont jouissent les blancs? « Pinch, me répond le planteur, sait fort bien ce qu'il veut. Il revendique pour les noirs le privilége d'occuper, tout comme les républicains à peau blanche, des postes auxquels ils n'ont pas été appelés par la voie régulière de l'élection. Reconnaissance politique des noirs signifie pour lui loyal partage des fonctions publiques entre blancs et noirs. Pinch a vu Kellog élevé au poste de gouverneur de la Louisiane, avec l'aide de la force armée; il a vu la législature installée en vertu d'un ordre militaire; il sait que depuis quatre ans il n'y a plus eu d'élections réelles et sérieuses, et que la plupart des politiciens qui occupent actuellement les fonctions publiques n'ont d'autre droit à ces fonctions que le droit de la force. Et il en tire la conclusion toute naturelle que la servitude n'est abolie en aucune façon, et que la situation politique des nègres doit être réglée sans retard.

« Ce Pinch, qui pourrait peut-être bien avoir raison, a déjà créé beaucoup d'embarras au gouvernement. Le grantisme a fait éclore dans le Sud des centaines d'aventuriers de ce genre, leur conférant des emplois et se servant de leur influence, comptant les lâcher le jour où ils deviendraient trop dangereux. Il arrive un temps où ils demandent plus qu'on ne peut leur donner, et l'on ne sait plus alors s'en débarrasser. Si Pinch n'avait jamais quitté son échoppe de barbier, cela eût mieux valu pour ses amis de Washington comme pour lui-même. L'intervention armée de Grant dans les affaires du Sud a été l'une des plus grandes fautes de son administration. Qu'on laisse donc les États élire eux-mêmes leurs fonctionnaires et régler leurs propres affaires : c'est là l'essence du gouvernement fédéral. »

Je demandai à mon interlocuteur ce qu'il pensait de l'affranchissement des noirs. Il me répondit qu'ils sont bien plus à plaindre qu'au temps de l'esclavage. C'est un fait indéniable que ces pauvres nègres ont beaucoup de difficulté à vivre depuis qu'ils ont la liberté. Comment pourrait-on s'en étonner? L'intelligence de l'homme de couleur est fort inférieure à celle du blanc. Et cependant, que de blancs en Amérique qui parviennent à peine à se procurer les choses les plus nécessaires à la vie! Au défaut d'intelligence, il faut joindre la paresse bien connue de la race éthiopienne. Le nègre s'accommode mal du travail libre. Le travail forcé est le seul qui convienne à sa nature indolente. Le nègre libre ne se décide à sortir de sa paresse que lorsque la faim s'éveille au fond de son estomac. Pas n'est besoin de démontrer à ces grands enfants leur infériorité, dont ils portent l'aveu sur leur visage : ils la sentent si bien, qu'ils ont pour l'homme blanc une déférence presque exagérée que j'ai pu remarquer en mille occasions. Cette déférence est poussée jusqu'à la timidité : un noir n'oserait, par exemple, réclamer ouvertement à un blanc le payement de ce qui lui est dû; je citerai plus loin un trait par lequel je pus m'en convaincre personnellement.

Le nombre des nègres semble aller en diminuant depuis l'abolition de l'esclavage. Les statistiques démontrent que l'état de liberté est moins favorable à leur multiplication que l'état de servitude. Le nègre affranchi est moins bien nourri que le nègre esclave; il habite une demeure moins salubre; il boit plus de wiskey et mâche plus de tabac; il travaille moins, et préfère se débarrasser de ses enfants au moyen de l'infanticide, plutôt que de se donner la peine de les élever. L'infanticide est très-commun chez les nègres, depuis qu'a cessé le régime de l'esclavage, qui forçait les femmes noires à élever leurs enfants. En sorte que l'on peut dire de ceux qui ont proclamé l'affranchissement des noirs, qu'ils n'ont fait que décréter l'extinction de la race africaine en Amérique. Cette extinction est plus lente que celle de la race rouge, mais elle n'est pas moins certaine. Les nègres, comme les Indiens, doivent fatalement périr devant l'ascendant des blancs.

Comme nous causons, le paysage présente de nouveaux aspects. Aux riches plaines de la Virginie succèdent les montagnes Bleues, qui forment la première chaîne des Alleghanies. Longtemps avant que la locomotive en ait atteint les premiers contre-forts, on voit dans la distance les silhouettes du massif montagneux se détacher sur le bleu du ciel avec une douceur exquise.

Les monts Alleghany, que les Indiens appelaient les Appalaches, du nom d'une de leurs tribus, constituent, après les Rocheuses, la chaîne de montagnes la plus importante de l'Amérique du Nord. Elle s'étend depuis l'Alabama et la Géorgie jusqu'au fleuve Saint-Laurent, sur une longueur d'environ quatre cents lieues. Elle est donc cinq fois longue comme les Pyrénées. C'est en Virginie qu'elle atteint ses plus grandes proportions. Là, elle n'a pas moins de trente à quarante lieues de largeur. Quelques sommets s'élèvent à six mille pieds de hauteur. La hauteur moyenne est d'environ quinze cents pieds. Ces montagnes sont de nature granitique et schisteuse; on y trouve en quelques endroits des roches calcaires ou de grès.

Le train nous emporte à toute vapeur à travers les sites les plus séduisants. Ce qui augmente le charme du voyage, c'est qu'il règne dans ces montagnes une fraîcheur délicieuse. Me voilà pour un moment délivré de ce brûlant soleil qui n'a cessé de me rôtir depuis que j'ai débarqué aux États-Unis. C'est avec un plaisir inexprimable que je contemple l'admirable verdure qui s'épanouit sur les montagnes. Quand on s'est promené pendant quelques jours dans les désespérantes rues rectilignes des villes américaines, je vous jure qu'on renaît à la vie à l'aspect de cette nature toujours neuve, toujours belle en quelque pays qu'on la trouve!

Je me tiens debout sur la plate-forme du dernier

wagon, pour mieux contempler dans son magnifique ensemble le paysage infiniment varié fuyant derrière nous avec une rapidité qui peut faire le compte d'un Américain, mais que je trouve, pour ma part, trop vertigineuse pour ne pas regretter le bon temps où l'on traversait en *stage-coach* ces pittoresques montagnes.

Le train suit toutes les fantaisies de la montagne, serpente dans les sinuosités, se tord en festons capricieux, et il en résulte de continuels changements à vue. Tantôt c'est une crevasse étroite, un abîme où ne pénètre jamais ni soleil, ni lune; tantôt c'est un entonnoir évasé rempli de verdure et de lumière; vous le contemplez encore, que déjà vous êtes au milieu d'un amphithéâtre où l'œil cherche vainement une issue; vous vous demandez par où vous y êtes entré, comment vous en sortirez, et voilà qu'une nouvelle courbe vous délivre de cette prétendue prison, au moment où vous y songez le moins. Nouveau tableau : vous roulez entre des montagnes en pente douce, couvertes d'arbres toujours verts, couronnées d'une épaisse chevelure de sapins; le torrent y coule plus doucement dans un lit plus large : le paysage est moins saisissant, mais plein de charmes.

J'arrivai dans la soirée à White Sulphur Springs, localité située sur le revers occidental des Alleghanies. C'est là que je me décidai à passer la nuit. En descendant du train, je gagnai si froid que je dus endosser mon manteau : et le matin même, je mourais de chaleur à Washington! C'est qu'ici nous sommes à deux mille pieds au-dessus de la mer. Un omnibus nous conduit à l'unique hôtel de l'endroit. Qu'on se figure un immense édifice en bois où dix-huit cents hôtes peuvent être « accommodés », avec une salle à manger de deux cents mètres de longueur, et une salle de bal de la même étendue. Beaucoup pour l'œil, peu pour la bouche. S'imagine-t-on que je n'ai pas pu obtenir à souper dans ce vaste établissement? Et comprend-on la position d'un voyageur affamé qui, après treize heures de chemin de fer, ne trouve pour se réconforter qu'un morceau de pain beurré avec un verre de lait enrichi d'un morceau de glace! En Amérique, comme partout, la civilisation ne sort pas des grandes villes. Le planteur de la Louisiane est au comble de l'exaspération. L'hôte nous explique que la saison des eaux ne commençant qu'au mois de juillet, on ne pouvait être préparé à nous recevoir; que cet immense caravansérai, aujourd'hui désert, sera dans quinze jours une vraie fourmilière. Je n'oserais dire que cette explication nous consola tout à fait.

Les sources thermales de White Sulphur Springs jouissent d'une grande vogue en Amérique. On prétend qu'elles étaient connues déjà des Indiens, qui ont laissé dans les environs de nombreux vestiges de leur séjour. Mon planteur m'assurait qu'en été beaucoup d'habitants de la Nouvelle-Orléans viennent se réfugier ici pour échapper à la fièvre jaune et aux grandes chaleurs. White-Sulphur est agréablement située au fond d'une des plus belles vallées des Alleghanies : les montagnes, revêtues d'un splendide manteau de verdure, s'élèvent jusqu'au ciel par gradations insensibles. Les forêts qui recouvrent leurs pentes doivent être riches en gibier; on m'a soutenu qu'il est dangereux de s'y aventurer, à cause des serpents qui y abondent; ils appartiennent à l'espèce des serpents *bronzés*, qu'on désigne en Virginie sous le nom de *copper head snakes* (serpents à tête de cuivre). Le serpent à sonnettes est moins redouté des Américains que le *copper head* : on prétend que son souffle peut causer la mort.

Je m'étais arrêté à White-Sulphur dans le but d'aller visiter le célèbre pont naturel de Virginie; mais lorsque je m'éveillai le lendemain, il pleuvait à torrents, et le temps semblait gâté pour toute la journée. Dans de telles circonstances, un voyage de vingt lieues en *stage-coach* eût manqué de charmes, et je dus renoncer à cette excursion. Les Virginiens mettent leur pont naturel au même rang que la chute du Niagara; mais il faut faire la part de leur vanité nationale. En Amérique, plus que partout, on doit se défier de la réclame.

Westward ho! Continuons notre route vers l'Ouest, par le *Chesapeake and Ohio railroad*. Cette ligne, récemment achevée, me semble fort peu fréquentée. Il n'y a que deux trains par jour, courant sur une voie unique d'une grande hardiesse de construction : elle décrit mille courbes, franchit ruisseaux et rivières sur de vertigineux ponts de bois, traverse les montagnes sous des tunnels qu'on n'a pas pris la peine de maçonner; à certains passages, on ferme instinctivement les yeux quand on s'avise de jeter un coup d'œil au dehors. Le pays est aussi pittoresque que la veille. Nous longeons les bords d'un des nombreux affluents de l'Ohio, la Kanawha — j'aime ce nom indien. — Cette rivière capricieuse forme de charmantes cascades. Ce qui me frappe, c'est l'aspect désert de la contrée : pas un village, pas une habitation. Tel ce pays est aujourd'hui, tel il devait être lorsque les Indiens en étaient les seuls possesseurs.

Ce n'est que dans les environs de Charleston que je remarque les indices de l'industrie. Ce sont de riches gisements de charbon qui ont attiré la population en cet endroit. Il y a même une station qui porte le nom de *Coalburg* (bourg du charbon). La contrée jouit d'une autre source de richesses, ce sont les salines qui abondent dans la vallée de la Kanawha. Pendant la guerre de sécession, ces salines furent la seule ressource de tous les États confédérés compris entre le Mississipi et le Potomac : on en tirait à cette époque dix mille boisseaux par jour. Ces gisements semblent inépuisables : ils peuvent suffire aux besoins de l'Amérique pendant plusieurs siècles. La nature a traité l'Amérique en enfant gâté : au point de vue des richesses minérales, nulle contrée au monde n'a été plus admirablement partagée.

X

L'OHIO

Il pouvait être cinq heures quand j'arrivai à Huntington, petite bourgade située au bord de l'Ohio, à la jonction de trois États : la Virginie occidentale, l'Ohio et le Kentucky. C'est ici le terminus de la voie ferrée. J'espérais, à la descente du train, trouver immédiatement un steamer prêt à me porter sur les eaux de l'Ohio ; mais le ciel en a disposé autrement. Par suite de la sécheresse persistante des derniers jours, les eaux du fleuve sont tombées tellement bas, que le steamer n'est pas arrivé, et que personne ne peut m'apprendre s'il viendra ni quand il viendra. Cela dépend de la bonne volonté de l'Ohio, et l'on sait si les rivières américaines sont capricieuses. Si une voie ferrée reliait Huntington à Cincinnati, j'aurais bientôt changé mes plans ; mais cette voie est encore à construire, et il faut forcément s'arrêter au parti de l'attente.

Pour passer le temps, j'explore la localité en compagnie du planteur du Sud. Une longue et large rue, tirée au cordeau, non pavée et bordée de trottoirs en bois et de maisons en briques rouges, voilà l'aspect de

Huntington et de toutes les bourgades de l'intérieur des États-Unis. Nous abordons un groupe d'indigènes qui stationnent à l'entrée d'un *bar room*. Ils sont en train de discuter les résultats des élections qui viennent d'avoir lieu à la convention préparatoire de Cincinnati. Hayes l'a emporté sur Blaine, à la grande satisfaction de la population de Huntington. Hayes jouit d'une grande popularité dans l'État de l'Ohio, son pays natal.

Vers neuf heures du soir, un petit bateau qui était allé à la recherche du steamer revint avec la nouvelle qu'il l'avait rencontré à dix milles en aval du fleuve, et qu'il n'attendait que nous pour mettre le cap sur Cincinnati. Nous descendîmes sur le petit bateau, qu'une machine grande comme un poêle mit en mouvement. La cabine était si petite, qu'elle ne pouvait contenir tout le monde. J'allumai un cigare, et allai jouir de la fraîcheur du soir à la galerie extérieure. Le ciel était tout constellé d'étoiles. Des éclairs illuminaient le paysage de minute en minute. Notre bateau ne mit pas moins de trois heures à franchir les dix milles. Il pouvait être minuit quand j'aperçus, au milieu de la nuit profonde, un éblouissant palais de feu, dont les fenêtres offraient au regard une splendide illumination : c'était le steamer. Notre coquille de noix accosta le géant, et nous fûmes bientôt installés à bord du *Fleetwood* (bois léger à la course).

A l'entrée du grand salon se trouvait un *office*, tout comme dans les hôtels, où chacun consigna son nom au registre des voyageurs et prit un ticket qui donnait droit à un lit dans une cabine, ainsi qu'à la nourriture jusqu'à destination. Le prix des tickets reste invariable, quel que soit le lieu de débarquement : un voyage de vingt milles sur ces pyroscaphes américains se paye tout autant qu'un voyage de deux cents milles.

Malgré l'heure avancée de la nuit, on nous servit à souper. Puis chacun prit possession de sa cabine. Je partageai la mienne avec le planteur, dont les ronflements sonores m'empêchèrent de fermer l'œil pendant toute la nuit. Les cabines sont rangées des deux côtés du bâtiment et s'ouvrent d'un côté sur le salon, de l'autre sur la galerie extérieure. A six heures du matin, tout le monde fut réveillé au son de la gongue chinoise. Le Yankee est matinal.

En Amérique, la gongue, ou tam-tam, tient lieu de cloche dans les hôtels, dans les gares, sur les bateaux à vapeur, partout enfin. C'est un tam-tam perpétuel. On frappe l'instrument de manière à en augmenter le son graduellement jusqu'à ce qu'il acquierre son maximum d'intensité : dans les premiers temps, je m'imaginai plus d'une fois que le tonnerre grondait au dessus de ma tête. Ce sont les nègres qui sonnent la gongue, et ils font un tel vacarme, que j'ai vu des enfants sur le point d'en mourir de frayeur. Les Chinois possèdent seuls le secret de la fabrication des tam-tams. C'est de la Chine que viennent les innombrables tam-tams qui chaque jour, aux heures des repas, retentissent d'un bout à l'autre de l'Amérique.

En ouvrant l'œil, je calculai que la distance entre Huntington et Cincinnati étant de cent soixante milles, et vu la rapidité de notre « bois léger à la course », nous devions être au moins à mi-chemin de la métropole de l'Ohio. Mais j'avais à peine achevé ce calcul mental, que je m'aperçus que le « bois léger à la course » était dans le repos le plus absolu. En rassemblant mes idées, je me souvins que j'avais ressenti en dormant une légère secousse. Nous nous étions engravés pendant la nuit dans le lit de la rivière. L'eau devait être descendue bien bas, puisque notre bâtiment n'avait qu'un tirant de vingt-six pouces. Le *Fleetwood* est un de ces *flatboats* (bateaux plats) spécialement construits pour le service de l'Ohio. Ces *flatboats* s'échouent tout tranquillement, s'embourbent dans la vase avec tant d'art, que votre sommeil n'en est troublé en aucune façon.

J'admirai en cette circonstance le caractère patient des Américains. Pas un murmure, pas une plainte ne s'éleva au sujet du retard considérable que devait nous occasionner ce fâcheux contre-temps. Nul non plus n'exprima sa satisfaction de ce que l'accident n'eût pas eu de suites plus graves. La plupart, en apprenant la cause de notre stationnement, n'eurent d'autre façon d'exprimer leur désappointement que de s'introduire en bouche une chique de tabac, et d'aller ruminer en silence sur un sofa, en attendant l'heure du déjeuner. Le musulman n'accepte pas les événements de la vie avec plus d'indifférence. Y a-t-il cependant rien qui puisse mettre en défaut toute votre philosophie comme de vous ensabler au beau milieu d'une rivière !

Je ne puis guère concilier ce flegme des Américains avec leur énergie. Il semble que l'énergie doive produire l'irritabilité : or, l'Amérique n'est rien moins qu'irritable. Dieu me le pardonne, je me suis parfois cruellement amusé à toucher la corde sensible des Yankees : j'ai nommé leur vanité nationale; mais je n'ai jamais réussi à provoquer leur colère ou à leur arracher un mot désobligeant.

Je viens de faire allusion à la vanité nationale des Américains : elle est vraiment au-dessus de tout ce qu'on pourrait en dire. Cette manie de vanter leur pays en dénigrant les autres serait insupportable si elle n'était amusante. Un Américain ne connaît pas sitôt votre qualité d'étranger, que son premier mot est invariablement : « *How do you like America?* » Comment trouvez-vous l'Amérique? Et la manière dont il pose cette question attend une réponse qui soit tout à l'éloge de l'Amérique et des Américains. L'orgueil national du Yankee n'a d'égal que le superbe dédain qu'il professe pour l'Angleterre, son ancienne mère patrie. Les Anglais, fi donc! auprès des Yankees, ce sont des *stupid men* — je n'invente pas le mot — qui voient d'un œil jaloux la grandeur de l'Amérique, à laquelle ils ne pourront jamais s'élever. L'Angleterre n'adopte pas les wagons Pullman avec leurs W. C., uniquement parce qu'ils sont d'invention américaine!

Que les Américains aient le droit d'être fiers de leur pays, personne ne le contestera, pas même les Anglais, qui sont, je crois, moins jaloux de l'Amérique que les

Américains ne le sont de l'Angleterre. Quand je considère cette immense contrée, qui s'étend de l'Atlantique au Pacifique, du lac Supérieur au golfe du Mexique, qui, il y a un siècle, était encore un désert à peine défriché, qui aujourd'hui est couverte d'un admirable réseau de chemins de fer, et peuplée de près de quarante millions d'âmes disséminées sur trente-huit États ayant chacun un gouvernement organisé, je ne puis que m'incliner devant l'audace et l'énergie d'un peuple qui a produit de telles merveilles. Mais, franchement, j'aimerais mieux les Américains s'ils étaient moins épris d'eux-mêmes. Voulez-vous plaire à un Yankee, il ne suffit pas que vous admiriez son pays en lui-même, il faut encore l'admirer par rapport aux autres pays, et il ne sera content que lorsque vous aurez proclamé l'Amérique le plus beau, le meilleur de tous les pays. Le Yankee n'accepte que la louange au superlatif. Ce n'est pas assez de dire que l'Hudson, le Saint-Laurent, le Mississipi sont de superbes fleuves ; il faut que ce soient les plus beaux fleuves de l'univers. Il n'y a pas de plus belles villes sur la terre que New-York et Chicago, ni de plus beau monument que le Capitole de Washington. De même, il n'y a pas sous le soleil de meilleur gouvernement que celui de l'Amérique : le spectacle qu'elle a offert au monde dans ces derniers temps le prouve surabondamment ! Un Américain m'a même soutenu qu'on ne trouve nulle part d'aussi grandes huîtres qu'en Amérique. Grandes, je le veux bien : il faut les couper en quatre parts pour en venir à bout ;

mais je vous jure qu'après avoir goûté une fois ces monstrueux mollusques, j'ai fait le vœu de ne plus jamais recommencer.

Les Américains qui ont voyagé en Europe ont plus de modestie : ils en sont revenus avec la conviction que l'Amérique ferait bien de nous imiter en beaucoup de points. Un habitant de Chicago, qui avait franchi quatre fois l'Atlantique, m'en a fait l'aveu.

C'est peut-être à la jeunesse de la nation qu'il faut attribuer cette infatuation des Américains. Un jeune homme, grisé par le succès, est ordinairement fier et hautain, et il n'entrevoit pas encore les ronces et les épines qui pourront se trouver plus tard sur sa route. Il faut aussi faire la part de l'éducation étroite des Américains. L'instruction est, il est vrai, plus répandue en Amérique que partout ailleurs ; nulle part on ne consomme autant de livres et de journaux ; mais cette instruction est essentiellement utilitaire et renfermée dans un cercle restreint. On dédaigne en Amérique les hautes études spéculatives qui élèvent l'esprit et épurent les sentiments.

Tout en faisant ces réflexions, j'oublie que nous sommes envasés dans une rivière. Voici un nègre qui vient me rappeler au sentiment de la réalité. Qu'a-t-il donc à regarder ainsi mes bottes ? Enfin il se décide à ouvrir la bouche. « *Did I shine your boots, Sir?* » Cette phrase, traduite de l'anglo-saxon en français, n'a d'autre sens que celui-ci : « Ai-je ciré vos bottes, monsieur ? » En jetant un coup d'œil sur mes bottes, je constatai qu'elles étaient luisantes, et en conclus que mon nègre s'était introduit pendant la nuit dans ma cabine. Je feignis pourtant de ne pas comprendre où mon nègre voulait en venir. Voilà John [1] très-embarrassé. Il lui faut son argent, et il croirait me manquer de respect en le réclamant. Après s'être longtemps gratté l'oreille et la toison chevelue, il se décide à répéter sa phrase sacramentelle : « *Did I shine your boots?* » Et moi de lui répondre : « *Yes, you shone my boots.* » (Oui, vous avez ciré mes bottes.) « *Did I?* » (L'ai-je fait?) reprend John en me faisant les révérences les plus grotesques et en me montrant sa double rangée de dents aussi blanches que l'ivoire d'éléphant. Cette scène était d'un si haut comique, que j'avais peine à garder mon sérieux. Enfin, après bien des simagrées, bien des révérences dont les nègres ont le monopole, John, s'inclinant presque jusqu'à terre tout en me faisant le salut militaire, me dit timidement : « *Fifteen cents, Sir* » (quinze sous, monsieur).

Cette extrême timidité du nègre vis-à-vis de l'homme blanc, j'ai pu la remarquer en maintes autres circonstances. Quant aux blancs, ils payent cette déférence de la plus profonde aversion. Loin d'avoir diminué depuis l'affranchissement des noirs, cette aversion est plus ostensible que jamais, surtout dans le Sud. Un Américain m'en donnait pour raison que là où l'on impose par la force l'égalité politique, on accroît plutôt qu'on

---

[1] Nom générique par lequel les Américains désignent les serviteurs nègres.

ne mitige l'influence des distinctions sociales. Il y a en Amérique beaucoup de mulâtres d'une intelligence remarquable ; mais n'auraient-ils dans les veines qu'une trace imperceptible de sang africain, il n'est pas un Yankee qui consentirait à s'associer avec eux pour l'entreprise d'une affaire. En Louisiane et dans les autres États du Sud, nombre de nègres occupent les fonctions judiciaires et siégent à la législature : leur position n'efface pas le stigmate de leur race ; ces hommes qui font la loi, qui peuvent attraire les blancs devant leur tribunal, sont tout simplement exclus des hôtels et des voitures publiques.

A l'époque de l'esclavage, les nègres étaient mieux traités qu'ils ne le sont depuis leur affranchissement. Du jour où ils ont obtenu l'égalité politique, on les a considérés comme des intrus et des usurpateurs. Si les nègres pouvaient se résigner à accepter une situation politique inférieure à celle des blancs, s'ils renonçaient à la prétention d'avoir la même part dans le gouvernement du pays, les blancs n'auraient plus de griefs contre eux : en descendant d'un degré dans l'échelle politique, ils monteraient d'autant vers l'égalité sociale. Il est vrai que le droit de suffrage, qui leur a été concédé en vertu d'un amendement à la Constitution, pourrait difficilement leur être retiré ; mais si les nègres, au lieu de nommer les leurs à des fonctions judiciaires et politiques, pour lesquelles ils n'ont aucune aptitude, ne prenaient d'autre part aux élections que de s'efforcer de nommer à ces mêmes fonctions les blancs dévoués à leurs intérêts, ils tireraient plus grand profit de leur émancipation qu'ils ne l'ont fait, et la question nègre ne serait plus un perpétuel sujet de discordes.

Pour comprendre l'aversion des Américains à l'égard des nègres, il faut avoir voyagé en Amérique et s'être trouvé en contact avec ces pauvres Africains, qui semblent constituer la dernière des races humaines. Ce n'est pas par une fierté factice comme celle du brahmane à l'égard du paria, mais bien par une répulsion naturelle et instinctive que l'Américain s'éloigne du nègre. Les nègres d'Amérique ne descendent pas de la belle race de l'Afrique centrale; leurs ancêtres ont été importés des côtes de l'Afrique, où l'on ne trouve que le rebut des enfants de Cham. Leur tête est d'une laideur repoussante. L'épaisseur des lèvres, la proéminence des pommettes, l'aspect laineux des cheveux, la conformation du crâne, la teinte généralement luisante de la peau, tout concourt à faire du nègre le type le plus hideux du genre humain. L'exclusion des nègres des voitures publiques a pour principal motif l'odeur rien moins qu'agréable qu'exhale leur personne, surtout en été. On m'a assuré que cette odeur se dégage de leur aisselle, et qu'elle est particulièrement prononcée chez les négresses. On comprendra que je n'aie pas vérifié le fait.

J'aurais voulu entamer quelques nègres sur la question de l'émancipation : c'eût été intéressant de savoir ce qu'ils pensent eux-mêmes de leur nouvelle situation; mais tous ceux que j'ai rencontrés étaient si bornés que je ne pouvais en tirer une parole. Ces gens-là ne sont bons qu'à manier le rasoir, le balai ou le chasse-mouches. Et dans le Sud on en a fait des législateurs !

Mes digressions m'ont amené loin du *Fleetwood*, qui est toujours engravé au milieu de l'Ohio. Voilà treize heures que nous n'avons pas bougé du point où nous nous sommes embourbés. La rivière continue sa route, mais nous contemplons toujours le même horizon. La pluie qui est tombée hier dans les montagnes n'est pas encore arrivée jusqu'ici, et les eaux restent toujours au même niveau. Bien qu'il soit dimanche, tous les nègres du bateau sont à l'ouvrage : cabestan, câbles, grands pieux de bois, tout est mis en œuvre pour nous dégager. Enfin, après toute une journée de travail et d'ennui, le navire se remet à flotter, et nous reprenons joyeusement notre route sur l'Ohio. Nous naviguons sous petite vapeur et avec précaution, pour ne pas nous envaser une seconde fois. Un homme posté à l'avant jette la sonde trois à quatre fois par minute : la profondeur varie entre six et quatre pieds.

Le *Fleetwood*, comme tous les pyroscaphes de l'Ohio, diffère des steamers de l'Hudson et du Mississipi en ce qu'il n'a qu'une roue unique à aubes, située à l'arrière du bâtiment. Un splendide salon, qui n'a guère moins de quarante mètres de longueur, s'étend d'un bout à l'autre de la coque. Je passai deux nuits à bord du *Fleetwood*. Les dames seules trouvent dans leurs cabines le nécessaire pour la toilette ; quant aux gentlemen, ils doivent se rendre au *dressing room*, cabinet de toilette où les ablutions se font en commun. On n'y trouve qu'une longue serviette destinée à l'usage de tous, et — abomination de la désolation! — un seul peigne et une seule brosse, fixés à une chaîne pour n'inspirer à personne la tentation de les emporter.

La navigation de l'Ohio ne manque pas de charmes. A droite se déroule l'État de l'Ohio, à gauche le Kentucky; la rivière forme la séparation des deux États. Les deux rives présentent un aspect bien différent. Le Kentucky est un pays agricole où florissait autrefois l'esclavage; l'Ohio est un pays manufacturier. La rive kentuckienne semble déserte et inhabitée, tandis que la rive opposée offre le spectacle de l'activité et de l'industrie : le soir, la flamme des usines s'y réfléchit dans les eaux du fleuve.

Les rives de l'Ohio n'offrent pas la majesté sévère de l'Hudson; il dessine son cours capricieux entre deux rangées de vertes collines mamelonnées, couvertes de forêts de l'aspect le plus riant. Son nom, qui signifie « belle rivière », lui a été donné par les Indiens. Les Américains le prononcent Ohaïo, en aspirant fortement l'*h*. L'Ohio est, après le Missouri, le principal affluent du Mississipi. Tandis que le Missouri sort des montagnes Rocheuses, l'Ohio sort des monts Alleghany. Le Mississipi s'alimente ainsi des eaux de deux chaînes de montagnes situées aux deux extrémités de l'Amérique, à mille lieues l'une de l'autre.

L'Ohio se joint au « Père des eaux » après un cours de mille milles. Cette rivière est sujette à des crues extraordinaires et à des baisses extrêmes. Le niveau des eaux diffère de cinquante pieds d'une saison à l'autre; la plus forte crue a même été de soixante pieds. Dans la saison des pluies, l'eau s'élève parfois d'un pied par heure. La rivière est parsemée de longues îles qui varient sans cesse l'aspect du paysage. Ces îles sont généralement précédées de bancs de sable qui constituent l'une des difficultés de la navigation de l'Ohio. En maints endroits il a fallu construire des digues et emprisonner la rivière dans d'étroits passages.

Comme tous les cours d'eau de l'Ouest, l'Ohio charrie une énorme quantité de terre, de plantes, de troncs d'arbres arrachés à ses rives; la teinte de l'eau est constamment jaunâtre. Souvent, les troncs d'arbres, embourbés dans la vase et cachés sous l'eau, n'attendent qu'un bateau pour l'éventrer et le couler sur place. On ne compte pas les victimes que l'Ohio a englouties de cette façon. Qu'on ajoute à ces dangers celui des explosions, que l'usage des machines à haute pression rend très-fréquentes, et l'on aura une idée de la sécurité que présente la navigation sur les rivières américaines.

En Amérique, la durée moyenne de la vie d'un bateau est évaluée à quatre ans. Il faut que durant ce temps il ait réalisé les bénéfices sur lesquels comptaient les intéressés. La plupart des pyroscaphes périssent dans les *steeple-chases*. Quand deux bateaux partent en même temps d'une localité, c'est à qui arrivera le premier à destination. De part et d'autre on chauffe la machine à blanc, des paris s'engagent entre les passagers, et la lutte se termine assez ordinairement par l'explosion d'un des bateaux. Pendant mon séjour en Amérique, j'ai lu dans les journaux le récit de maints accidents de ce genre. En disant qu'en Amérique la vie humaine est comptée pour rien, je ne ferai que répéter ce qui a été dit mille fois.

XI

CINCINNATI

A six heures du matin, le nègre cireur de bottes s'introduisit dans ma cabine pour m'annoncer que nous étions en face des quais de Cincinnati. Je descendis à Gibson-House et constatai, en inscrivant mon nom au registre de l'hôtel, que trois de mes compatriotes que j'avais vus à Philadelphie y étaient descendus de même: mais je fus assez désappointé d'apprendre qu'ils étaient partis la veille pour Saint-Louis. Ces registres d'hôtel vous font souvent découvrir des amis que vous croyiez à l'autre extrémité du monde.

Cincinnati est l'une des villes les plus florissantes de l'intérieur des États-Unis. Les Américains l'ont surnommée la Reine de l'Ouest, à une époque où Saint-Louis et Chicago n'avaient pas encore acquis leur prodigieux développement. Ce titre de *Queen City* ne suffisait pas à la métropole de l'Ohio; on lui a décerné aussi la qualification de « Paris de l'Amérique ». Enfin, des farceurs, à l'esprit mal tourné, l'ont gratifiée du sobriquet de « Porcopolis », à cause de son immense commerce de porcs.

CINCINNATI.

Un siècle ne s'est pas encore écoulé depuis que le premier pionnier qui descendit l'Ohio sur un *flatboat* vint s'établir au lieu où devait s'élever la cité reine. C'était en 1788. Dans les premiers temps, la ville eut à souffrir des continuelles incursions des Indiens. En 1800, sa population ne s'élevait encore qu'à sept cents âmes. Cinquante ans plus tard, elle avait cent quinze mille âmes. C'était alors la plus grande ville de l'Ouest; mais elle n'a pas grandi depuis avec l'étonnante rapidité de sa jeune rivale du lac Michigan. Depuis quelques années la population reste stationnaire : elle ne dépasse guère aujourd'hui deux cent mille âmes. Chicago et Saint-Louis ont une population au moins deux fois plus considérable. Saint-Louis a une physionomie plus parisienne que Cincinnati, et Chicago tue plus de porcs que Porcopolis.

La conduite de Cincinnati pendant la guerre de sécession lui aurait valu en Espagne le titre de « muy leal » et de « muy heroica ». Les troupes confédérées menaçaient la ville, et celle-ci n'ayant pu obtenir l'assistance des troupes fédérales, dont la présence était nécessaire ailleurs, semblait devoir tomber inévitablement aux mains de l'ennemi; mais le peuple de Cincinnati résolut de se défendre lui-même. Le pont suspendu n'était pas terminé à cette époque. En un jour et une nuit un ponton fut jeté à travers l'Ohio, et le lendemain matin une colonne serrée passa la rivière et envahit le Kentucky. Ce fut une véritable levée en masse de toute la population cosmopolite de Cincinnati et des environs. Le lourd Allemand et le souple Irlandais marchaient, se coudoyant, à la défense de leur patrie adoptive. L'avocat, le marchand, l'ouvrier, tous allaient au combat, armés de fusils, de piques, de bêches. Les nègres travaillaient aux fortifications. Les paysans accouraient de tous les districts ruraux de l'Ohio : on les appela les « Squirrel Hunters » (chasseurs écureuils). Ils arrivaient en files, par milliers, dans les costumes les plus divers, armés de toutes sortes d'armes à feu. Vieillards, jeunes gens, enfants mêmes quittaient leurs maisons, le sac plein de balles, la corne de bœuf pleine de poudre. En trois jours les retranchements furent achevés et la ville mise en état de défense. Tous les steamers de l'Ohio avaient été munis de canons et transformés en petits vaisseaux de guerre. En présence de ces formidables préparatifs, les confédérés renoncèrent à assiéger la ville. Le général commandant félicita les citoyens de leur noble et courageuse attitude.

Située au cœur d'une contrée fertile et bien peuplée, où sont éparpillées une infinité de villes et de bourgades industrieuses, Cincinnati est la métropole commerciale des plus beaux États de l'Union. Elle se trouve au milieu de l'immense région comprise entre le lac Érié et la rivière Tennessee, et entre Baltimore et le Mississipi. Cette région est la plus riche de l'Amérique.

Le grand charme de Cincinnati, c'est la beauté de son site. Elle occupe le centre d'une riante vallée circulaire coupée par la rivière Ohio : celle-ci, de même que le Mississipi à la Nouvelle-Orléans, dessine autour de la ville un vaste croissant. Au nord se déploie un amphithéâtre de collines couvertes d'une luxuriante végétation. Du haut de ces collines, qui ont trois ou quatre cents pieds de hauteur, la vue embrasse le panorama de la ville et du fleuve qui se déroule en replis tortueux comme une immense couleuvre.

Malgré la conformation irrégulière et montagneuse du sol où elle est bâtie, Cincinnati a sacrifié à la ligne droite. J'ai retrouvé ici les rues numérotées, coupées par d'autres rues portant des noms d'arbres, tels que le sycomore, le noyer, le châtaignier, etc. L'épidémie de l'angle droit, du chiffre et de la botanique sévit d'un bout à l'autre des États-Unis. Il est certain que nul baron Haussmann des siècles futurs n'éprouvera le besoin de remanier le plan des cités américaines.

Cincinnati est une ville en grande partie germanique. Les Allemands forment plus des trois quarts de la population. Ils habitent un quartier séparé, situé au nord de la ville, et qui a nom « Over the Rhine » (sur le Rhin). On n'y entend parler que l'allemand. Toutes les enseignes, toutes les affiches sont en cette langue. Les habitations, les beer-halls et les beer-gardens, les églises, les théâtres, tout y rappelle le pays d'outre-Rhin. Voulez-vous dîner à la cuisine allemande, entrez dans le premier restaurant venu : on vous y servira du *gigot au kartoffel* avec un verre de *lager-beer* et des huîtres au vin du Rhin.

Partout où il y a des Allemands en Amérique, ils font communauté à part et ne se fusionnent pas avec le reste de la population. L'immigration apporte aux États-Unis les éléments les plus disparates, et il est curieux d'observer avec quelle rapidité ces éléments sont absorbés dans ce grand tout qui constitue la nation américaine. Italiens, Suédois, Russes, Danois, Norvégiens, Islandais sont assimilés au bout d'une génération, et il n'est plus ni langue, ni usages, ni costumes qui les différencient du citoyen américain. Seuls les Irlandais et les Allemands gardent, pendant plusieurs générations, leur physionomie propre. Il y aurait peut être là un danger pour l'unité américaine, si ces deux derniers éléments n'avaient pas des tendances absolument opposées qui neutralisent leurs forces respectives. L'Irlandais est catholique, l'Allemand est protestant. L'Irlandais est conservateur et démocrate, l'Allemand est républicain et radical. L'élément primitif anglo-américain est celui qui semble le plus dépourvu de vitalité. Sans l'immigration européenne qui apporte sans cesse de nouvelles forces à l'Amérique, il est probable que la race yankee proprement dite, dont la Nouvelle-Angleterre fut le berceau, ne tarderait pas à dégénérer. La race anglo-saxonne possède, en Amérique comme partout, un grand pouvoir d'assimilation, mais là se borne son influence. Il semble qu'en changeant de sol elle ait forligné de ses qualités natives. De toutes les races qui peuplent l'Amérique, l'anglo-saxonne est la moins prolifique.

Les villes américaines sont généralement si pauvres en monuments, que je ne fus pas médiocrement surpris de rencontrer à Cincinnati un joyau artistique que plus d'une ville d'Europe lui envierait. C'est une délicieuse fontaine en bronze ornée de figures allégoriques du goût le plus exquis. Elle représente le génie de l'eau distribuant la pluie qu'un paysan recueille pour arroser ses champs, tandis qu'un citoyen supplie le génie d'éteindre sa maison en feu. Des nymphes, des enfants sont groupés autour des personnages. La base est enrichie de bas-reliefs d'une admirable exécution. Cette fontaine bouleversait complétement les idées que je m'étais faites au sujet du sens artistique des Américains; mais je sus plus tard que c'est à un artiste de Munich qu'a été confiée l'exécution du monument.

Dans l'art de l'ingénieur, les Américains reprennent tous leurs droits. Le pont suspendu de Cincinnati, qui franchit l'Ohio, est une des plus étonnantes merveilles qu'aient produites l'audace et l'intelligence humaines. Il a été construit par le colonel Roebling, le même qui fit le pont du Niagara. Il est supporté par deux tours de deux cents pieds de haut, dont l'une se trouve dans l'État de l'Ohio, l'autre dans le Kentucky. D'une tour à l'autre, le tablier mesure mille cinquante-sept pieds; sa longueur totale est de deux mille deux cent cinquante-deux pieds. Le tablier se trouve à cent pieds au-dessus du niveau des eaux basses. Il est suspendu par deux simples câbles formés d'un faisceau de fils d'acier, auxquels se rattachent les fils de soutien verticaux. Il supporte deux voies carossables, deux voies de tramway, et une voie pour les piétons. Le pont a coûté dix millions de francs. Quand on contemple d'en bas cet ouvrage aérien, il semble qu'un simple coup de vent doive l'emporter et disperser dans les airs ses frêles éléments ; mais une troupe d'éléphants ne le ferait pas fléchir. Ce pont est aussi ferme sur sa base que le rocher de Gibraltar, et les plus lourds chariots y passent constamment d'une rive à l'autre.

Un tour de force d'un autre genre, c'est le chemin de fer incliné qui réunit la ville basse à la ville haute. Des rails ont été établis sur une pente de près de quarante-cinq degrés, et des voitures escaladent la pente au moyen d'un système de cordes qui s'enroulent et se déroulent autour de deux énormes cylindres que fait mouvoir une machine à vapeur. Grâce à cet ingénieux mécanisme, je me trouvai au bout d'une minute au sommet du mont Aüburn, d'où la vue embrasse un superbe panorama. Un voile de fumée planait sur la florissante cité manufacturière; mes regards s'égaraient au loin sur la noble rivière de l'Ohio qui serpentait entre de gracieuses collines. Au delà, dans un lointain brumeux, se dessinaient les plaines ondulées du Kentucky.

Tout en contemplant cette scène, je me suis laissé aller à ces pensées rêveuses qui viennent hanter parfois l'esprit du voyageur solitaire. Je ne voyais plus que d'un œil distrait cette grande cité de l'Ouest couchée à mes pieds, où je ne connaissais personne, et où j'étais absolument inconnu. Mon imagination se mit en route vers la *cara patria*, vers les miens que j'avais laissés à quelque quinze cents lieues derrière moi. Et je me demandais si, en ce moment où je songeais au *sweet-home*, il y avait là-bas quelque âme fidèle qui songeait à son pauvre ami absent. Hélas! non. Je consultai ma montre qui me fit cette réponse inexorable : « Il est six heures du soir à Cincinnati, donc il est minuit au pays natal. » Pendant que toute l'Amérique veillait, l'Europe était plongée dans le sommeil.

J'ai cité, je crois, tout ce que Cincinnati possède d'intéressant. Je ne parlerai pas du parc Eden, dont le nom poétique ne répond actuellement à rien de bien séduisant. Il peut devenir fort beau par la suite, mais lors de ma visite il n'était encore qu'à l'état d'embryon. Bien que Cincinnati ne possède pas moins de cent cinquante églises appartenant à plus de trente communions différentes, il n'en est guère qui méritent une visite. Parmi les vingt-trois églises catholiques, l'église Saint-Pierre est la seule qui renferme quelques richesses artistiques : j'y ai vu un *Saint Pierre,* de Murillo, donné par le cardinal Fesch, oncle de Napoléon Ier, et un Van Dyck donné par Louis-Philippe.

J'aurais voulu visiter l'un des nombreux abattoirs de porcs (packing houses), où ces estimables animaux deviennnent jambons salés en autant de temps qu'il en faut pour écrire ces lignes ; mais ces établissements chôment en été. J'eus plus tard l'occasion de visiter les abattoirs de Chicago, où l'on travaille toute l'année. On m'a affirmé que dans la seule ville de Cincinnati l'on tue plus d'un million de porcs dans un hiver. Ils sont mis en barils et expédiés dans l'univers entier, et je ne serais pas étonné que les charcutiers de Paris les vendisssent pour des jambons de Bayonne et de Mayence.

L'hôtel Gibson, où je descendis à Cincinnati, avait reçu quatorze cents hôtes la semaine précédente. C'est là que la convention républicaine avait tenu ses assises. Il y avait à peine trois jours que le nom de Hayes, gouverneur de l'Ohio, était sorti du scrutin. Déjà son portrait figurait à toutes les vitrines, accompagné d'une marche triomphale dédiée au vainqueur.

C'est dans les conventions ou assemblées préparatoires que chaque parti choisit les candidats à la présidence et à la vice-présidence. Hayes fut proclamé à Cincinnati le candidat du parti républicain, et dix jours plus tard Tilden fut proclamé à Saint-Louis le candidat du parti démocratique. Bien que ces conventions ne soient que des réunions privées qui n'ont été réglées par aucun article de la constitution des États-Unis, c'est là, en réalité, que se livre la première bataille des élections présidentielles.

Tout le monde sait que le président des États-Unis est élu par le suffrage universel. Ce qu'on sait moins, c'est que l'élection du président par le suffrage universel n'est jamais entré dans les vues des auteurs de la constitution des États-Unis. C'est tout le contraire que veut la constitution. L'article II confie le choix du chef de la nation à une assemblée d'hommes d'élite, jouissant de la confiance du peuple. Suivant l'intention des constituants, le peuple ne devait pas plus intervenir directement dans la nomination du président que dans l'élection des sénateurs, dont le choix a été confié aux législatures des États. Or, tout en respectant la lettre de la constitution, on en a violé l'esprit. L'article II dit que chaque État nommera un nombre d'électeurs égal au nombre de députés et de sénateurs qui représentent cet État au congrès : il se formera ainsi un collége composé d'autant d'électeurs qu'il y a de membres dans les deux chambres réunies du congrès. C'est ce collége qui nomme le président. Les auteurs de la constitution ont donc voulu confier la grave mission d'élire le premier magistrat de la république à des hommes éclairés et expressément désignés à cet effet par le suffrage de leurs concitoyens. Le président devait être choisi par ces électeurs et non par la masse du peuple. Telle était l'intention formelle des constituants : l'article II est trop clair dans ses termes pour laisser le moindre doute à cet égard.

Le président est élu aujourd'hui encore, suivant le vœu de la constitution, par les électeurs du second degré. Mais en fait, le suffrage universel est parfaitement substitué au collége des électeurs. Ceux-ci sont choisis en exécution de l'article II, mais avec mandat impératif, c'est-à-dire qu'ils prennent l'engagement tacite d'élire le candidat désigné d'avance par la convention de leur parti : ils se résignent au rôle de porte-voix du suffrage populaire. Lorsque chaque convention a élu son candidat à la présidence, les électeurs présidentiels sont nommés par le suffrage universel (sauf dans le nouvel État du Colorado, où cette nomination est confiée à la législature). Dans chaque État, les deux partis dressent leur *ticket*, c'est-à-dire, la liste de leurs aspirants au mandat d'électeur au second degré. Tout homme qui vote pour le ticket républicain vote pour le candidat républicain ; tout homme qui vote pour le ticket démocratique vote pour le candidat démocratique. L'élection du président dépend donc entièrement du suffrage universel, et non pas du collége des électeurs au second degré. Ceux-ci ont mis d'avance leur volonté au service de la volonté populaire ; ils ne sont plus qu'un mécanisme inconscient dans les rouages compliqués de l'élection présidentielle. La constitution, qui avait établi l'élection à deux degrés dans un but conservateur, est ainsi manifestement éludée.

Les élections présidentielles, qui se renouvellent tous les quatre ans et agitent le pays six mois à l'avance, sont une des grandes calamités qui affligent la république américaine. Si encore il n'y avait que les élections présidentielles ; mais on en est arrivé en Amérique à un tel abus du système électif, qu'il ne se passe guère de semaine sans qu'un Américain soit appelé à user de son droit de suffrage. Indépendamment des élections générales pour le renouvellement partiel de la chambre des représentants, les citoyens des trente-huit États de l'Union ont encore à élire leur propre législature. L'organisation des diverses législatures diffère suivant les États, mais généralement les membres de la chambre basse sont élus annuellement. Ensuite il faut élire les gouverneurs des États, les maires et les échevins des communes, les procureurs généraux, les juges, les coroners, et toute une armée de fonctionnaires de l'ordre administratif qu'il faut si souvent renouveler, que le pays est livré à une perpétuelle fièvre électorale. Ce système engendre un terrible mal, la *rotation des offices*.

Il y a longtemps que cette monstruosité gouvernementale a été érigée en règle aux États-Unis. A chaque nouvelle élection présidentielle, tous les fonctionnaires qui dépendent du gouvernement central, depuis le simple directeur du bureau de poste jusqu'aux ministres du président, sont exposés à être déplacés ou destitués. Et en fait, ces remaniements périodiques dans les services publics ont lieu dans une très-large proportion. Il faut faire place à ceux qui ont travaillé à l'élection du nouveau président : celui-ci s'engage même, avant son élection, à donner les fonctions publiques à ceux qui l'auront envoyé à la Maison-Blanche.

Qu'une semblable pratique puisse être conforme à la bonne administration du pays, c'est ce qu'il est impossible d'admettre. Comment la marche des affaires peut-elle être sagement conduite, si les hommes chargés de la diriger doivent quitter leur place au moment où ils commencent à être compétents dans leur spécialité? Quel est l'homme loyal et respectable qui se déciderait à accepter dans de telles conditions des fonctions salariées? A défaut d'hommes semblables, il faut bien accepter les services d'hommes incapables et peu scrupuleux. Comment s'étonner dès lors de la corruption qui règne dans toutes les sphères de l'administration? Comment s'étonner que cette corruption soit devenue non plus l'exception, mais la règle générale et universelle? Le vol et la fraude sont si communs dans les régions gouvernementales, que les Américains ne trouvent rien que de naturel dans cet effrayant pervertissement politique. L'exercice des fonctions publiques est considéré comme une occasion offerte aux titulaires d'améliorer leur situation financière au détriment des contribuables ; beaucoup n'entrent dans la magistrature ou l'administration que parce qu'ils ont en perspective d'autres appâts que leur modique traitement. Et comme la durée des fonctions dépend du caprice des électeurs, il ne faut pas perdre de temps si l'on veut se ménager une retraite *honorable*. Il y a d'estimables exceptions, mais elles sont rares.

Ce déplorable système a pour effet immédiat d'éloigner des affaires publiques les hommes capables et honnêtes. La politique est devenue une profession exercée par les hommes de rang inférieur. Les élections sont une source de revenus pour cette classe de citoyens. On embrasse en Amérique la carrière de politicien tout comme on embrasserait celle de médecin ou de banquier. Un politicien vit de politique comme un musicien vit de musique. Plus de trois cent mille citoyens exercent aux États-Unis l'industrie de politicien.

XII

SAINT-LOUIS.

Cincinnati est à trois cent cinquante milles de Saint-Louis. Grâce au chemin de fer, on franchit cette distance en treize heures par les trains express. Aux montagnes de la Virginie, aux collines de l'Ohio ont succédé les plaines fertiles de l'Indiana et de l'Illinois. Tantôt le train court au milieu des cultures de maïs et de froment, tantôt il traverse des forêts peuplées de vieux sycomores : plus d'un de ces géants a succombé sous la hache du bûcheron, et leur souche s'élève encore à deux pieds du sol. Après les forêts viennent les vertes prairies couvertes de bêtes à cornes et de chevaux en liberté. Aussi loin que l'œil peut porter, il découvre les ondulations de cette mer de verdure.

Les voilà donc, ces grandes prairies de l'Ouest dont j'ai entendu parler depuis mon enfance. Le pays passe pour giboyeux, mais j'avoue que je n'y ai aperçu ni queue de bison, ni corne d'antilope, ni oreille de lapin. Je me pique cependant d'avoir bonne vue. Je fais part de mon désappointement à mon voisin, qui me dit que les bisons et les antilopes ne se trouvent qu'à l'ouest du

Mississipi, et que j'en verrai des milliers, « plenty! plenty! » dans l'état du Missouri. Les Missouriens me dirent de même que j'en verrais « plenty! plenty! » dans l'État du Kansas, plus à l'ouest. Les gens du Kansas me dirent avec le même aplomb que j'en verrais « plenty! plenty! » dans le Colorado, encore plus à l'ouest. On verra plus loin ce qu'il faut en croire.

L'Illinois est le grenier d'abondance de l'Amérique, et en partie de l'Europe. Il n'est pas dans le monde entier de meilleure terre pour la production des céréales. Dans la plupart des contrées de l'Amérique, il a fallu défricher avant de cultiver : ici, le pays offre d'immenses prairies qui n'attendent que la charrue. Le sol a été fertilisé par une végétation de plusieurs siècles, et donne au cultivateur un rendement immédiat. Les champs de l'Illinois sont d'une telle fécondité, qu'on laisse pourrir sur place l'excédant des récoltes. Cette fécondité est due à la profondeur des terres arables. Le sol des vallées arrosées par les rivières a vingt-cinq ou trente pieds d'épaisseur, et les hautes prairies ne sont guère moins productives. La récolte ordinaire est de quarante boisseaux de froment et de quatre-vingts boisseaux de maïs par acre; et cependant les procédés de culture des Américains sont loin d'être aussi perfectionnés que les nôtres; ils n'engraissent pas leurs champs et n'alternent pas les récoltes : aussi les terres ne peuvent-elles manquer de s'appauvrir à la longue, comme il est arrivé de la plupart des terres des anciens États de l'Amérique, où l'on a véritablement gaspillé les dons de la Providence. Un Américain qui avait voyagé en Europe, frappé des soins que nos fermiers donnent à la culture des champs, me disait qu'en Europe on cultive la terre, tandis qu'en Amérique on l'épuise.

A mi-chemin de Cincinnati et de Saint-Louis, le train s'arrêta à Vincennes, où tout le monde descendit pour dîner. Un quart d'heure, ni plus ni moins, est accordé aux voyageurs pour procéder à cette opération. A l'entrée du *dining room* se tient l'homme au tam-tam. Tout le monde se précipite dans la salle et se met à dévorer avec fureur, car l'Américain ne mange pas, il dévore. Bien qu'on ne vous accorde qu'une seule assiette, on vous sert tout à la fois une demi-douzaine de soucoupes chargées de poisson, de bœuf, de jambon, de poulet, de légumes, puis pour dessert des pâtisseries accompagnées de l'inévitable *ice-cream;* le tout arrosé d'une tasse de thé ou de café ou d'un verre de lait glacé. Il faut avaler tout cela à l'américaine; car, sitôt les quinze minutes réglementaires écoulées, l'impitoyable gongue chinoise retentit de nouveau pour annoncer qu'il est temps de remonter en voiture : et chacun de défiler devant l'homme au dollar posté à la porte pour recevoir votre monnaie de chiffon.

A partir de Vincennes, — ce nom rappelle le souvenir des anciens colons français, — le pays devint de plus en plus plat.

Le soleil couchant enflammait l'horizon lorsque nous traversâmes le Mississipi. C'est toujours avec une intime satisfaction qu'on réalise un désir longtemps caressé. Qui n'a rêvé de voir un jour le Mississipi? Pendant que le train s'avançait lentement sur l'immense pont de fer qui réunit l'Illinois à l'État du Missouri, mes yeux se fixaient avidement sur les flots bourbeux du noble fleuve qui grondait à vingt mètres au-dessous du tablier. A Saint-Louis, le Mississipi coule au milieu d'une plaine unie et sans caractère ; et cependant, j'éprouvai en le voyant une indicible émotion.

En atteignant la rive opposée, le train pénétra dans un tunnel suburbain et me déposa vers sept heures du soir au centre de l'importante cité de Saint-Louis.

Saint-Louis, qui dispute à sa jeune et heureuse rivale Chicago le titre de métropole de l'Ouest, est située au centre de l'immense bassin du Mississipi, qui s'étend des monts Alleghany aux montagnes Rocheuses. Elle se trouve environ à mi-chemin des sources du Mississipi et de son embouchure. Cette rivière dispose de vingt mille lieues de rivières navigables : le Mississipi, le Missouri, l'Arkansas, la Platte, le Kansas, l'Illinois, le Wisconsin, et cent autres tributaires du Père des eaux, sont accessibles aux steamers de Saint-Louis. Toutes ces rivières parcourent des contrées où abondent les forêts, le blé, le charbon, les métaux. Elles arrosent des terres dont nul pays au monde ne surpasse la fertilité. Elles sont comme autant d'artères qui aboutissent toutes à Saint-Louis et en font l'entrepôt du commerce de cette immense contrée. Saint-Louis reçoit sans transbordement les produits de la Louisiane et ceux du Visconsin, deux contrées situées à cinq cents lieues l'une de l'autre, et qui diffèrent par leur climat et leurs productions, autant que l'Algérie diffère de la Suède. A ces facilités de communication, Saint-Louis joint d'autres avantages. Le pays environnant produit du maïs, du froment, du chanvre, du tabac. On y trouve du charbon dans les limites mêmes de la ville, et des mines de fer à proximité : ce minerai est d'une telle pureté, qu'on l'extrait en blocs solides presque dépourvus de substances étrangères. S'il y a au monde une ville qui réunisse toutes les conditions de prospérité, c'est Saint-Louis. Aussi, voyez comme cette ville a grandi à pas de géant. Lorsqu'elle obtint le titre de cité, en 1822, sa population était de cinq mille âmes à peine. En 1850, elle dépassait quatre-vingt mille; en 1860, elle atteignait cent soixante mille; dix ans plus tard (1870), elle avait de nouveau doublé. Aujourd'hui, elle doit avoir dépassé quatre cent mille. Il n'y a qu'une cité en Amérique qui ait fait des progrès plus remarquables, c'est Chicago. A Saint-Louis, la population a doublé tous les dix ans; à Chicago, elle a triplé.

Les Américains aiment à comparer les deux métropoles de l'Ouest, et à prédire l'avenir des deux rivales. « Saint-Louis, comme ville, disait récemment un journal de New-York [1], fait un bien grand contraste avec Chicago, et, de même, la population de Chicago est bien loin de ressembler à celle de Saint-Louis. Chicago a des palais sourcilleux, des rues en formation perpé-

---

[1] *New-Yorker Handels Zeitung.*

tuelle, des foules toujours en flux et en reflux. On dirait que cette cité fiévreuse regarde avec quelque mépris la vieille Saint-Louis (vieille comparativement) comme une rivale vaincue, attardée, et dont il n'y a pas à s'occuper. Saint-Louis, au contraire, avec ses rues bordées de maisons dont beaucoup sont anciennes et n'en sont pas moins belles, a l'air de se développer avec plus de lenteur, mais les choses y portent plus l'empreinte de la solidité. Comme Chicago, c'est le point de croisement d'un très-grand nombre de chemins de fer; elle possède, en outre, une grande voie navigable qui réunit le Nord au Sud : en un mot, cette ville, déjà grande et riche, a tous les éléments d'une grandeur et d'une richesse extraordinaires... »

Saint-Louis est une reproduction en grand de Cincinnati : inutile de dire que la ville est tirée au cordeau, que les grandes artères portent des noms d'arbres et que les rues sont numérotées. Si les villes américaines offrent en général si peu d'attrait à l'étranger, c'est qu'elles sont toutes copiées les unes sur les autres. Je ne voudrais pas être condamné à vivre à Saint-Louis, pas plus que dans aucune autre cité américaine. A l'exception de Baltimore et de Denver, dont je pourrais peut-être m'accommoder, toutes ces villes ont un air triste et sombre, et sont aussi peu intéressantes les unes que les autres. Pour être juste, il faut dire qu'elles sont admirablement bâties, surtout les villes de l'Ouest, où la plupart des façades sont en grès ou en pierre de taille. Nos villes d'Europe n'ont pas cet air confortable et solide des cités de l'Amérique. C'est que les Américains vivent beaucoup plus dans les villes que les Européens. Chez nous, les classes riches et aristocratiques se retirent à la campagne et n'habitent la ville qu'en hiver. En Amérique, la vie à la campagne est pour ainsi dire inconnue. L'ambition de tout Américain est de se bâtir une somptueuse habitation dans un de ces quartiers aristocratiques, une de ces Chaussées-d'Antin que possèdent toutes les villes de l'Union.

Ce fut un de mes compatriotes, établi depuis cinq ans à Saint-Louis, qui me fit les honneurs de la ville. « J'ai peu de choses à vous montrer, me dit-il. Saint-Louis n'a que son fleuve et son pont. Comme il fera trop chaud pour sortir après midi, nous irons, si vous le voulez, nous promener ce matin le long du fleuve. » Mon cicerone n'est pas très-enthousiaste de Saint-Louis, à cause de l'insalubrité de son climat. Le choléra y règne presque en permanence. Au mois de juillet, la température y est plus intolérable qu'au Texas et en Louisiane. Si les journées d'été sont cuisantes à la Nouvelle-Orléans, les nuits y sont fraîches comme dans la plupart des contrées tropicales; mais à Saint-Louis, c'est une chaleur continue qui vous accable jour et nuit. En été, l'air est infesté par des myriades de moustiques amenés par le Mississipi. D'autre part, les hivers sont aussi rigoureux à Saint-Louis qu'à New-York : le fleuve gèle chaque année, et la couche de glace est souvent assez épaisse pour servir de chaussée aux chariots. Ce qui rend le séjour de Saint-Louis particulièrement pernicieux aux constitutions délicates, c'est l'extrême variabilité de la température. Les habitants, qui sortent le matin avec un costume léger, rentrent souvent chez eux transis de froid. Aussi, les « consumptions » font-elles de grands ravages.

Nous voici à la *levée*. A Saint-Louis, on n'appelle pas autrement la rive du Mississipi. Mon cicerone m'assure qu'il ne fait pas bon de s'y promener tout seul le soir. On est exposé à y rencontrer des gredins qui ne se font pas scrupule de jeter un homme au fond du fleuve après l'avoir détroussé. La levée du Mississipi ne ressemble ni aux quais de la Seine ni aux wharves de la Tamise : c'est simplement une large esplanade inclinée qui descend de la ville vers le fleuve. Au lieu de resserrer le Mississipi entre deux digues maçonnées, ce qui eût coûté fort cher, on en a exhaussé les rives par de simples travaux en terre. Des centaines de steamers, ornés chacun d'une paire de cheminées accouplées, sont amarrés le long du rivage. Ils se pressent les uns contre les autres en une file interminable.

Ces pyroscaphes du Mississipi ne rappellent en rien les bateaux du Rhin et du Danube. Ils sont faits de matériaux infiniment plus légers. Leur quille plate n'est pas garantie par une doublure métallique, afin que le bateau puisse conserver toute la légèreté du bois de sapin dont il est construit, et qu'il n'ait qu'un très-faible tirant d'eau. Ce sont moins des navires que des maisons flottantes, à deux étages, éclairées par une double bordée de fenêtres, et couvertes d'un toit. Autour de la maison règnent des balcons extérieurs où les habitants viennent respirer le frais et contempler le paysage. Quand ces steamers d'apparence si frêle fendent les eaux du fleuve, leur machine à haute pression souffle, gronde et mugit à vous assourdir le tympan.

J'avais formé le projet de descendre le Mississipi de Saint-Louis jusqu'à la Nouvelle-Orléans sur l'un de ces pyroscaphes, mais je dus y renoncer à cause de la chaleur. C'est un voyage de trois jours pendant lequel on voit succéder la végétation tropicale de la Louisiane à celle du nord; c'est d'ailleurs le seul intérêt qu'offre cette excursion, car cette partie du fleuve, qui s'étend de Saint-Louis au golfe du Mexique, et qu'on appelle le bas Mississipi, roule ses eaux entre des rives aussi plates que celles de l'Escaut. C'est à l'imagination poétique de Chateaubriand que le *Meschacebé* doit sa réputation. Le haut Mississipi, entre Saint-Paul et Dubuque, offre seul des aspects pittoresques comme le Rhin ou l'Hudson.

La nature limoneuse des eaux du Mississipi et de ses principaux tributaires rend nécessaire l'emploi des machines à haute pression, dont le mécanisme est beaucoup moins compliqué que celui des machines à basse pression. Si l'on employait ces derniers appareils, les tubes ne tarderaient pas à être obstrués par les matières argileuses dont l'eau est imprégnée. La légèreté des steamers américains exclut d'ailleurs l'usage de nos machines à basse pression. La fréquence des explosions qui ont lieu sur le Mississipi est due le plus souvent à l'imprudence des Américains. Un paysage pittoresque se présente-t-il sur l'une des rives, tous se portent de ce côté, au grand détriment de l'équilibre du bâtiment ; la paroi la plus élevée de la chaudière, n'étant plus baignée par l'eau, s'échauffe à blanc, et, lorsque l'équilibre se rétablit, il se produit un excès de vapeur qui, ne pouvant trouver d'issue, crève l'enveloppe de fer et fait voler dans les airs les membres brisés des passagers. En dépit des leçons de l'expérience, ces catastrophes sont chaque année plus fréquentes.

Le Mississipi charrie une foule d'objets, des troncs d'arbres, des cadavres d'animaux, des plantes de tous les climats, et surtout une énorme quantité de pommes. A Saint-Louis il en est qui font métier de récolter les bois flottants au moyen d'une pirogue. A la Nouvelle-Orléans, où le climat ne produit pas de pommes, on n'en mange pas d'autres que celles qui sont amenées par le fleuve. Voyez-vous, me dit mon aimable cicerone, ces tourbillonnements de l'eau? Ils indiquent la présence des *snags*. Les arbres que le courant arrache aux rivages du fleuve flottent quelque temps à la surface de l'eau jusqu'à ce que leurs racines s'engagent dans la vase; la partie supérieure du tronc s'aiguise en pointe aiguë par le frottement continuel du courant, et ce sont ces pointes que l'on appelle snags ou *poignards*. Le plus souvent les snags se cachent traîtreusement sous l'eau. Malheur au steamer qui va au-devant de ces chicots invisibles! Il sera éventré comme une coque d'œuf. Des milliers de navires ont coulé de cette façon.

La pointe des snags est toujours dirigée dans le sens du courant; ils sont donc surtout dangereux pour les steamers qui remontent le fleuve.

C'est pendant que nous contemplions le Mississipi du haut du pont de Saint-Louis que mon compatriote me donnait la plupart de ces détails. Ce pont, inauguré il y a peu de temps, est l'œuvre la plus grandiose que j'aie vue en ce genre. Il se compose de trois arches en fer reposant sur des culées de granit. L'arche centrale a cinq cent vingt pieds, les deux autres cinq cents pieds de longueur. Les plus grands navires peuvent passer au-dessous, même par les plus fortes crues. Le pont est muni d'un double tablier. Le tablier inférieur sert au chemin de fer, l'autre est destiné aux piétons et aux véhicules; il a cinquante pieds de largeur. A Saint-Louis, le Mississipi est large d'environ un mille (1852 mètres), et la longueur totale du pont est à peu près double. Ce travail cyclopéen a été exécuté au moyen de capitaux anglais; il a englouti sept millions de dollars et a coûté la vie à cinquante ouvriers. Mon compagnon m'assure que le péage ne couvre pas les frais. Ce sont les jetées et les culées qui ont absorbé le plus d'argent. Il n'est pas de rivière au monde dont le lit soit sujet à de plus fréquents changements que le Mississipi. Dans les grandes crues, les bancs de sable se déplacent avec une extrême facilité. C'est donc sur le roc qu'il a fallu établir la base des jetées; or le roc se trouve à une très-grande profondeur, ce qui a nécessité d'immenses travaux préparatoires. Une autre difficulté dont on a dû tenir compte, et que n'avaient pas prévue les constructeurs du célèbre pont Victoria à Montréal, ce sont les changements de température qui exercent sur le fer une si profonde influence. A Saint-Louis, l'échelle des températures, depuis les grands froids jusqu'à l'extrême chaleur, est de plus de quatre-vingts degrés centigrades, et il a fallu calculer en conséquence la contraction et la dilatation du métal [1].

Comme nous étions arrivés à l'extrémité du pont, sur la rive de l'Illinois, mon compagnon me fit remarquer que les eaux du fleuve ont ici une teinte beaucoup plus claire que vers la rive droite. C'est que l'union du Mississipi et du Missouri n'est pas encore entièrement consommée à Saint-Louis. Les deux fleuves se joignent à quelques milles au-dessus de la ville. On croit communément, sur la foi de tous les manuels de géographie, que le Missouri se déverse dans le Mississipi; mais en réalité c'est plutôt le Mississipi qui est absorbé par le Missouri, dont il n'est que le tributaire. Il suffit de voir les lieux pour s'en convaincre. Avant de se mêler au Missouri, le fleuve issu du lac Itasca est d'une admirable limpidité; ce n'est qu'à deux mille milles de sa source que ses eaux se souillent au contact du fleuve issu des montagnes Rocheuses. Celui-ci s'élance comme un torrent impétueux à la rencontre de son paisible rival. Les deux fleuves, après s'être rejoints, conservent pendant longtemps leur physionomie propre et ressem-

[1] L'ingénieur Simonin a fait une description détaillée du pont de Saint-Louis dans la *Revue des Deux Mondes* du 1er avril 1875.

blent à deux voyageurs qui, tout en faisant route ensemble, veulent garder leur individualité. Le Mississipi continue à couler, calme et limpide, vers la rive gauche, tandis que le Missouri roule ses eaux limoneuses et turbulentes vers la rive droite. Il existait autrefois, au confluent des deux fleuves, un village appelé Chippewa. Un jour le fougueux Missouri l'emporta. Chaque année, quelque portion du rivage disparaît dans le courant pour aller s'engloutir dans l'Océan.

Ce fut à Saint-Louis que je me trouvai pour la première fois en contact avec les Yankees du Far-West. Ils ont, comme on sait, des manières beaucoup plus franchement américaines que leurs frères des États de l'Est. J'avais trouvé ceux-ci peu expansifs, peu gais, peu aimables; mais lorsque j'eus l'occasion de les mettre en parallèle avec les habitants de l'Ouest, il me parut que ceux de l'Est étaient les gens les plus aimables, les plus expansifs que j'eusse encore rencontrés.

Mâcher du tabac est une des habitudes proverbiales de tout Américain; mais l'Américain de l'Est chique avec décence, il respecte ses voisins. L'Américain de l'Ouest — *horresco referens* — ne peut chiquer sans lancer dans les jambes de ses voisins des jets de salive brunie... Je ne sais vraiment comment j'ose entretenir le lecteur de semblables détails; mais je lui demande la permission de lui présenter l'Américain sous toutes ses faces. Si des voyageurs, dans le but de dépeindre les mœurs des sauvages, ont osé avancer que chez certaines peuplades on se crache mutuellement dans la main en guise de salut, pourquoi n'userais-je pas de la même prérogative à l'égard de ces sauvages à demi civilisés, qui s'appellent les Yankees de l'Ouest?

Un jour donc que j'étais en omnibus, assis à côté d'un de ces aimables gentlemen qui me faisait l'honneur de m'asperger très-correctement les jambes, j'osai me plaindre de ce gracieux procédé dans les termes les plus mesurés, les plus choisis. J'ignorais encore qu'il faut se tenir coi avec les Yankees, surtout si l'on est étranger; j'ignorais que lorsqu'ils viennent à vous brusquer, il est sage et prudent de dévorer l'injure, *to keep one's temper,* comme on dit en anglais. Mon imprudence souleva une tempête : chacun prit fait et cause pour l'honorable gentleman que j'avais offensé. Je soumis le cas au contrôleur. Celui-ci repartit, aux éclats de rire de la galerie, que le fait dont je me plaignais était un droit que chacun exerce comme il l'entend. Je lui observai que dans les pays civilisés d'Europe les procédés de ce genre entraînent l'expulsion du coupable. Pour toute réponse, le contrôleur m'invita à prendre une autre place, en me soufflant ces mots à l'oreille : *Keep your temper.*

L'homme de l'Ouest garde partout le chapeau sur la tête, aussi bien dans les bibliothèques publiques que dans les *bar rooms :* il ne se découvre pas même devant les magistrats. J'ai assisté à Saint-Louis à un procès de cour d'assises : les juges siégeaient en habit civil, et j'ai remarqué là un sans-gêne poussé jusqu'à l'inconvenance. Le maintien des juges et du public ne rappelait en rien la majesté de nos cours de justice

Entrons à l'hôtel. Voici quelques gentlemen réunis dans le Hall. — En Amérique, tous les hommes sont des *gentlemen*, toutes les femmes sont des *ladies*. — L'un ronfle, un autre rumine, un troisième lit son journal ; celui-ci digère son wiskey ; celui-là, les pieds appuyés sur la muraille, crache au plafond ; tous mâchent du tabac, personne ne parle. Ils sont là, immobiles et silencieux, conservant la même attitude pendant des heures entières. Si vous leur adressez une question, ils vous répondent d'ordinaire par un signe de tête ; d'autres, plus polis, vous broient entre les dents un monosyllabe. A voir leur air sombre et renfrogné, on serait tenté de croire qu'ils songent constamment à la mort. Ils sont graves et taciturnes comme des trappistes ; mais ce qui les distingue des trappistes, c'est leur malpropreté et leur habitude invétérée des liqueurs fortes. Il semble que ce soit chez eux un titre de gloire de porter une chemise graisseuse et des bottes pleines de crotte. A peine levés, ils vont au *bar room* se gorger de wiskey. Ils boivent comme ne boiraient pas des animaux, sans quitter leur chique. Ils avalent leur verre de brandy comme ils mâchent leur tabac, sans qu'une parole s'échappe de leurs lèvres. Ils ont pour principe de ne prendre ni vin ni liqueurs aux repas : l'usage prescrit de s'en tenir au verre d'eau glacé. A les voir manger, on les prendrait pour de parfaits modèles de sobriété. Ils expédient leur dîner en moins d'un quart d'heure ; mais j'ai cru remarquer qu'ils n'abrégent leurs repas que pour passer plus vite au *bar room*. Ils boivent beaucoup et souvent, et quand vous les voyez sombres, ruminant ou ronflant, c'est qu'ils sont travaillés par le wiskey.

Que de pareilles gens constituent une nation aimable, non vraiment, je n'oserais le dire, et j'aimerais mieux, pour ma part, me retirer au fond d'une grotte de la Thébaïde, que de vivre au milieu des hypocondres de l'Ouest.

XIII

LE MISSOURI ET LE KANSAS.

Il n'y a pas dix ans que la construction d'une voie ferrée transcontinentale, unissant les côtes de l'Atlantique à celles du Pacifique, passait encore pour problématique. Qui eût songé alors qu'en 1876, le voyageur voulant se rendre aux montagnes Rocheuses aurait eu le choix entre trois lignes de chemin de fer? La première, l'*Union Pacific*, traverse les États du Nebraska et du Wyoming : c'est la plus septentrionale, et aussi la plus ancienne. La seconde traverse l'État du Kansas : c'est le *Kansas Pacific*. La ligne de *Atchison, Topeka and Santa Fe* suit la vallée de l'Arkansas : c'est la plus méridionale et aussi la plus récente : elle a été achevée au commencement de 1876; elle est connue en Amérique sous le nom plus court de *ligne de la Banane*. La première ligne est la seule qui ait été terminée jusqu'aux rives du Pacifique. Les deux autres s'arrêtent aux montagnes Rocheuses; celle du *Kansas Pacific* les franchira bientôt par un tunnel qui sera le plus long du monde [1].

[1] En réunissant le tunnel du mont Cenis et celui de l'Hoosac, en Pensylvanie, on n'aurait pas encore la longueur de la percée

Ami de la nouveauté, je me décidai pour la ligne de la Banane.

Je partis de Saint-Louis par une cuisante matinée d'été. Une heure après avoir quitté les rives du Mississipi, le train franchissait le Missouri, son principal tributaire, sur un pont qui n'a guère moins de deux kilomètres de longueur. Le long du pont sont échelonnés de distance en distance des tonneaux pleins d'eau destinés à éteindre les incendies qui pourraient prendre dans cette vaste charpente. Le fragile édifice tremble et craque sous le poids du train qui s'avance avec une majestueuse lenteur. Cramponné à la plate-forme du dernier wagon, j'aperçois, à travers le tablier percé à jour, les eaux limoneuses du fleuve, fuyant à cent pieds au-dessous de moi, avec une rapidité de dix milles à l'heure. En cet endroit, le Missouri est large comme le lac Majeur : il coule entre des rives basses couvertes de magnifiques forêts. C'est là un de ces tableaux qui se gravent pour toujours dans la mémoire, si

qu'on est en train de pratiquer sous les montagnes Rocheuses, dans l'État du Colorado.

Ce tunnel aura vingt-quatre mille mètres de longueur. Du côté de l'est, il aura son entrée près de Blackhawk; du côté de l'ouest, sa sortie sera près de Middle-Park; il est construit pour le chemin de fer du Kansas Pacific, dont le terminus actuel est Denver, et c'est par lui que passera la voie ferrée la plus courte entre New-York et San Francisco.

Comme les montagnes Rocheuses sont très-riches en minerais dans les parages mêmes où passera le tunnel, on espère tomber sur des filons qui payeront les frais du percement.

(*Sweizerische Auswanderungs-Zeitung.*)

LE MISSOURI.

fugitive que soit la jouissance. En un instant, toute cette féerie s'évanouit, le train s'élance à toute vapeur sur la terre ferme, et pendant longtemps encore la splendide image du Missouri me poursuit comme un rêve au milieu des prairies qui ondulent des deux côtés de la voie.

Le pays qui se déroule à mes yeux appartenait autrefois à la France : Lasalle lui avait donné le nom de Louisiane. En 1803, cette magnifique province fut cédée aux États-Unis pour une obole; le nom de Louisiane resta à la partie méridionale, et la partie septentrionale devint l'État du Missouri, du nom du grand fleuve qui l'arrose de l'ouest à l'est. Cette partie de l'Amérique, qui occupe à peu près le centre du continent, est d'une admirable fertilité. On y récolte le tabac, le coton, le lin, et toutes les variétés de grains et de légumes. Des millions d'acres de terre sont éminemment favorables à la culture de la vigne : on y a obtenu d'excellentes qualités de vins rouges et blancs. Les richesses minérales du Missouri sont incalculables. Le charbon, le fer, le cuivre, le plomb, le nickel, le zinc, le cobalt, le kaolin, le granit, le marbre, la chaux, en un mot, tous les produits du monde souterrain s'y trouvent accumulés en quantités inépuisables. Pour ne parler que du charbon, on a calculé que les gisements du Missouri contiennent cent trente milliards de tonnes, c'est-à-dire qu'ils pourraient fournir dix millions de tonnes par an, pendant une période de treize mille ans. Et voilà ce que Napoléon, dans un but de mesquine politique, a vendu aux États-Unis pour quinze millions de piastres (soixante-quinze millions de francs) ! Il faut avouer que c'était payer cher la satisfaction de donner une rivale à l'Angleterre !

A cent lieues de Saint-Louis, le train franchit une seconde fois le Missouri. Voici, sur la rive opposée, Kansas-City. Cette ville, située au confluent du Missouri et du Kansas, se trouve à la fois dans les deux États qui portent les noms de ces deux rivières. Si, politiquement, Kansas-City appartient à l'État du Missouri, au point de vue commercial, elle appartient à l'État du Kansas dont elle est le principal marché. Cette ville s'est faite depuis la guerre de sécession. Avant la guerre, ce n'était encore qu'un obscur village; aujourd'hui, elle est le centre de dix lignes de chemin de fer. Sa population, qui atteignait à peine le chiffre de quatre mille âmes il y a dix ans, a décuplé depuis. On a dit que dans le Far-West les villes poussent comme des champignons. Rien n'est plus vrai. J'ai passé par une ville du Kansas appelée Leavenworth : cette localité comptait, en 1857, quelques maisons de bois et une centaine d'habitants. Un an plus tard, le recensement constatait à Leavenworth une population de quatorze mille âmes ! Chicago, San Francisco, Denver, ont grandi avec une rapidité qui tient du prodige : toutes ces villes, dont on ne parlait pas il y a vingt ans, sont aujourd'hui des centres de population où règne une prospérité inouïe.

La situation de Kansas-City, sur un affluent du Mississipi et à l'extrémité de deux États agricoles, lui promet un brillant avenir. Vue de loin, elle offre un coup d'œil pittoresque, avec ses maisons étagées en amphithéâtre au-dessus du fleuve que traverse un majestueux pont de fer; mais à l'intérieur, elle a l'aspect irrégulier d'une ville née d'hier. Pas une artère n'est achevée, et la plupart des rues aboutissent à des remblais ou à des précipices. C'est à peine si l'on rencontre deux maisons contiguës : les bâtisses sont séparées les unes des autres par des champs incultes, des tranchées, des rochers. Les hôtels ont l'air d'établissements provisoires : le *Pacific-Hotel*, qui passe pour le meilleur, est dénué de tout confort. Je n'y trouvai à manger que de la soupe d'écureuil et un ragoût de *prairie dog* (chien de prairie).

On descend au Missouri par une rue en pente rapide, qui n'est encore qu'une longue tranchée pratiquée entre deux murailles de sable, et qui sera peut-être bordée l'année prochaine d'une double rangée d'édifices. Il faut tout le courage d'un touriste pour entreprendre cette promenade en plein soleil par une température de 100° Fahrenheit; mais je ne voulais pas quitter Kansas-City sans avoir trempé mes mains dans les eaux jaunâtres de la noble rivière. La voilà qui mugit à mes pieds; l'énorme nappe d'eau gronde comme une cataracte en roulant sur son large lit. Son courant est pressé, impétueux, et il semble que l'orage ait troublé ses flots dont chaque goutte contient une notable quantité de grains de sable.

Le Missouri a un cours de plus de trois mille milles, depuis sa source dans les montagnes Rocheuses jusqu'au point où ses eaux s'unissent à celles du Mississipi, près de Saint-Louis. Mais, comme le Mississipi inférieur n'est, en quelque sorte, que la continuation du Missouri, la longueur totale de la rivière, depuis sa naissance jusqu'à son embouchure dans le golfe du Mexique, est d'environ quatre mille quatre cent milles; c'est le plus long cours d'eau du monde.

Les eaux du Missouri sont trop turbulentes pour qu'on puisse en assujettir les rives au droit de propriété. Lors des grandes crues, le fleuve engloutit d'immenses portions de terrain, enlevant les maisons, les granges, les arbres, les haies, les moissons; des villes entières ont été ainsi détruites.

La rapidité du courant, le grand nombre d'îles et de bancs de sable, et surtout les *snags*, rendent la navigation du Missouri encore plus dangereuse que celle du Mississipi.

En quittant Kansas-City, le train franchit la rivière Kansas : cette rivière n'est qu'un ruisseau, puisqu'elle n'est qu'un affluent du Missouri, qui n'est lui-même qu'un tributaire du Mississipi; mais ce ruisseau est plus large que le Rhin; il n'a pas moins de cinq cents lieues de longueur, et est navigable sur les deux tiers de son parcours dans le temps des grandes eaux. En Amérique, les ruisseaux sont grands comme des fleuves, les fleuves grands comme des lacs, les lacs grands comme des mers. Où trouver ailleurs une chaîne de montagnes de douze cents lieues de longueur?

Mais ce qui, mieux que les fleuves et les montagnes, peut donner l'idée de l'étendue, ce sont les immenses plaines du Kansas qui, pendant vingt-quatre heures, défilent sous mes yeux à perte de vue. Tantôt ce sont des prairies sans fin où paissent en liberté des troupeaux de dix à quinze mille têtes de gros bétail; tantôt ce sont des cultures de maïs ou de froment, que l'on est surpris de rencontrer au milieu de ces steppes brûlés; ailleurs, c'est le désert, et rien que le désert, dans toute son aridité, sa tristesse et sa désolation. Lorsque la mélancolie des soirs s'étend sur ce tableau sans cadre, on se sent dominé par cet indéfinissable sentiment de l'infini que tout homme a pu éprouver en voguant sur l'Océan par une belle nuit d'été. Rien d'ailleurs ne rappelle la mer comme la contrée qui s'étend du Mississipi aux montagnes Rocheuses : les ondulations du terrain imitent à s'y méprendre le mouvement des flots.

J'avais toujours entendu dire que le Kansas était la terre favorite des bisons ou buffalos, à telle enseigne qu'une tête de bison entre dans les armes de cet État [1]. Hélas! si cela fut vrai jadis, aujourd'hui, le bouquetin n'est pas plus rare dans les Pyrénées que le buffle dans le Kansas. J'ai traversé deux fois le Kansas d'une frontière à l'autre sans en avoir vu un seul. Un homme du pays qui a fait soixante fois le même voyage me disait n'en avoir jamais vu que trois.

[1] Tous ceux qui ont visité l'Exposition de Philadelphie se rappelleront la tête de bison qui se dressait au-dessus de l'entrée du compartiment du Kansas.

Et cependant, il n'y a pas dix ans que les bisons régnaient en maîtres dans les plaines du Kansas ; le long de la voie ferrée, le sol qu'ils couvraient autrefois de leurs bataillons épais et compactes est encore jonché de leurs ossements blanchis. Ils erraient par bandes tellement serrées, qu'ils se heurtaient contre les poteaux du télégraphe, et, à force de les ébranler, faisaient tomber les isoloirs et s'embarrassaient les cornes dans le fil métallique qu'ils emportaient dans leur course. Souvent, dans la période des migrations, les trains devaient s'arrêter pour laisser passer le flot devant la machine.

D'où vient donc la prompte disparition de ces animaux ? Dans les premiers temps de l'établissement du chemin de fer du Kansas-Pacific, chaque fois que des bisons se trouvaient à portée de fusil, les voyageurs faisaient arrêter le train, et chacun tenait à honneur de se mesurer avec le monarque des plaines. Un beau jour, les bisons se fatiguèrent de ces carnages quotidiens ; ils firent comme avaient fait les Indiens, ils allèrent s'établir loin des voies ferrées où ils n'avaient reçu que trop de balles. On ne les rencontre plus guère aujourd'hui que dans les solitudes du nord, sur les bords de la rivière Rouge, dans les plaines du Manitoba et dans le Grand-Ouest canadien. L'extinction complète de la plus noble espèce de la faune du nouveau monde n'est plus désormais qu'une question de temps [1].

---

[1] Voir dans la *Revue Britannique,* livraison d'août 1876 : *le Bison des prairies.*

De pacifiques troupeaux de bœufs occupent aujourd'hui les pâturages délaissés par les bisons. Ils sont gardés par des cavaliers qui semblent ne faire qu'un avec leur monture : ces hommes, de même que leurs voisins les Texiens, galopent dans la prairie du matin au soir. C'est une rude existence, et cependant ils n'en voudraient pas d'autre. Chaque soir, quand le soleil se couche derrière les herbes de la prairie, ils allument un grand feu et cuisent un quartier de bœuf; puis, le souper fini, ils s'étendent sur le sol dont le feu a chassé l'humidité, et passent la nuit à la belle étoile. J'ai connu à Saint-Louis un homme fort instruit qui avait mené pendant un an cette vie sauvage et libre : ce fut malgré lui qu'il y renonça à cause du mauvais état de sa santé. Tous les blancs qui ont goûté de la vie sauvage s'en sont épris : quoi d'étonnant que les Indiens, dans leur fière indépendance, ne veuillent point se soumettre à notre civilisation?

Voici l'heure solennelle où le soleil va disparaître à l'horizon. A l'occident, le ciel s'enflamme, et les lueurs de l'incendie se propagent sur le grand Sahara américain. A dix lieues à la ronde, l'œil n'aperçoit qu'un immense embrasement. L'imagination croit voir le feu dévorer les prairies : il ne manque au tableau que les buffalos fuyant à travers les hautes herbes, affolés de terreur. Bientôt, la zone incendiée s'amincit : déjà, elle ne forme plus qu'un long trait de feu, qui du rouge incandescent passe au pourpre foncé, pendant que le globe d'or du soleil se noie dans un autre monde. Nulle part, si ce n'est dans les mers boréales, je n'ai vu de scène plus imposante.

Assis sur les marches de la plate-forme extérieure du Pullman car, je humais la fraîcheur de la nuit sous un ciel constellé d'étoiles, lorsqu'un nègre vint me tirer de ma somnolence rêveuse pour m'avertir que mon lit était fait. Ces nègres sont d'une habileté consommée à transformer pour la nuit en dortoir ce qui, pendant le jour, était un salon de conversation. Ma couchette était située dans les hautes régions du car : j'y grimpai au moyen d'un escabeau, et j'y dormis passablement, malgré les courants d'air. J'ai eu beau réclamer la fermeture des fenêtres, le nègre m'a répondu qu'il fallait contenter les autres, et que, d'ailleurs, l'air est ici parfaitement sec et nullement nuisible.

Quand je m'éveillai, j'étais à cent lieues du point où je m'étais endormi. Le train roulait toujours, à raison de trente milles à l'heure, dans les immenses plaines du Kansas, plus sauvages, plus désertes que jamais. On ne met pas moins de vingt-quatre heures à traverser cet État d'un bout à l'autre.

Le Kansas est un des plus grands États de l'Union : les six États réunis de la Nouvelle-Angleterre y tiendraient à l'aise; son étendue égale la moitié de la France. De l'est à l'ouest, sa longueur est de quatre cents milles; du nord au sud, de deux cents milles. Le Kansas occupe le centre de l'Union; on peut s'en convaincre en pliant en quatre une carte des États-Unis · les plis se croiseront juste au milieu du

Kansas, qui se trouve être ainsi à égale distance des eaux glacées de la baie d'Hudson au nord, et des eaux tièdes du *Gulf-Stream* au sud ; à égale distance de l'Atlantique à l'est, et du Pacifique à l'ouest. On comprend les avantages qu'une pareille position doit assurer à cette contrée, surtout au point de vue commercial.

Le Kansas jouit d'un des meilleurs climats de l'Amérique du Nord. Grâce à sa grande élévation au-dessus du niveau de la mer, l'atmosphère y est remarquablement pure. Les hivers sont courts et agréables, et il ne tombe que peu de neige. Les prairies restent verdoyantes jusqu'au milieu de l'hiver, et il n'est pas rare que les bestiaux peuvent y paître pendant toute l'année. En été, la chaleur est rarement étouffante : la température épuisante qui régnait lors de mon passage au Kansas était, me disait-on, tout à fait exceptionnelle.

Dans ces dernières années, le climat du Kansas a subi de remarquables modifications. La pluie tombe chaque année en quantité plus considérable. Ces changements sont dus à la culture du sol et à la plantation des forêts et des vergers. Toute la portion du Kansas qui s'étend à l'ouest du vingt et unième méridien était regardée autrefois comme impropre à la culture ; mais aujourd'hui cette contrée, sous l'influence de l'humidité croissante, tend à devenir l'une des régions les plus fertiles du Grand-Ouest.

C'est surtout dans la partie méridionale arrosée par le fleuve Arkansas que le sol est d'une admirable fertilité. L'établissement dans cette région du chemin de fer d'Atchison, Topeka et Santa-Fé ne peut manquer d'y attirer l'émigration. La terre y produit, en moyenne, trente-deux boisseaux de blé par acre : la Russie méridionale, si célèbre par ses céréales, est bien loin d'une telle fertilité. Le beau fleuve qui parcourt cette contrée ne déborde jamais lors de la fonte des neiges : tout l'excédant est absorbé par le sous-sol ; dans les temps de sécheresse, le sous-sol fournit ainsi de l'humidité par voie d'évaporation. C'est donc à la porosité de son sol que le Kansas doit sa fertilité. Suivant le célèbre professeur Agassiz, qui visita le Kansas en 1868, aucune contrée de l'Amérique du Sud, pas même le Brésil, n'offre autant d'avantages à l'agriculteur. Cet immense pays de plaines est encore à peine exploité. Le chemin de fer de Santa-Fé commence à attirer les colons dans la vallée de l'Arkansas, où deux millions cinq cent mille acres de terre sont offerts en vente par la Compagnie. Le prix moyen des terres est de quatre dollars par acre. La Compagnie offre gratuitement cinquante acres à chaque colon.

Quarante-huit heures après avoir quitté Saint-Louis, j'atteignis la frontière du Colorado.

XIV

LE COLORADO.

Il y a trois cents ans environ, des explorateurs espagnols découvrirent au nord du Mexique une contrée magnifique, couverte de hautes montagnes, remarquable par l'éclat de son ciel, et habitée par des peuplades sauvages qui possédaient une grande quantité d'or, d'argent et de pierres précieuses.

Cette contrée du soleil fut appelée par eux *Coronado*, du nom du capitaine qui les y avait conduits. Les aventuriers qui vinrent s'y fixer les premiers il y a dix-huit ans (1858-59) ont américanisé le nom espagnol *Coronado*, et en ont fait *Colorado*.

La portion des États-Unis connue sous ce nom était, dans les temps les plus reculés, une dépendance du Mexique, occupé alors par les Toltecs. Cette race, dont la tradition n'a pas conservé le moindre souvenir, fut peut-être la plus civilisée de toutes celles qui se sont établies successivement à l'ouest des montagnes Rocheuses. Leur architecture, seul vestige de leur passage, dénote une origine asiatique.

Vers le treizième ou quatorzième siècle apparurent

les Aztecs. Ce fut la seconde race qui occupa le Colorado. On ne sait trop d'où ils vinrent, et l'on ignore la cause de leur invasion. Leur domination n'eut pas une longue durée, et leur exode fut dramatique. D'après une légende, la fertile vallée de l'Arkansas, aujourd'hui fraîche et verdoyante après plusieurs siècles de désolation, était autrefois un paradis terrestre où vivait dans la joie et l'opulence une tribu de loyaux Aztecs. Quand vint Fernand Cortez, ils quittèrent leur belle patrie pour aller défendre le trône de Montezuma; ils livrèrent bataille au sud de la ville de Mexico, furent défaits et ne revinrent plus.

Pendant longtemps le pays resta abandonné. Ce fut en 1540 que les Espagnols y pénétrèrent; mais ils ne s'y fixèrent pas, et le Colorado ne fut réellement découvert que trois siècles plus tard, en 1857.

Cette année fut désastreuse au point de vue financier. Des milliers d'hommes ruinés soupiraient après une terre promise. Ce fut alors que le bruit se répandit en Amérique qu'on avait trouvé de l'or sur les rives de la *South Platte* et de ses affluents.

La nouvelle était vague : elle reposait uniquement sur les dires des trappeurs et des Indiens. Cependant, il y eut des Américains entreprenants et aventureux qui se décidèrent à aller explorer les lieux.

Parmi eux se trouvaient deux hommes énergiques, Oaks et Barker, qui furent reconnus comme les chefs de l'expédition. Ils firent un voyage de deux mille milles à travers les déserts, et allèrent s'établir à l'embouchure de la *Cherry Creek*, où se trouvait un campement d'Indiens.

Leurs premières recherches furent suivies d'un maigre succès, mais c'en fut assez pour leur donner l'espoir d'obtenir de meilleurs résultats. Quelques-uns d'entre eux retournèrent au Missouri pour annoncer leur découverte et s'approvisionner de vivres et d'outils. Leur rapport favorable détermina des centaines d'individus des États de l'Ouest à se mettre en route pour ce qu'ils appelaient la région aurifère du *Pike's Peak* [1]. Ils prirent leurs quartiers d'hiver sur l'emplacement actuel de Denver, aujourd'hui la capitale du Colorado.

Ces pionniers n'étaient pas venus avec l'intention de fonder un nouvel État; mais, fidèles aux traditions américaines, ils tracèrent le plan d'une ville à laquelle ils donnèrent le nom d'*Auraria* [2], créèrent un nouveau comté dans le Kansas, dont le Colorado faisait alors partie intégrante, et envoyèrent à Washington un délégué qui avait pour instruction de faire ériger en territoire indépendant du Kansas la contrée où ils s'étaient établis.

Au printemps de l'année 1859, le flot d'immigration grossit pour diminuer aussitôt. La plupart des chercheurs d'or s'en retournèrent désappointés de leurs recherches. Dans leur indignation, ils menacèrent de mort les auteurs des rapports encourageants. Ils re-

---

[1] Haute montagne du Colorado.
[2] Ancien nom de Denver.

vinrent chez eux les mains vides, et racontèrent que l'or du *Pike's Peak* n'était qu'un *humbug* imaginé par les marchands, dans le but d'écouler leurs marchandises, ajoutant que Barker et Oaks avaient été pendus haut et court, et que ce dernier avait été enseveli sous une omoplate de buffle, avec l'épitaphe suivante :

« Here lies the body of D. C. Oaks,
Who was engaged in that d—d hoax —
Dead, and in Hell, I suppose [1]. »

Ni Oaks ni Barker n'ont passé la frontière de l'autre monde : tous deux sont encore parfaitement vivants, et possèdent un joli recueil d'anecdotes sur ce bon vieux temps qui n'est cependant pas si éloigné.

Tels furent les commencements du Colorado. Depuis lors, la fièvre de l'or n'a cessé d'y attirer des colons venus de toutes les parties du monde. Cette grande contrée, où il n'y avait pas un seul blanc il y a vingt ans, possède aujourd'hui une population de près de cent quarante mille âmes répartie en vingt-six comtés.

Le Colorado, qui depuis 1861 formait un simple *territoire* non compris dans les États de l'Union, n'a été érigé en État indépendant qu'à la date du 1ᵉʳ juillet 1876. Les Américains l'appellent l'État du centenaire (*Centennial State*). Son étendue est immense : il forme un rectangle dont les côtés nord et sud ont deux cent

---

[1] Ici repose le corps de D. C. Oaks, qui fut engagé dans cette f..... fable. — Mort, et dans l'enfer, je suppose.

soixante-quinze milles, et les côtés est et ouest trois cent quatre-vingt milles, c'est-à-dire qu'il pourrait contenir treize fois l'État du Massachusetts. Il occupe exactement l'espace compris entre le trente-cinquième et le quarante et unième degré de latitude nord, et entre le vingt-cinquième et le trente-deuxième degré de longitude ouest du méridien de Washington.

La plaine occupe environ le tiers de cette étendue; les deux autres tiers sont couverts par les montagnes Rocheuses, qui passent au milieu du territoire, le coupant du nord au sud dans l'espace compris entre le vingt-huitième et le trentième méridien.

C'est dans le Colorado que la grande chaîne américaine atteint les proportions les plus gigantesques. Pour s'en faire une idée, qu'on veuille bien songer qu'en partant de la base orientale de la chaîne, on devra franchir plus de quarante lieues pour en atteindre la crête, et autant pour arriver à la base occidentale. Un exemple fera mieux comprendre l'énorme dimension des montagnes Rocheuses : la partie la plus élevée des Pyrénées a vingt lieues à peine de largeur.

On désigne parfois cette contrée sous le nom de « Suisse américaine ». Mais certaines vallées du Colorado seraient assez grandes pour contenir la Suisse tout entière. L'étendue de la Suisse atteint à peine seize mille milles carrés; or, le parc San Luis, qui ne forme qu'une seule vallée, ne couvre pas moins de dix-huit mille milles carrés. Trente-cinq rivières, dont la moitié se déversent dans le Rio del Norte, sillonnent cette grande vallée. Une autre vallée, le *Middle Parc* (parc du milieu), pourrait contenir les six États de la Nouvelle-Angleterre.

Ces immenses domaines, qui n'attendent que des bras, sont pourvus de tous les éléments qui constituent les pays prospères. Le gibier y abonde, les rivières regorgent de poissons, les sources thermales se rencontrent à chaque pas; le sol est d'une fertilité extraordinaire, les montagnes sont couvertes de forêts vierges et recèlent dans leurs flancs d'inépuisables richesses souterraines.

La nature n'a pas moins bien partagé la région des plaines. Avant l'arrivée des blancs, les plaines du Colorado nourrissaient d'innombrables troupeaux de buffles [1] et de cerfs. Ces mêmes pâturages pourront être appropriés dans l'avenir à l'élève du bétail. Déjà ce genre d'industrie, qui depuis le temps d'Abraham a toujours été une grande source de richesses, commence à prendre une certaine extension.

Mais le Colorado, de même que la Californie et le Nevada, est avant tout un pays minier. L'or et l'argent se trouvent en grande quantité dans le centre du territoire. Toute la partie exploitée est comprise dans une

---

[1] Pendant la seule année 1872, on n'a pas tué moins de deux cent mille bisons dans le territoire du Colorado. Nous disons *deux cent mille,* et encore ne les a-t-on pas abattus pour leur chair, mais simplement pour leur peau. Cette indigne tuerie durera tant que les peaux se vendront assez cher pour que l' « affaire » soit bonne, et si l' « affaire » est bonne longtemps, jusqu'à ce qu'il n'y ait plus le moindre petit bison dans le territoire. (*Globus.*)

bande de cinquante milles de largeur, courant sur le versant oriental des montagnes Rocheuses, et s'étendant de la frontière septentrionale à la frontière méridionale du territoire. Les principales mines, les fermes les plus importantes, les villes les plus peuplées, sont toutes situées dans cette zone. C'est là que se trouvent Denver, Central-City, Georgetown, Black-Hawk, Nevada, Idaho, Cariboo, Golden, Boulder, Colorado-City, Pueblo, Cañon-City, Greeley et Trinidad. Le fer et le charbon ont également été exploités dans ces derniers temps. En maints endroits, on a découvert des gisements de charbon de cinq à seize pieds d'épaisseur. Les régions minières sont situées en général dans les contrées les plus pittoresques.

De tous les États de l'Union, le Colorado est le plus élevé au-dessus du niveau de la mer. L'altitude des plaines situées au pied des montagnes Rocheuses est de cinq mille pieds. Voilà pourquoi cette contrée se trouve dans des conditions climatériques qu'on ne trouve nulle part ailleurs. L'atmosphère est pure et vivifiante, les nuits claires et fraîches, et la dépression du mercure s'y fait rarement sentir d'une manière pénible. Telle est d'ailleurs la pureté de l'air, que la viande ne se corrompt jamais, même au cœur de l'été. Dans les plaines comme dans les vallées, absence de miasmes. Aussi, la population du Colorado jouit-elle d'une vigueur remarquable et d'une aptitude au travail bien supérieure à celle des populations de l'Est.

On pourrait croire que les montagnes du Colorado

sont sujettes aux mêmes variations climatériques, aux mêmes inconstances de température que celles de la Suisse et des autres contrées montagneuses. Il n'en est rien. Dans les Alpes, une succession de quatre ou cinq jours sans nuages est considérée par les touristes comme une rare bonne fortune. Dans les montagnes Rocheuses, le ciel serein est la règle, et si quelque chose y laisse à désirer, c'est l'absence de vapeurs et d'humidité. Les ombres épaisses des géants alpins, produites par les draperies mouvantes des nuages dont ils sont si souvent enveloppés, manquent aux montagnes américaines, presque toujours resplendissantes du pur éclat d'un soleil sans nuage.

En outre, telle est la quantité d'électricité renfermée dans l'air, que des personnes qui ont dormi sur la terre nue dans le voisinage des montagnes Rocheuses ont cru sentir à la tête des picotements d'abeilles et des morsures de serpents à sonnettes. C'est surtout sur les nouveaux venus que le fluide exerce le plus d'influence : à chaque changement d'attitude, leurs articulations font entendre comme des crépitements d'étincelles. S'il est vrai que l'électricité est le principe de la vie, un séjour au Colorado doit renouveler l'énergie vitale et rétablir les forces épuisées, mieux qu'une saison dans la meilleure station balnéaire.

Ce qui frappe tous les étrangers qui visitent le Colorado, c'est l'admirable transparence de l'air de cette contrée élevée. C'est ainsi que de Denver, les montagnes Rocheuses semblent si proches, qu'on s'en croirait à quelques pas, tandis qu'on en est bel et bien séparé par près de trente kilomètres en ligne droite. Une revue américaine, le *Harper's Magazine,* rapporte à ce sujet le fait suivant :

Il y a quelque temps, un Anglais, fraîchement débarqué d'Europe, arriva à Denver par un train du Kansas-Pacific, et s'installa dans l'hôtel *Inter-Ocean,* où il fit la connaissance de deux ou trois « naturels » du lieu, non pas des Indiens, mais des Américains fixés à Denver depuis plus ou moins de mois ou d'années. Cet Anglais était bon marcheur et ne redoutait pas les longues courses.

La noblesse, la fierté des Rocheuses, avaient fait une grande impression sur ce gentilhomme. Un beau jour, il dit à ses amis :

« Voici de fameuses montagnes, à deux pas de nous. Il n'est pas tard. Si nous allions leur rendre visite avant dîner. »

Les amis, retenant un sourire, prirent avec l'insulaire le chemin de la montagne.

Et voilà le trio marchant gaillardement vers l'ouest. Au bout de deux heures et demie, les Rocheuses paraissaient encore aussi éloignées qu'à l'instant du départ.

L'Anglais, marcheur plus rapide que ses deux compagnons, les devançait d'une centaine de pas, quand soudain ceux-ci le virent s'arrêter devant un filet d'irrigation qui pouvait bien avoir cinquante à soixante centimètres de largeur. Il s'assit et tira ses souliers et ses bas.

« Eh bien ! l'Anglais, que faites-vous là ? s'écrièrent les deux hommes de Denver.

— Je me déchausse pour traverser ce fleuve.

— Ce fleuve ! vous voulez dire sans doute ce fossé ! Sautez donc par-dessus !

— Je n'ai garde, répondit tranquillement l'homme d'Albion. A d'autres l'honneur, et gare la noyade ! Je me défie des distances dans votre beau pays de Denver. »

XV

LE GRAND CAÑON DE L'ARKANSAS.

Il était midi, lorsque je commençai à distinguer à l'horizon les sombres sommets des montagnes Rocheuses, dont les larges silhouettes se découpaient sur un ciel d'une admirable limpidité. En les voyant, je me demandai si je ne rêvais point. Je venais à peine de quitter l'Europe. En moins de six semaines, j'avais coupé cent dix méridiens; j'avais donc fait, à dix méridiens près, le tiers du tour du monde: le midi d'ici correspond, en effet, à sept heures du soir à Paris.

Autrefois, le nom seul des montagnes Rocheuses faisait naître l'idée d'une contrée prodigieusement éloignée. Depuis que trois lignes de chemin de fer viennent y aboutir, on y va en moins de temps qu'il n'en fallait jadis à un bon bourgeois de Paris pour se rendre aux eaux des Pyrénées. La terre, fi donc! c'est une orange : ce mot de Demaistre est encore plus vrai aujourd'hui que de son temps.

Vues de la plaine, les montagnes Rocheuses n'ont pas l'aspect saisissant des Alpes et des Pyrénées; j'avoue même qu'à première vue elles m'ont laissé froid. Ce que l'on y cherche vainement, c'est cet éblouissant manteau de neige, qui est la plus belle parure des montagnes. A part le *Pike's Peak*, qui dresse fièrement vers le ciel sa crête neigeuse, l'œil ne rencontre que des cimes noires et chauves : ni forêts ni pâturages sur leurs flancs arides et désolés. L'ensemble du paysage est empreint d'une certaine majesté triste et sauvage qui n'atteint cependant pas la sublimité.

Pour comble de déception, les montagnes paraissent peu élevées. Cela tient à plusieurs causes. D'abord, la plaine du Colorado est à la prodigieuse altitude de cinq mille pieds au-dessus du niveau de la mer, ce qui diminue d'autant la hauteur de la chaîne. Ensuite, les Rocheuses ont ici quatre-vingts lieues d'épaisseur : en d'autres termes, leur largeur égale la longueur des Pyrénées. Il en résulte que les hautes cimes chargées de neiges perpétuelles, qui occupent le cœur du massif, sont beaucoup trop éloignées pour être visibles de la plaine[1]. On n'aperçoit à cette distance que les *Foot-Hills*, chaîne secondaire formant l'avant-garde de la chaîne centrale, qui a conservé le nom espagnol de *Sierra-Madre* (chaîne mère).

Les *Foot-Hills* sont seuls bien connus : ces montagnes ont été explorées, fouillées en tous sens par les milliers d'aventuriers que la fièvre de l'or y amène depuis vingt ans. La hauteur moyenne de ce soulèvement est de

---

[1] Il est question ici de la plaine de Pueblo. A Denver, on aperçoit les cimes couvertes de neige.

UN CHEF DE PEAUX-ROUGES.

huit mille pieds au-dessus du niveau de la mer. Quant à la Sierra-Madre, dont plusieurs cimes dépassent quatorze mille pieds, c'est encore une *terra incognita*. C'est là que se trouvent le lion de montagne, l'ours grizzly, le buffle, l'élan, le cerf Wapiti, etc. C'est là que les malheureux Peaux-Rouges de la tribu des Yutes, traqués de toutes parts comme des bêtes fauves, ont trouvé leur dernier refuge : les blancs ne viendront pas de sitôt les en déloger.

La déception que j'ai éprouvée à la première vue des montagnes Rocheuses est partagée par la plupart des voyageurs qui ne font que traverser cette chaîne par le chemin de fer du Pacific : comme les montagnes les plus basses leur dissimulent les neiges des hautes cimes, ils rapportent une bien pauvre idée des Alpes américaines. Cependant, s'ils pénétraient plus avant dans les gorges et les vallées, ils reviendraient bientôt de leur impression première et restitueraient aux Rocheuses leur vieille réputation. Je ne me suis pas aventuré jusqu'au cœur de la chaîne, j'ai à peine dépassé le seuil de l'édifice, mais ce que j'en ai vu suffit pour m'inspirer le désir d'y revenir.

Pueblo est actuellement le terminus du chemin de fer de Santa-Fé. Au delà se dresse l'énorme barrière des montagnes que cette ligne franchira un jour pour aller rejoindre la Californie méridionale.

Pueblo est, après Denver, la plus importante localité du Colorado. Depuis la découverte des mines de San Juan, elle a pris un développement extraordinaire. Elle n'avait que quarante habitants en 1867 ; en 1876, elle en avait au delà de cinq mille. On y trouve six églises, trois écoles publiques, trois banques, deux journaux quotidiens. Située au pied des premiers contr-eforts des montagnes Rocheuses, elle est traversée par la rivière Arkansas qui la coupe en deux parties : *Pueblo* et *South-Pueblo*.

Cette ville fut le terme de mon long voyage en chemin de fer. D'une traite, je venais de parcourir un trajet de neuf cents milles, le tiers de la distance qui sépare l'Atlantique du Pacifique. Rassasié de la vue des plaines, je brûlais de faire immédiatement connaissance avec la montagne. Je voulus d'abord gagner Cañon-City pour aller voir l'une des merveilles du Colorado et de l'Amérique, le *Grand Cañon de l'Arkansas* [1].

Cañon-City se trouve dans une des hautes vallées des Foot-Hills, à quinze lieues de Pueblo. On s'y rend par un chemin de fer en miniature, de la catégorie de ce qu'on appelle en Amérique *narrow gauge* (voie étroite). Ces narrow gauge ont été adoptés partout au Colorado pour relier la plaine aux montagnes. Ils ont à peine un mètre de largeur et ne coûtent pas la moitié de ce que coûtent les chemins de fer ordinaires. On ne s'en douterait guère à la manière dont la Compagnie du *Rio-Grande* rançonne les voyageurs. Pour franchir les quarante milles qui séparent Pueblo de Cañon-City, j'ai dû payer huit dollars un coupon d'aller et retour. Le train

---

[1] Cañon est un mot espagnol qui signifie gorge, défilé.

marche avec une désespérante lenteur. Parti de Pueblo à neuf heures du soir, il n'arrive à destination qu'à minuit et quart. Nous étions au cœur de l'été, et cependant la nuit était si fraîche, que j'en étais réduit à m'envelopper dans mon manteau d'hiver : depuis les glaces de Terre-Neuve, il n'avait plus fait si froid. La lune était dans son plein : elle brillait d'un tel éclat que je pouvais à peine en soutenir la vue.

Je passai la nuit à l'auberge Mac-Clure, tenue par un Écossais. Le lendemain, je louai une voiture pour me rendre au Grand Cañon de l'Arkansas. A huit heures du matin, l'attelage m'attendait à la porte : c'était un léger cabriolet à deux roues, attelé de deux chevaux blancs. Un guide prend place à côté de moi, et nous voilà lancés sur une route poudreuse, soulevant autour de nous des nuages de poussière.

Le pays a un aspect tout particulier : on se croirait en Orient, dans quelque vallée du Liban. Partout des montagnes nues et pelées : leur silhouette sévère se détache avec une netteté extraordinaire sur un ciel d'un bleu intense. Un large torrent, presque desséché, coule tristement au milieu de la vallée sur un lit argileux, d'une teinte rougeâtre. Le long du chemin croissent une infinité de cactus arborescents, de deux ou trois pieds de hauteur : leur fleur est d'un rouge vermillon. Des cactus nains, à fleur jaune, se traînent à terre, dans les endroits les plus stériles, même dans le sable. Cette végétation toute méridionale m'annonce le voisinage du Nouveau-Mexique, auquel confine cette partie du Colorado. Mais ce qui me rappelle surtout les contrées tropicales, c'est la chaleur impitoyable que ne tempère pas un souffle de vent. A minuit on grelotte, à midi on grille, sous ce ciel brûlant où tout est extrême.

A quelque distance de Cañon, nous nous arrêtons à une source d'eau minérale riche en sulfate et en carbonate de soude, d'un goût assez agréable. Cette eau est mise en bouteilles, et les gens du pays la consomment de préférence à l'eau de Seltz artificielle.

Après avoir dépassé un amphithéâtre de roches que sa forme étrange a fait appeler la « Porte du Diable » (*Devil's Gate*), nous pénétrâmes dans une superbe vallée nommée *Eight Mile Park,* apparemment parce qu'elle est à huit milles de Cañon. Les cactus y abondent. Le sol, recouvert d'une belle herbe d'un vert pâle, produit une infinité de pins à têtes rondes, qu'on désigne sous le nom espagnol de *piñon*.

D'Eight Mile Park, on jouit d'une vue très-remarquable sur les sommets neigeux de la Sierra-Madre : tailladés en scie, ils découpent vivement leur large profil sur le ciel ardent. Pour la première fois, j'aperçois les colosses de la chaîne centrale. Parmi ces pics dont la hauteur ne le cède pas à celle des Alpes, il en est un qui se fait remarquer par sa forme particulière, les reflets dorés de ses neiges, et par cette sorte d'auréole à laquelle on reconnaît les plus hautes cimes de la terre. Les Espagnols lui ont donné le nom de *Uncumpahgre*. C'est peut-être le plus haut sommet du Colorado.

En quittant la vallée d'Eight Mile Park, on gravit

pendant deux heures des pentes extrêmement ardues ; le chemin, qui n'est plus qu'un mauvais sentier raboteux, suit, dans sa largeur comme dans sa longueur, l'inclinaison de la montagne. Les chevaux, accablés de fatigue, semblent demander grâce. Je mets pied à terre pour les soulager, mais au bout de cinq minutes je suis exténué et en nage. Dans les contrées les plus chaudes de l'Europe, je n'avais pas subi encore semblable température.

Vers midi, nous atteignons un haut plateau couvert de pins, à l'ombre desquels nous abritons nos chevaux des rayons presque perpendiculaires du soleil au zénith. Pendant que le guide leur distribue la provision d'eau emportée de Cañon-City, je m'avance jusqu'à l'extrémité du plateau. Tout à coup, sans avoir eu le temps de m'en douter, je me vis au bord d'un abîme qui s'ouvrait à pic sous mes pieds.

Cette apparition fut tellement inattendue, que je ne pus réprimer un sentiment d'épouvante. Je ressentais une émotion semblable à celle que j'éprouvai lorsque, du haut de la terrasse du Marboré, je vis se déployer d'une façon tout aussi inattendue l'immense entonnoir du cirque de Gavarnie. Mais ici, ce n'est plus une enceinte d'une lieue de pourtour, c'est un trou béant, une crevasse de deux mille pieds de profondeur, au fond de laquelle se tord dans un lit étroit la rivière Arkansas qui va grossir le Mississipi à cinq cents lieues de là. L'Arkansas n'est encore ici qu'un torrent trouble et impétueux ; mais ce torrent s'est ouvert un chemin à travers le roc; c'est lui qui, toujours en activité depuis des siècles, a pratiqué cette énorme déchirure entre les murailles verticales qui encaissent son cours. Le prodigieux travail! Jamais je n'ai vu de témoignage plus frappant de la puissance de l'eau.

Je ne puis sans effroi sonder du regard ce gouffre épouvantable. Les mugissements caverneux du torrent qui roule à un demi-mille au-dessous de moi n'arrivent à l'oreille que comme un murmure étouffé. Les quartiers de rocher que je précipite dans l'abîme sont broyés avant d'en atteindre le fond; couché sur le sol, je suis de l'œil leurs vertigineuses sarabandes: ils tombent dans le vide pendant sept secondes, se brisent en mille éclats à mi-chemin de leur course, et continuent à faire entendre comme un bruit de mousqueterie pendant vingt secondes encore.

Nul homme n'a foulé le fond de la gorge de l'Arkansas. Les deux parois se penchent l'une vers l'autre, gigantesques, effrayantes, défiant toute tentative de descente ou d'escalade. La lumière du soleil n'éclaire jamais les profondeurs de ce gouffre insondable.

Il n'est peut-être pas dans toute l'Amérique un site d'une beauté plus sauvage, et il n'en est certes pas qui soit capable d'inspirer à un pareil degré ce sentiment de stupeur et d'effroi que cause la vue des grandes convulsions de la nature [1].

---

[1] Un voyageur américain, M. Grace Greenwood, qui a visité la célèbre vallée de la Yosemite, en Californie, donne la palme au Grand Cañon de l'Arkansas.

UN CAÑON DU COLORADO.

Après avoir considéré longtemps de différents points de vue cette scène grandiose, je voulus retourner au plateau où j'avais laissé le guide et les chevaux. Mais j'avais fait tant de tours et de détours au milieu d'un inextricable labyrinthe de rochers, qu'il me fut impossible de retrouver mon chemin. J'eus beau appeler le guide à grands cris, j'eus beau décharger mon revolver, je n'eus d'autre réponse que les échos des précipices.

En ce moment, le ciel se couvrit tout à coup de nuages sombres et menaçants. Il fallait fuir au plus tôt ces régions du vertige, avant que l'orage éclatât au-dessus de ma tête. Je me mis à escalader au hasard tous les obstacles que je rencontrais, m'aidant des pieds et des mains, luttant contre les rafales, me collant comme un lézard aux parois d'un granit lisse et poli, ayant sans cesse devant les yeux le précipice noir, effroyable, au-dessus duquel j'étais suspendu. Il me semble encore entendre la solennelle harmonie du vent qui s'y engouffrait : du fond de l'abîme s'échappaient des mugissements dont toutes les orgues du monde ne rendraient pas la prodigieuse sonorité.

L'instinct me servit si bien, qu'au moment où je m'y attendais le moins, je rejoignis sur le plateau mon guide qui fumait tranquillement sa pipe, en se souciant de moi comme d'un Chinois. Voilà bien le Yankee! Ce qui le préoccupait bien davantage, c'était le déjeuner, qu'il s'empressa de tirer du fond du cabriolet pour l'étaler méthodiquement sur l'herbe.

Nous avions à peine fini, que l'orage et la pluie nous

chassèrent de ces hauteurs. Heureusement, le cabriolet était muni d'une capote qui nous protégea parfaitement contre l'eau du ciel. Au bout de quelques heures, nous étions de retour à Cañon-City.

Cañon-City a la prétention d'être une ville, prétention partagée par toutes les bourgades du Colorado qui se décernent le titre de « city ». Cette ville, qui ne compte pas un millier d'habitants, se compose d'une rue unique, point pavée : sur ses trottoirs en bois, j'ai vu se traîner des crapauds. Les seules maisons en briques sont celles du boulanger, du cordonnier, du barbier, du droguiste et du marchand de liqueurs ; ce dernier a naturellement le plus de chance de faire fortune.

Dans les environs, on trouve d'importants gisements de charbon, de chaux, de marbre et d'oxyde magnétique. Les montagnes recèlent encore des dépôts de cuivre et d'argent. Mais le principal avantage de Cañon-City, c'est sa situation sur la route de la région minière de San Juan.

Cette vaste province, qui a appartenu successivement à l'Espagne et à la France, passe pour la plus riche du monde en mines d'argent. Les États-Unis en firent l'acquisition en 1803. Jusqu'en 1860, les Indiens en eurent la possession incontestée, à l'exclusion des blancs. Le premier blanc qui y pénétra fut le capitaine Baker, qui s'établit, avec une poignée d'aventuriers, sur les bords de la rivière San-Juan, où il se mit à la recherche du précieux métal. Le résultat de ses fouilles ne fut pas brillant. La mauvaise saison survint, la plupart des mineurs se découragèrent, et leur troupe se débanda : les uns restèrent dans le pays et y prirent leurs quartiers d'hiver, les autres s'en retournèrent par différentes routes. L'hiver les surprit avant qu'ils eussent atteint les contrées civilisées, et la plupart moururent en chemin. Quant à ceux qui avaient préféré passer l'hiver dans cette contrée inhospitalière, ils eurent le triste sort de tomber entre les mains des Peaux-Rouges.

En 1868, les États-Unis conclurent un traité avec les Indiens, leur cédant la possession exclusive d'un territoire de trente mille milles carrés. L'accès de ce territoire était interdit aux blancs. Mais les Indiens ne devaient pas jouir longtemps de la paisible possession de leurs réserves. En 1870, quelques mineurs vinrent audacieusement s'établir sur le Rio-Grande, où ils trouvèrent de riches gisements. Cette nouvelle attira un grand nombre d'explorateurs au printemps de l'année suivante. Les Indiens, voulant rester maîtres chez eux, demandèrent au gouvernement de faire exécuter le traité de 1868. En 1871, de nouvelles et nombreuses découvertes provoquèrent une véritable fièvre minière, et des centaines d'aventuriers affluèrent de toutes parts. Les Indiens s'alarmèrent de plus en plus de cette invasion des blancs. Le gouvernement sentit qu'il fallait agir promptement et énergiquement pour éviter une guerre. Dans l'été de 1872, il envoya des troupes pour expulser les mineurs. La fièvre de l'or n'en devint que plus intense : ceux qui n'avaient jamais ajouté foi aux merveilles que l'on racontait de cette contrée en étaient maintenant tout à fait convaincus. Ceux qui n'avaient jamais eu la pensée d'y aller ne songeaient plus à autre chose. La guerre eût certainement éclaté en 1873, si le gouvernement ne s'était empressé de conclure un traité en vertu duquel les Indiens renonçaient à cette portion de leurs réserves, qui est comprise actuellement dans le comté de la Plata. C'est dans ce comté que sont situées les mines de San Juan.

La vallée de l'Arkansas est le grand débouché par lequel doivent passer les richesses minérales du pays de San Juan. Cañon-City occupant l'entrée de cette vallée, c'est là que viennent s'approvisionner les mineurs. Toutes les marchandises en destination du district de San Juan sont envoyées à Cañon-City, d'où elles sont transportées dans l'intérieur au moyen de chariots. Dans un temps donné, Cañon-City deviendra l'un des centres manufacturiers les plus importants du Colorado. Déjà il est question d'utiliser les eaux de l'Arkansas comme force motrice pour la réduction du minerai. Lorsque Cañon-City possédera des ateliers de métallurgie, les mineurs de San Juan pourront y traiter leurs minerais sans plus devoir les envoyer à Omaha, à Chicago ou à Saint-Louis.

Le climat de Cañon-City est d'une grande douceur, particulièrement au mois de décembre. Beaucoup de malades s'y rendent à cette époque de l'année. Il n'y gèle que très-rarement, en dépit d'une altitude d'environ deux mille mètres au-dessus du niveau de la mer.

Après deux nuits passées à l'auberge Mac-Clure, je retournai à Pueblo par le « Narrow-Gauge ». La chaleur était toujours insupportable. A mi-chemin, le train s'arrêta en rase campagne, uniquement pour permettre à quelques voyageurs altérés d'aller étancher leur soif à une source d'eau de soude qui coulait dans le voisinage.

XVI

MANITOU. — LE PARC MONUMENTAL.

De Pueblo, je me rendis à Colorado-Springs. Cette petite ville, fondée en 1872, compte déjà trois mille âmes et huit cents maisons : il s'y construit à peu près une maison par jour. Colorado-Springs doit son nom et sa rapide fortune aux eaux minérales que l'on a découvertes dans le voisinage. Les principales sources sont situées à cinq milles de distance, dans une vallée appelée Manitou [1].

Les sources de Manitou sont au nombre de six. Leur température varie de 43 degrés à 56 degrés Fahrenheit. Elles sont chargées d'une grande quantité d'acide carbonique, ce qui leur donne un agréable goût d'eau de Seltz. Leur action curative est due surtout à la présence du carbonate de soude. De temps immémorial ces sources ont été connues des Indiens. D'après leur croyance, le Grand Esprit avait communiqué à ces eaux le souffle de

---

[1] Manitou est le terme par lequel les Indiens désignent le Grand Esprit. Fait assez bizarre, j'ai trouvé sur la carte de la Sibérie une localité qui porte le même nom : argument pour ceux qui croient à l'origine asiatique des Indiens d'Amérique.

la vie : ils les buvaient, ils s'y baignaient, espérant y trouver un remède à leurs maladies.

Me voici installé à Manitou-House, gracieux chalet qui domine un site de toute beauté. De la fenêtre de ma chambre, j'embrasse le massif colossal du *Pike's Peak*, dont la cime grisâtre trône fièrement au-dessus des montagnes vassales qui descendent de gradin en gradin jusqu'à la vallée.

Manitou sera un jour aux montagnes Rocheuses ce que Cauterets et Luchon sont aux Pyrénées. Déjà le high-life américain commence à y affluer. Çà et là se montrent de coquettes villas, des chalets élevés par l'aristocratie de New-York et de Chicago. Manitou, qui ne fait que de naître, qui en 1872 ne figurait pas sur la carte des États-Unis, Manitou, qui n'a pas encore vingt maisons, sera peut-être dans dix ans la grande Saratoga de l'ouest.

La situation de cette localité est tout à fait exceptionnelle. Au lieu d'être complétement enfermée au fond d'un entonnoir, comme la plupart des villages de la Suisse, elle n'est environnée de montagnes que de trois côtés; au nord-est elle s'ouvre sur les plaines. La vallée de Manitou reçoit par cette large échappée une atmosphère sèche et raréfiée, exempte de toutes les impuretés qui émanent des cités populeuses et d'un sol marécageux. Les montagnes protégent la vallée contre les vents, et, comme elles s'élèvent en pente douce, elles ne la privent pas de la lumière du soleil.

Le grand charme de Manitou, c'est son climat. Durant toute l'année, le ciel est presque continuellement radieux. Les hivers sont infiniment plus doux que dans les autres régions de l'Amérique, situées sous cette latitude. En été, l'air est sec, le soleil n'est jamais trop ardent, les nuits sont fraîches; les moustiques, cette lèpre de l'Amérique, sont absolument inconnus ici. La saison des pluies dure deux mois, juillet et août; mais ce ne sont ordinairement que des pluies d'orage qui durent à peine une demi-heure, et donnent une humidité suffisante pour entretenir la verdure des montagnes. Durant mon séjour à Manitou, un orage éclatait chaque jour vers quatre ou cinq heures du soir. Chose remarquable, on n'éprouve jamais ici ce malaise, cette oppression qu'on ressent d'ordinaire avant l'orage.

Les environs de Manitou abondent en sites remarquables inconnus aujourd'hui, mais qui ne tarderont pas à être décrits à satiété dans les guides des baigneurs et des touristes. Ici, c'est le *William's Glen;* là, l'*Ute Pass;* ailleurs, le *Jardin des Dieux;* plus loin, le *Glen Eyrie,* le *Parc monumental,* la *Forêt pétrifiée;* ailleurs encore, le *Cheyenne Cañon.* Le *Pike's Peak,* qui élève sa cime au-dessus de Manitou, est le couronnement de toutes ces merveilles.

La vallée de Manitou est en quelque sorte le résumé des montagnes Rocheuses; il semble que la nature ait voulu en faire le joyau de la chaîne.

Le lendemain de mon arrivée, j'engageai un guide natif de l'Ohio. Il me loua pour quelques dollars un cabriolet qui, par la légèreté de ses roues, rappelait les fameuses *karrioles* connues de tous ceux qui ont voyagé en Norwége. Mon Yankee fit claquer son fouet, et nous partîmes à fond de train, aveuglés par les nuages de poussière rouge qui tourbillonnaient autour de nous. Dans ce pays, tout est de couleur rouge : rouge est la teinte de la terre, rouges sont les rochers; rouges aussi sont les Indiens de la tribu des Yutes, nouvel argument pour les naturalistes qui croient à l'influence des milieux.

Le chemin que nous suivîmes pendant cinq heures est à peine tracé dans le désert; il attaque de front tous les accidents de terrain sans se détourner jamais, et si nous n'y avons pas versé vingt-cinq fois, c'est que les cochers yankees sont passés maîtres dans leur science.

L'aspect du paysage ne manquait pas de grandeur. Les contours des montagnes se profilaient sur un fond d'un éclat incomparable. Le ciel de Naples paraîtrait gris à côté du magnifique ciel du Colorado, dont aucune vapeur ne ternit la pureté. Le *Pike's Peak* formait le point de mire du tableau; plus je contemplais sa cime neigeuse, plus elle semblait n'être qu'à une portée de fusil, bien qu'elle fût, en réalité, à plus de trois lieues de distance. Le pays que nous parcourions est destitué des grâces de la végétation : aucune verdure qui repose les yeux; partout l'aridité et la nudité du désert. Quiconque a vu cette étrange contrée ne l'oublie plus.

Le *Jardin des Dieux* fut la première curiosité que nous rencontrâmes. Un portail grandiose, construit par la nature, lui sert d'entrée. Qu'on s'imagine une énorme brèche, aux parois perpendiculaires, s'ouvrant entre deux monolithes de trois cents pieds de haut. Cela ressemble à s'y méprendre à la brèche de Roland dans les Pyrénées. Les monolithes sont d'une teinte rouge brique, due à leur nature ferrugineuse. Ils sont formés de cette pierre sableuse, espèce de grès qui abonde dans la contrée, et qu'on appelle *sandstone*. Leurs flancs sont affreusement crevassés; des rides profondes les sillonnent en tous sens, et ils ne peuvent manquer de s'écrouler au premier tremblement de terre.

Tout près de là se dressent les *Cathedral Rocks*, hautes aiguilles, minces et effilées, semblables à des clochetons de cathédrale. Le plus haut piton, qui n'a pas sept pieds d'épaisseur, s'élève comme une tour à trois cent cinquante pieds au-dessus du sol. On ne saurait rien imaginer de plus svelte, de plus gracieux, de plus aérien que cet étrange faisceau de flèches gothiques édifiées par un caprice de la nature. Jamais la main de l'homme n'a déployé dans ses œuvres tant de hardiesse ni tant d'habileté. Le dessin peut seul donner une idée exacte de ces rocs fantastiques, qui sont pour le géologue un sujet d'étonnement. Ils sont formés du même grès rouge que les monolithes de la brèche.

Ce qui m'a vivement surpris, c'est que cette pierre s'effrite entre les mains; comment des édifices construits avec des matériaux aussi friables peuvent-ils rester debout? Ne faudrait-il pas attribuer ce phénomène à l'extrême sécheresse du climat du Colorado? Il est probable que ces frêles constructions ne résisteraient pas à l'action dissolvante de l'humidité.

LES « CATHEDRAL ROCKS », DANS LE JARDIN DES DIEUX.

Quand on a franchi la brèche (*Beautiful Gate*), on se trouve dans une délicieuse vallée où croissent une infinité d'arbustes et de fleurs, et qu'on a bien nommée le *Jardin des Dieux*. C'est l'oasis dans le désert, c'est la vallée que choisiraient les divinités de l'Olympe pour se fixer sur la terre. On y jouit d'une vue admirable sur la cime lointaine du *Pike's Peak* et sur toute la chaîne des montagnes environnantes. J'y ai retrouvé les cactus rampants à fleur jaune que j'avais remarqués dans la vallée de l'Arkansas; mais les cactus arborescents à fleur rouge ont disparu sous cette latitude trop septentrionale.

En continuant notre promenade, nous rencontrons de nouvelles singularités. Voici d'abord un rocher en grès rouge appelé *Balancing Rock*. On se demande comment cet énorme bloc informe, gros comme une maison, tient en équilibre sur sa base qui n'a guère que trois pieds de largeur.

Plus loin, nous explorons la merveilleuse vallée appelée *Glen Eyrie*. A chaque pas il faut s'y arrêter devant quelque curiosité naturelle. Ici, un groupe de rochers rappelle les ruines de l'abbaye de Melrose en Écosse; l'œil s'y perd au milieu de colonnes et d'arceaux innombrables. Là, un autre groupe, connu sous le nom de *El Majordome Rock*, présente l'aspect de ces vieux châteaux ruinés par le temps que le moyen âge a érigés sur les bords du Rhin; l'illusion ne se dissipe que lorsqu'on arrive au pied de ces ruines colossales. Ailleurs sont les *Iceberg Rocks*, ainsi nommés à cause de leur analogie avec les banquises de glace qu'on rencontre dans les mers polaires. Plus loin, c'est le *Parc de l'Écho,* où les rochers indiscrets répètent tous les secrets qu'on leur confie. Puis on traverse un amphithéâtre d'un aspect sombre et sinistre; c'est la Salle de jeu du diable (*Devil's Play ground*). Non loin de là est un site frais et ombragé qui contraste avec celui qu'on vient de quitter; un ruisseau y invite le voyageur à s'y rafraîchir; c'est le Bain de la Naïade (*Naïad Bath*). Saluons en passant ces trois géants de pierre que dame Nature s'est amusée à sculpter; ces respectables personnages, aussi vieux que l'Amérique, ont nom *Og, Gog* et *Magog.* Ils ont sans doute leur légende, mais c'est en vain que j'interroge mon guide sur ce point. Les Yankees, qui se préoccupent uniquement de faire de l'argent de tout, ne s'arrêtent pas à ces détails. Aussi n'est-ce pas une de mes moindres surprises de rencontrer, dans l'endroit le plus solitaire du *Glen Eyrie,* un chalet de style gothique; c'est la propriété du général Palmer, directeur de la compagnie du chemin de fer *Denver et Rio-Grande.* Il réside ici l'été, et l'hiver à Philadelphie. Un Américain trouve tout naturel d'habiter ainsi deux demeures situées à mille lieues l'une de l'autre. Voilà du moins un Yankee qui sait allier l'amour de la nature au culte du dollar.

Tout près de là, à l'endroit où finit le *Glen Eyrie,* s'ouvre un étroit vallon qui n'est praticable que pour les piétons; on lui a donné le nom de *Queen's Cañon* (défilé de la Reine). Laissant la voiture aux mains du guide, je m'aventure seul dans le mystérieux sanctuaire. Le sentier longe un torrent aux eaux cristallines qui coule en mille cascatelles au fond d'une gorge pleine de fraîcheur et de verdure, embaumée des senteurs d'une végétation exubérante, et peuplée d'une infinité d'insectes et de papillons dont les ailes ont tous les reflets des pierres précieuses. Le torrent dispute la place au sentier : à chaque instant il faut le franchir sur de frêles troncs d'arbres jetés en travers en guise de ponts.

Me voici au bout du *Cañon*. En levant les yeux, je vois surgir tout autour de moi d'énormes murailles perpendiculaires, toujours de cette teinte rouge que je n'ai vue nulle part ailleurs. Je n'aperçois le bleu du ciel que par un étroit orifice qui s'ouvre à quelque mille pieds au-dessus de ma tête. Le gouffre au fond duquel je me trouve a reçu le nom de *Coupe à punch du diable* (*Devil's punch bowl*). La ravissante coupe! Que ne l'a-t-on appelée la coupe des anges, si l'on voulait absolument lui donner un nom? Tout ce que j'ai vu de plus frais, de plus poétique et de plus riant n'en donnerait pas même l'idée. Les cascades bondissent autour de moi, les plantes se balancent sur leurs tiges humides, les oiseaux chantent dans les fourrés, les feuilles des arbres, couvertes de rosée, s'agitent doucement au-dessus de ma tête, le torrent roule à mes pieds ses eaux limpides comme du diamant en fusion. Je me sens littéralement enivré du parfum des innombrables fleurs qui croissent au fond de ce vert entonnoir.

Ah! oui, il y a encore des sites où l'on peut contempler la nature dans tout l'éclat de sa beauté virginale. Je suis resté là bien longtemps, absorbé dans une religieuse contemplation, puis je me suis souvenu de la voiture qui m'attendait, et je me suis pris à regretter de ne pouvoir flâner ici, tout seul, pendant toute la journée. Heureux général Palmer, qui demeure à deux pas de cette délicieuse retraite ! Si j'étais à sa place, je ne passerais jamais un jour sans faire une visite à ce temple de la poésie et de la méditation.

J'avais déjà éprouvé bien des étonnements depuis le *Jardin des Dieux* jusqu'à la *Coupe du Diable;* mais, en continuant mon exploration, j'allais rencontrer des merveilles plus surprenantes encore.

A deux fortes lieues du *Glen Eyrie* est situé le *Monument Park*, ainsi nommé à cause de ses nombreux édifices de grès sculptés par la nature. Je n'oublierai jamais l'impression que j'éprouvai en y entrant. On se croirait au milieu d'une immense nécropole peuplée de tombeaux et de sarcophages élevés par une race disparue. Ces monuments affectent toutes les formes imaginables. On y voit, pêle-mêle, des fûts de colonnes, des obélisques, des urnes funéraires, des champignons gigantesques, des pyramides, des minarets, des tours. Quelques-uns même affectent la forme d'êtres animés : tantôt c'est un monarque assis sur son trône, tantôt un dragon fabuleux. Ici, un groupe de rochers simule un lugubre cortége de fantômes vêtus de longues robes blanches et coiffés de toques brunes : ce sont les *Phantom Rocks*. Là, deux pyramides qui se réunissent au sommet symbolisent l'union matrimoniale : c'est le *Dutch Wedding* (Mariage hollandais). Ailleurs, un roc monstrueux semble monter la garde; carré, massif, il s'élève droit comme un I; on dirait un donjon du moyen âge. Ce monolithe paraît colossal dans son isolement; on l'a appelé la *Sentinelle* (*Sentinel Rock*).

En observant de près ces monuments, j'ai constaté qu'ils se désagrégent peu à peu. A leur pied gisent des myriades de petites pierres sphériques, provenant de la lente décomposition de leurs parois. Le travail des siècles les aurait sans doute détruits depuis longtemps, si la nature n'avait eu soin de pourvoir à leur conservation par un moyen analogue à celui qu'auraient inventé les hommes. Presque tous ces monuments sont surmontés d'une pierre plate qui en complète l'architecture; il semble qu'une main habile l'y ait posée en guise de chapiteau. Ces tables ne sont pas un vain ornement; elles forment au-dessus des piliers qui les soutiennent une véritable toiture destinée à les abriter contre les intempéries des saisons. J'ai été frappé de la rapidité avec laquelle se délitent les monuments dépourvus de ce couronnement.

Ce qu'il y a de plus surprenant, c'est que ces entablements sont d'une autre nature que leurs supports; ils sont d'un grès rouge, à grain fin et compacte, tandis que le corps du monument est d'un grès blanc à gros grain. En un mot, il y a là tout un ensemble de singularités bien propres à défier la sagacité des plus habiles géologues.

J'ai escaladé quelques-uns de ces monuments; en maints endroits ils sont si rapprochés, et leurs tablettes sont à un niveau si uniforme, que je pouvais aisément courir de l'une à l'autre comme sur les dalles d'un vestibule, et j'éprouvais une joie d'enfant à cette gymnastique.

Ce niveau uniforme des tablettes ne permet-il pas de supposer qu'autrefois il n'existait entre elles aucune solution de continuité? N'est-il pas vraisemblable que ces monuments formaient antérieurement un tout homogène, et leur état actuel ne serait-il pas dû à des causes volcaniques qui auraient amené un affaissement du terrain? Je livre cette hypothèse aux hommes compétents.

La vallée où sont situées ces merveilles n'a rien de bien caractéristique, mais il faut visiter Monument-Park pour voir jusqu'où peut aller la nature dans ses créations bizarres, fantastiques, pour ne pas dire ingénieuses.

Le parc monumental est le séjour favori de singuliers petits animaux que les Américains appellent *prairie dogs* (chiens de prairie). Ils vivent sous terre, et passent une grande partie de leur temps à se chauffer au soleil, immobiles à l'entrée de leur tanière, en jetant continuellement un cri aigu qui rappelle le jappement d'un petit chien. Chaque fois que je les entendais, je m'approchais aussi doucement que possible. Rien n'était plus comique à voir que la pose de ces animaux ; ils se tenaient gravement assis sur leurs deux pattes de derrière, laissant retomber sur la poitrine leurs pattes de devant, exactement à la manière des kanguroos. Dès que je franchissais la distance respectueuse, ils cessaient de japper pour disparaître dans leur terrier, la tête la première.

Ces intéressants animaux ont un goût prononcé pour la vie de communauté. On ne les rencontre jamais isolés. Ils établissent leurs terriers les uns près des autres, de manière à former de véritables villages (*prairie dog town*). Ces villages sont au nombre de trois dans le Parc monumental : ils abondent surtout dans les plaines du Kansas.

Il paraît que la chair des chiens de prairie est d'un goût assez agréable. D'après la croyance généralement reçue, ils partagent volontiers leurs appartements souterrains avec le hibou et le serpent à sonnettes; mais ceux qui ont observé de près leurs habitudes prétendent que c'est là une fable. Le loup de prairie, vulgairement connu sous le nom de *coyotte*, fait sa proie du *prairie dog*, lorsqu'il le surprend loin de son terrier.

A quelques milles du Parc monumental s'ouvre une gorge sauvage appelée *Ute-Pass*. Elle pourrait soutenir la comparaison avec les plus célèbres défilés des Pyrénées. Ses parois, d'un granit rougeâtre, sont formées de stratifications horizontales qui s'élèvent à pic et se perdent dans les domaines du vertige. Un torrent né des neiges éternelles se tord avec fracas au fond du précipice que le chemin côtoie. Il forme plusieurs cataractes, dont la plus remarquable est celle de *Rainbow falls* (chute de l'arc-en-ciel) : les eaux s'y précipitent comme la foudre dans un abîme d'où s'élèvent des tourbillons de vapeurs qui s'irradient aux feux du soleil.

Il est vraiment fâcheux que la réclame, cette lèpre de l'Amérique, ait frayé son chemin jusqu'ici. Oui, sur les parois de cette gorge, perdue au fond des montagnes

Rocheuses, j'ai lu, peintes en grandes lettres blanches, des annonces telles que celles-ci :

Daniel Fisher et C°. Denver, Colorado. Comestibles et Ameublements!!!

De tels sacriléges font bondir d'indignation tout autre qu'un Yankee. Prendre les rochers pour des murs d'affiche! Les mots : *Défense d'afficher,* figureront bientôt sur les merveilleux ouvrages naturels du Parc monumental.

XVII

ASCENSION DU PIKE'S PEAK

J'ai cité plusieurs fois le nom du Pike's Peak. Je ne voulus pas quitter la vallée de Manitou sans faire l'ascension de cette remarquable montagne.

Bien que le Pike's Peak n'appartienne pas à la chaîne centrale, il égale en hauteur les pics les plus élevés des montagnes Rocheuses. Sa cime se dresse à 14,336 pieds au-dessus du niveau de la mer. Le mont Uncumpahgre, qui est considéré, d'après les dernières découvertes, comme le plus haut pic du Colorado, s'élève à 14,540 pieds. Son rival ne lui est donc inférieur que de 204 pieds.

La hauteur du Pike's Peak, et surtout sa situation en dehors de l'axe de la chaîne, en font un merveilleux observatoire : le spectateur placé à sa cime voit se dérouler devant lui l'immense panorama de la Sierra Madre, au lieu que, s'il se trouvait sur un des sommets de cette dernière chaîne, il n'en pourrait apercevoir qu'une infime partie. On peut dire que le Pike's Peak est aux montagnes Rocheuses ce que le pic du Midi est aux Pyrénées. Tous deux, pour être situés à une grande distance de la chaîne mère, n'en ont pas moins des proportions extraordinaires. Tous deux dominent à la fois la plaine et les montagnes. L'un et l'autre sont les premières sommités que découvre le voyageur qui vient de traverser les plaines du Missouri ou celles de la Garonne. Enfin, leurs situations respectives sont tellement identiques, que de part et d'autre on en a tiré parti pour l'observation des phénomènes atmosphériques.

On sait que les États-Unis possèdent depuis 1870 un admirable système de stations météorologiques. Leur *signal service* est le mieux organisé du monde. On compte actuellement plus de cent stations distribuées sur divers points du territoire américain. Ces stations ont pour but d'observer les probabilités du temps. Les résultats sont transmis par télégraphe, trois fois par jour, au bureau central de Washington, qui discute toutes les données, en déduit les probabilités pour les différentes régions, et adresse son bulletin à tous les journaux. On comprend les immenses services que ces avertissements rendent au commerce, à l'agriculture et à la marine.

Il ne suffit pas que les signaux soient distribués sur les différents points du territoire, il faut encore qu'ils soient placés à des hauteurs différentes. Le Pike's Peak semblait s'offrir de lui-même pour l'établissement de la plus haute station de l'Union. L'œil y découvre un horizon qui s'étend à cent lieues à la ronde. Malheureusement, pendant la moitié de l'année, l'accumulation des neiges en rend la cime inabordable. C'était là un grand inconvénient : trouverait-on des hommes qui se résigneraient à endurer les rigueurs d'un hiver de six mois à une altitude de 14,000 pieds, privés de toutes communications avec le reste du monde? Cette objection ne pouvait arrêter des Yankees. Une station météorologique a été établie au sommet du Pike's Peak en 1873. Un fil télégraphique la met en communication avec Manitou et Colorado-Springs, et un sentier tracé en zigzag sur le flanc de la montagne en facilite l'accès.

Grâce à ce sentier, l'ascension du Pike's Peak est presque tout entière praticable à cheval. Ce n'est qu'en abordant la région des neiges qu'il faut user de ses jambes. Les voyageurs qui se servent du chemin doivent acquitter un péage d'un dollar.

La cime du Pike's Peak dépasse d'un millier de mètres celle du mont Perdu, dans les Pyrénées. Et cependant elle semble moins élevée au premier coup d'œil. Pour se rendre compte de ce fait, il ne faut pas oublier qu'autre chose est la hauteur absolue d'une montagne et sa hauteur relative. La plaine d'où émerge le massif du Pike's Peak est située à la prodigieuse altitude d'environ 6,000 pieds au-dessus du niveau de la mer. Il en résulte que la hauteur du pic au-dessus du niveau de la plaine descend au chiffre peu effrayant de 8,300 pieds, bien que sa hauteur absolue égale celle des plus hautes montagnes de la Suisse. On ne sera donc pas surpris que l'ascension du Pike's Peak m'ait coûté beaucoup moins de fatigues que celle du mont Perdu, dont j'ai exposé ailleurs toutes les difficultés. Cette excursion n'est nullement périlleuse : plus d'une Américaine a posé son pied mignon sur la tête du colosse.

Le 28 juin 1876, à midi, une caravane composée de six personnes partait de Manitou pour aller à la conquête du Pike's Peak. En tête de la troupe deux jeunes cavaliers émérites, chaussés de leurs grandes bottes de cuir, faisaient caracoler leurs chevaux. C'étaient deux nobles Yankees appartenant au grand monde de New-York. Ils avaient une certaine fierté aristocratique, mêlée du sans gêne américain. Bien qu'ils eussent à peine vingt ans, ils avaient déjà fait leur tour d'Europe. Derrière eux venaient un Allemand, qui s'était fait à New-York une grosse fortune, dont il employait une partie à voyager, et une dame aussi charmante qu'intrépide, qui s'exprimait tour à tour en anglais, en allemand et en français : originaire de la Suisse, elle s'était complétement américanisée par un séjour de plusieurs années dans le Texas. Un homme au regard décidé, aux traits anguleux et énergiques, un Yankee, en un mot, trottait tantôt devant, tantôt derrière, excitant de la voix les chevaux et les cavaliers : c'était notre guide. J'étais le sixième membre de la caravane.

Nous montions des poneys qui ne rappelaient en rien leurs congénères d'Europe : leur taille est celle des plus grands chevaux. Ils étaient harnachés à la mexicaine : la selle haute et incommode, les étriers en forme de sabots.

Nous marchâmes pendant une heure dans la plaine, en suivant une direction tout à fait opposée au Pike's Peak, dont nous pouvions apercevoir la cime neigeuse en nous retournant. C'est qu'il nous fallait aller trouver l'entrée de la vallée de *Bear creek cañon* pour attaquer la montagne par son flanc le moins escarpé. Il existe une autre voie plus directe et infiniment plus courte pour les piétons qui font l'ascension en une journée.

Au bout de trois quarts d'heure, nous atteignîmes *Colorado City*. Dans la langue anglaise, le mot *city*, par opposition à *town*, éveille l'idée d'une grande ville. Mais en Amérique, et surtout dans le Colorado, on honore de ce nom ce qui chez nous serait à peine un village. Colorado City n'est qu'une pauvre bourgade d'une centaine d'habitants. Parmi les rares maisons éparpillées sur une vaste étendue de terrain, j'ai remarqué une affreuse baraque en planches qui se donne le titre d'*hôtel*, avec la même désinvolture que le village s'appelle *cité*. Toutefois, il faut être juste : cette cité a des titres de noblesse que Denver ne peut lui disputer ; son existence remonte aux temps préhistoriques du Colorado, c'est-à-dire à l'année 1858. A cette époque, elle n'avait pas de peine à être la capitale du Colorado, vu qu'elle en était la seule ville. Aujourd'hui que sa gloire s'est éclipsée, les habitants du pays la vénèrent encore comme on vénère les vieilles cités déchues de l'Égypte ou de la Mésopotamie.

Colorado City est située dans une plaine aride et brûlée, d'un aspect tout oriental. A peine a-t-on quitté le village, que l'on s'engage dans la montagne. Nous suivons une gorge étroite appelée *Bear creek cañon*. Un torrent aux eaux limpides y coule sur un lit de rochers et charme l'oreille et les yeux par ses mille ressauts. A chaque instant le sentier passe d'un bord à l'autre de la rivière, et nos chevaux doivent la passer à gué : ces pauvres bêtes, accablées de chaleur, ne peuvent résister à la tentation de s'y abreuver.

L'aspect de la vallée est sauvage et pittoresque. Des rochers à pic surplombent au-dessus de nos têtes : ils sont de ce granit rouge que j'avais remarqué dans la gorge d'*Ute-Pass*. La végétation est de toute beauté. Une infinité de fleurs aux couleurs les plus riches et les plus variées croissent le long du chemin. Des milliers de conifères couvrent les flancs des montagnes : j'y reconnais le pin, le sapin, le cèdre, le piñon.

Bientôt on commence à s'élever, par d'interminables festons, sur le flanc des premiers contre-forts du Pike's Peak. Le sentier, fort étroit, côtoie d'effrayants précipices ; mais nos chevaux y marchent d'un pied sûr : ce sont de vrais chevaux de montagne. Quand on a gravi quelque temps, il faut se retourner pour contempler les magnifiques échappées qui s'ouvrent sur la plaine du Colorado : l'œil plane sur une si vaste étendue de pays, que, par une illusion d'optique, la plaine semble monter vers l'horizon par une inclinaison de 45 degrés. Grâce à l'admirable transparence de l'air, les objets les plus éloignés se dessinent avec une netteté incroyable.

Déjà nous avons atteint les hautes régions, celles où règnent le calme et le silence. La végétation, tantôt si luxuriante, devient maigre et rachitique. Les forêts de sapins semblent avoir été ravagées par les ouragans, qui sont terribles à ces hauteurs; l'œil n'aperçoit que des arbres morts, dont il ne reste plus que le tronc dénudé; les pentes sont jonchées de leurs débris.

Après cinq heures de marche, nous découvrîmes la cime du Pike's Peak, que nous avions perdue de vue depuis que nous nous étions engagés dans la montagne; sa hauteur paraît d'ici beaucoup plus considérable que lorsqu'on la voit de la plaine, et ce n'était pas sans une certaine appréhension que je considérais le chemin qu'il nous restait à faire.

Le Pike's Peak se présente comme un énorme obélisque grisâtre, se découpant dans le ciel bleu avec une incomparable majesté. Sa masse, qui monte d'un jet, écrase de toute sa grandeur les monts avoisinants qu'elle domine de plus de 3,000 pieds. Tout le massif environnant semble converger vers lui et proclamer sa suzeraineté. Les flancs de la montagne sont diaprés de champs de neige qui brillent d'un éclat extraordinaire. Les plus belles vues des Alpes ne surpassent pas la magnificence du tableau que nous avions sous les yeux.

Il pouvait être sept heures du soir quand nous arrivâmes au bord d'un lac solitaire. On l'appelle le *lac de la Moraine* (Moraine-Lake), parce qu'on y a reconnu les traces d'un ancien glacier. Ce lac a onze acres de superficie. Au cœur de l'été, son eau est froide comme la glace; elle ne nourrit aucun poisson. Sa surface immobile réfléchit un paysage sombre et morose. Ce bassin désert, où s'épanchent les neiges de la montagne, est encaissé dans un entonnoir de rochers à pic. C'est un site dans le genre de la Grimsel dans l'Oberland bernois.

Le lac de la Moraine est situé à l'altitude de 10,275 pieds au-dessus du niveau de la mer ; il se trouve au niveau des plus hautes cimes des Pyrénées. Il n'existe peut-être nulle part ailleurs une nappe d'eau de cette étendue à pareille hauteur.

On a érigé au bord du lac une grossière hôtellerie, dont l'aspect rappelle les *log-house* des pionniers qui ont défriché l'Amérique. Les murs sont formés de troncs d'arbres qui ne sont même pas équarris. L'édifice n'a pas d'étage ; le rocher sert de plancher ; les chambres des hôtes sont séparées par de simples cloisons de bois. Cette pittoresque construction s'appelle *Lake-House* (maison du lac). C'est là que nous avions résolu de passer la nuit.

Dans une salle rustique, chauffée par un grand feu de bois, nous soupons de bouilli froid, de fèves et de café. Après ce maigre repas, la société se répand au dehors pour respirer l'air frais. La température est extrêmement piquante à ces hauteurs. Même sous mon manteau d'hiver, je sens les morsures du froid. Mais que la nuit est belle !

Non, jamais je n'oublierai cette radieuse soirée passée à 10,000 pieds d'altitude, au sein des montagnes Rocheuses, en face de la plus grandiose nature qu'on puisse imaginer. Des millions d'étoiles scintillaient au-dessus de nos têtes dans un ciel d'une admirable pureté,

L'HÔTELLERIE DE PIKE'S PEAK.

où le grand nom de Dieu pouvait se lire en caractères sublimes. La lune jetait sa lueur vague sur les monts lointains, et le bruit indistinct d'une cataracte arrivait jusqu'à nous, à travers le silence solennel de ces hautes régions. L'émotion nous avait gagnés, au point que nous restions tous immobiles et muets, même les deux Yankees, d'ordinaire si bruyants.

Saisis par le froid, nous nous réchauffâmes en courant sur les rochers qui dominent le lac de la Moraine. Nous avions soin d'éviter les serpents qui abondent dans ces parages. Ils sont de l'espèce des serpents à sonnettes. Leur piqûre est des plus venimeuses. Heureusement, le wiskey, pris à grande dose, est un merveilleux antidote.

Nous rentrâmes à dix heures du soir à Lake-House, où chacun s'enveloppa dans de chaudes couvertures. Les deux Yankees, qui occupaient la chambre voisine de la mienne, me tinrent éveillé jusqu'à minuit, par des plaisanteries et des éclats de rire à perdre haleine. N'étant guère habitué à dormir à pareille altitude, je ne pus trouver le sommeil pendant le reste de la nuit.

Après un rapide déjeuner, nous remontâmes à cheval à cinq heures du matin. Il nous restait à gravir le cône du Pike's Peak, qui nous dominait encore de plus de 4,000 pieds. A mesure que nous nous élevions, la végétation disparaissait à vue d'œil. On ne voyait plus que des sapins dépouillés de leur écorce. Bientôt toute végétation cessa pour faire place aux éboulis. Nos chevaux s'exténuaient sur ces myriades de pierres branlantes. La dilatation de l'air les obligeait à s'arrêter à chaque instant pour reprendre haleine.

Ces débris de rochers, qui causaient tant de fatigue à nos bêtes, ne proviennent pas d'un éboulement partiel. Ils ont roulé comme des torrents sur toute l'étendue du cône. Le sommet même de la montagne en est entièrement recouvert[1]. Il n'est donc pas douteux que le Pike's Peak n'est plus qu'une ruine. La montagne a dû être ébranlée, à une époque plus ou moins récente, par un de ces tremblements de terre par lesquels le feu souterrain manifeste périodiquement sa présence dans la région qui s'étend des montagnes Rocheuses au Pacifique. Il est probable que le Pike's Peak, antérieurement à cette catastrophe, dépassait de beaucoup son altitude actuelle.

Nous n'étions plus qu'à 200 ou 300 mètres du sommet, lorsque nous atteignîmes la région des neiges. Ceux qui ont parcouru les Alpes ont appris à leurs dépens que les neiges s'y tiennent à une altitude bien inférieure. Mais il est à remarquer que le climat du Colorado diffère considérablement de celui des Alpes. Dans les montagnes de la Suisse, la ligne des neiges perpétuelles descend jusqu'à 7,000 à 8,000 pieds; dans les montagnes du Colorado, cette ligne ne va pas au-dessous de 13,500 pieds. En Suisse, la végétation

---

[1] J'ai observé un fait analogue au mont Gausta-Fjeld, en Norvége.

s'arrête à l'altitude de 5,000 pieds. Dans le Colorado, telle est la douceur du climat, qu'on y trouve de verts pâturages à la hauteur de 11,000 pieds. Des forêts de sapins croissent sur les flancs des montagnes à 12,000 pieds d'altitude. On y rencontre de brillantes fleurs et des fruits sauvages dans des anfractuosités situées à 10,000 ou 11,000 pieds.

Les neiges que nous abordions s'étendaient en tapis d'une blancheur éclatante au milieu des éboulis de roches porphyriennes. Ces neiges étaient tellement durcies par la gelée des nuits, qu'elles avaient presque la consistance de la glace. Les chevaux ne pouvaient avancer sur ces nappes glissantes. Aussi crûmes-nous devoir mettre pied à terre pour continuer l'escalade à pied.

Le colosse se dressait menaçant au-dessus de nos têtes, sous son éblouissant manteau de neige. Il semblait grandir à mesure que nous nous élevions. Nous éprouvions d'une façon manifeste l'influence de la raréfaction de l'air : tout le monde, jusqu'au guide lui-même, était haletant, essoufflé, et nous ne pouvions faire plus de vingt pas sans prendre du repos. Il nous fallut une heure entière pour traverser cette zone des neiges qui, vue de la plaine, semble une tache blanche à peine perceptible. La charmante voyageuse qui faisait partie de notre caravane triompha de toutes ces difficultés avec un courage tout viril.

Il était près de huit heures du matin lorsque nous parvînmes à la cime. Ce qui, de la vallée de Manitou, semble une pointe aiguë, est en réalité un large plateau de plusieurs hectares de superficie : la place de la Concorde y tiendrait à l'aise. Ce plateau est semé, dans toute son étendue, d'énormes débris de rochers, dont la présence ne peut s'expliquer que par l'hypothèse d'une commotion terrestre. Sur ces débris s'étend une couche de neige de plusieurs pieds d'épaisseur ; bien que cette neige ne fonde jamais, elle offre moins de consistance que celle qui tapisse les pentes : on y enfonce jusqu'aux genoux.

Au centre du plateau, se dresse la *Signal station*, érigée en 1873 pour l'observation des phénomènes météorologiques [1]. C'est une grossière construction sans étage, très-carrée, très-massive et très-solide, capable de résister aux terribles tourmentes qui se déchaînent à ces hauteurs et à la pression que l'accumulation des neiges exerce sur sa toiture pendant l'hiver. Ses murs, qui n'ont rien d'élégant, sont formés de grosses pierres trouvées sur place. Cette habitation est probablement la plus élevée du monde entier. Elle dépasse de 2,000 mètres l'hospice du grand Saint-Bernard, qui passe pour la plus haute habitation de l'Europe [2]. Ce qui est plus probable encore, c'est que les Américains sont jusqu'ici les seuls qui aient établi un fil télégraphique dans la région

---

[1] La première observation a eu lieu au mois d'octobre de la même année.

[2] L'hospice du Saint-Bernard est situé à 2,472 mètres au-dessus du niveau de la mer. L'observatoire du pic du Midi n'est qu'à 2,400 mètres.

des neiges éternelles. Nous en profitâmes pour annoncer à Manitou l'heureuse issue de notre expédition.

C'est une rude existence que de vivre au sommet des montagnes Rocheuses. Il faut être doué d'une santé robuste pour la supporter. En hiver, les habitants du signal sont bloqués par les neiges; pendant six mois, ils doivent vivre de provisions conservées. La température est alors celle de la Laponie. Ces braves gens me disaient que l'hiver précédent le thermomètre était descendu à 22 degrés sous zéro Fahrenheit (30 degrés centigrades). Au milieu de leurs souffrances et de leurs privations, le télégraphe est pour eux une véritable bénédiction : plus heureux que les naufragés des mers polaires, ils peuvent du moins communiquer à toute heure du jour avec le reste du monde.

On s'étonnera peut-être que des hommes puissent vivre à une altitude qui diffère peu de celle du mont Blanc, à une altitude où la pression atmosphérique est si faible, que le baromètre s'y maintient à une hauteur moyenne de 17 pouces (425 millimètres), et que l'eau y entre en ébullition à la température de 180 degrés Fahrenheit (82 degrés centigrades), à peine suffisante pour cuire des légumes. Ce fait n'aura plus lieu de surprendre si l'on admet, avec M. Boussingault[1], que l'homme peut s'accoutumer à respirer l'air raréfié des plus hautes montagnes. Ce voyageur ne ressentit aucun malaise au sommet du Chimborazo (6,100 mètres), là

---

[1] *Voyages aux volcans de l'Équateur.*

où Humboldt avait éprouvé des accidents assez graves ; il attribua cette insensibilité à son séjour prolongé dans les villes élevées des Andes. Dans les Andes, au Mexique, combien de villes qui atteignent l'altitude de 3,000 à 4,000 mètres !

Hâtons-nous cependant d'ajouter que les recherches les plus récentes semblent avoir établi qu'à partir d'une certaine altitude, le climat des lieux élevés est en somme défavorable à la santé. Conseiller à une personne délicate d'aller vivre au sommet du Pike's Peak serait le comble de l'absurdité [1].

Ce qui nous paraît certain, c'est que, à hauteur égale, l'air est moins raréfié dans les montagnes Rocheuses que dans les Alpes. On se rappelle que le célèbre Saussure avait à peine la force de consulter ses instruments au sommet du mont Blanc. M. Zumstein eut une hémorragie au mont Rose. Jamais un voyageur n'a éprouvé semblable accident au Pike's Peak, dont la hauteur est environ égale à celle du mont Rose. C'est que la densité de l'air ne dépend pas seulement de l'altitude absolue, mais aussi de l'altitude relative. La plaine qui domine les montagnes Rocheuses est quelque 1,000 mètres plus élevée que celle d'où émergent les Alpes.

A l'observatoire du Pike's Peak est déposé un registre destiné à recevoir les noms des ascensionnistes. La pre-

[1] M. Jourdanet, savant médecin français, a publié dernièrement sur cette question un livre intéressant qui a pour titre : *De l'influence de la pression de l'air sur la vie de l'homme.*

mière page porte la date du 14 juillet 1874. Il contenait déjà une centaine de noms, auxquels nous eûmes la satisfaction d'ajouter les nôtres.

Cette formalité accomplie, nous avions le droit de nous éparpiller sur le beau tapis de neige qui couronne le Pike's Peak. Nous profitâmes immédiatement de la liberté, et chacun de courir là où le sollicitait sa fantaisie. L'étendue du plateau, non moins que son élévation, empêche que l'on puisse dominer le pays environnant du point central où se trouve érigé le signal. Pour contempler le panorama des plaines et des montagnes, il faut s'avancer jusqu'au bord du plateau, successivement dans les quatre directions de l'horizon. Il est fâcheux que le spectateur ne puisse pas embrasser le champ de vue d'un coup d'œil. Un belvédère de 15 à 20 mètres de hauteur, élevé au milieu du plateau, ferait disparaître cet inconvénient. Il suffirait, pour en couvrir les frais, d'imposer, comme pour l'usage du sentier, un droit d'un dollar à tous ceux qui voudraient en profiter. Une vue d'ensemble, outre qu'elle permet au spectateur de s'orienter plus facilement, est infiniment plus grandiose que la vue restreinte d'une portion de l'horizon.

Je me portai d'abord vers l'est, dans la direction de la plaine. Presque sous mes pieds brillait le petit lac de la Moraine, qui semblait n'être plus qu'un débris de miroir. Tout au bas, à une profondeur incommensurable, s'ouvrait la vallée de Manitou. A l'aide du verre grossissant, on pouvait même distinguer Manitou-House, d'où nous étions partis la veille, et que nous dominions maintenant de plus de 8,000 pieds. De ce côté se montrait, réduite à d'infinies proportions, la porte naturelle du jardin des dieux, qui, vue de près, m'avait paru si gigantesque. Rien n'est grand que par comparaison. Plus loin, je reconnaissais la petite ville de Colorado Springs avec ses rues tirées au cordeau. Au delà, l'œil s'égarait à perte de vue sur un océan de plaines, où les nuages projetaient des ombres immenses. Du haut de mon observatoire, je dominais toute cette portion du Colorado qui s'étend depuis les montagnes Rocheuses jusqu'aux frontières du Kansas.

Je n'avais jamais contemplé de plus vaste horizon. L'air est ici d'une telle pureté, que la vue porte à plus de cent lieues de distance. Mais il faudrait être doué du regard perçant de l'aigle ou du condor pour distinguer les innombrables détails de cette immense mosaïque. Dans ce prodigieux éloignement, les objets n'ont plus que des contours vagues et indistincts : les œuvres humaines les plus colossales deviennent imperceptibles, et les dernières limites visibles de l'horizon se fondent dans l'azur du ciel. Rien ne peut mieux donner le sentiment de l'infini que la vue de ces espaces qui semblent déserts parce que l'œil n'y aperçoit aucune trace de vie. Sur l'Océan, tout est mouvement et harmonie ; ici, c'est le silence absolu et l'éternelle immobilité.

Dirigeons-nous vers le nord. Là, le plateau surplombe un abîme d'une effroyable profondeur, dont les parois à pic sont destituées de toute végétation. De ce côté, le Pike's Peak est inaccessible comme une muraille. En se couchant à plat ventre sur le bord du précipice, on peut apercevoir la base du cône à 1,000 mètres au-dessous du point d'observation. Cette vue donne le frisson, même quand on vient du Grand-Cañon de l'Arkansas. Avec la longue-vue, on distingue fort bien, à quarante lieues au nord, la ville de Denver, capitale du Colorado. On peut même apercevoir, à soixante-dix lieues de distance, les plaines du Nebraska et du Wyoming. Le fait n'est nullement douteux, puisque la cime du Pike's Peak est visible de Cheyenne, localité située sur le territoire du Wyoming. A l'opposite, dans la direction de Pueblo, se déploient les montagnes et les plaines du Colorado méridional et du Nouveau-Mexique.

C'est vers l'ouest que le tableau atteint toute sa sublimité. Là, l'œil embrasse le plus vaste horizon montagneux qu'il soit possible de concevoir. A trente lieues de distance, court une chaîne de pics neigeux qui semblent décrire un demi-cercle de deux cents lieues d'étendue. Leurs sommets, tailladés en scie, ont tous cette teinte azurée, cette espèce de reflet céleste qui dénote les hautes altitudes. Cette chaîne n'est autre que la Sierra-Madre, l'épine dorsale des montagnes Rocheuses. Là sont les plus hautes montagnes de l'Amérique du Nord. Là sont Gray's Peak, Long's Peak, Holy Cross, Mount Lincoln, James Peak, Mount Harvard, et tant d'autres cimes encore vierges du pas de l'homme.

Je ne pouvais détacher les yeux de cette formidable muraille, élevée entre les plaines californiennes et celles du Mississipi. Je ne me lassais pas d'admirer les crêtes et les dentelures de ces monts grandioses, sur lesquels planait la lueur immense des neiges. Ces montagnes Rocheuses, qui semblent vouloir se cacher derrière un triple rempart, se dévoilaient maintenant dans leur superbe apparat, comme à un lever de rideau. Leurs mille silhouettes, d'une infinie variété d'aspect, se découpaient dans un ciel ardent, que ne ternissait pas la moindre vapeur. Le flamboyant soleil du Colorado jetait sur toute la scène un éclat extraordinaire.

Ce qui attirait aussi mes regards, c'était cette admirable vallée de vingt-cinq lieues de largeur, qui s'étend du massif du Pike's Peak jusqu'au pied de la grande *Sierra*. Cette vallée, connue sous le nom de *Middle-Park* (parc du milieu), semble une délicieuse oasis jetée par la main de Dieu au milieu des montagnes. Ce n'est, dans toute son étendue, qu'un riant tapis de verdure, faisant un aimable contraste avec les cimes désolées qui servent de fond au tableau. L'homme n'a pas encore asservi à la culture ce jardin sauvage qui rappelle la terre aux premiers jours de sa naissance.

J'éprouvais une sorte de volupté à planer sur ce monde merveilleux, dont mon imagination pouvait à peine concevoir l'étendue. Le tableau que j'avais sous les yeux était si varié, si beau, si prodigieusement grand, que seul le puissant langage de la poésie pourrait rendre l'enthousiasme dont je me sentais envahi.

Le souffle de l'air élevait autour de moi de légers nuages qui s'évaporaient en montant vers le soleil : c'était d'un prestige charmant. Et comme pour me prouver que toute vie n'avait pas cessé dans ces régions voisines du ciel, un frêle papillon vint voleter à mes côtés, et un oiseau passa en jetant son cri plaintif. Ce peu de mouvement au milieu de ces immuables solitudes me causa une bien douce jouissance. Quel que soit le charme mystérieux de ces déserts inanimés, on ne peut s'y défendre d'un sentiment de mélancolie : ceux qui se sont élevés dans les austères régions des neiges perpétuelles peuvent seuls comprendre ce que la vue du moindre indice de vie peut y causer de satisfaction.

Pendant que ma pensée, franchissant le champ de vue, se promenait dans les plaines de l'Utah et le pays des Mormons, qui s'étendent par delà l'énorme barrière de la Sierra Madre, plusieurs coups de feu vinrent me tirer de ma rêverie. C'étaient les Yankees qui s'amusaient à brûler leur poudre. Je leur répondis en déchargeant mon revolver, et constatai avec surprise combien faible était l'intensité du son, à cause du peu de densité de l'air. En quittant mon poste, j'éprouvai soudain un malaise analogue à celui que j'avais ressenti au sommet du mont Perdu, et je compris qu'il était temps de chercher une atmosphère moins raréfiée. Je retournai au signal, où l'on n'attendait plus que moi pour opérer la descente.

Nous quittâmes la cime à dix heures du matin, après y avoir séjourné deux heures. Notre petite caravane se trouvait réduite à quatre personnes, nos deux Yankees ayant voulu rester jusqu'au lendemain au signal pour assister du haut du pic au coucher et au lever du soleil.

Je regrettai sincèrement de ne pouvoir leur tenir compagnie ; toutefois mes regrets ne furent pas de longue durée : vers midi le ciel s'assombrit tout à coup, et la cime du Pike's Peak, qui naguère étincelait au soleil sous son blanc linceul, s'enveloppa de nuages épais et disparut à nos yeux pour toute la journée : il était écrit que nos pauvres Yankees ne devaient voir ni le coucher ni le lever du seigneur Phébus. Même sous le beau ciel du Colorado les montagnes ont de ces caprices.

A midi et demi nous étions à Lake-House, où nous eûmes, en guise de dîner, une troisième édition du bouilli froid avec la tasse de café. Nous dûmes payer chacun la bagatelle de huit dollars pour cette hospitalité reçue à dix mille pieds au-dessus du niveau de la mer. En Amérique comme en Suisse, le prix des auberges varie en raison de l'altitude. Au signal, les prix sont encore deux fois plus élevés.

Nous remontâmes à cheval avec une nouvelle ardeur. Pendant cinq longues heures nous descendîmes l'interminable sentier que nous avions suivi la veille. Presque continuellement suspendus au-dessus des précipices, il fallait nous renverser sur la croupe de nos montures pour ne pas glisser par-dessus leur tête. Ces intelligents animaux triomphèrent de toutes les difficultés sans faire le moindre faux pas : le mieux était de se fier à leur instinct et de leur laisser la bride sur le cou.

Il était près de sept heures du soir quand nous rentrâmes à Manitou, brisés comme on peut l'être après une course à cheval de plus de seize heures. A peine étions-nous abrités sous le toit de Manitou-House, que le ciel, depuis longtemps menaçant, déchaîna ses cataractes. Bientôt ce fut un orage déclaré. Presque à chaque seconde brillaient des éclairs, accompagnés du roulement continu du tonnerre. Tout à coup le ciel s'ouvrit du côté du Pike's Peak : pendant quelques instants cette cime brune coiffée de plaques de neige se détacha, pleine de gloire et d'éclat, au milieu des noirs nuages qui enveloppaient toute la nature. La montagne, suspendue sur la brume indécise, semblait n'avoir plus de base, et paraissait démesurément haute. Avec quelle intime fierté je reconnaissais le plus haut piton que je venais de conquérir !

La tempête dura toute la nuit. Le lendemain à mon réveil il pleuvait encore, et le Pike's Peak s'obstinait à s'envelopper de nuages, au grand désespoir sans doute des deux Américains que nous avions laissés au signal. Ils revinrent dans la soirée, percés jusqu'aux os, furieux d'avoir été joués par les éléments.

XVIII

UNE GRANDE VILLE NAISSANTE

De Manitou je regagnai la plaine pour me rendre dans la capitale du Colorado. Un *narrow gauge* me fit franchir en quatre heures les soixante-quinze milles qui séparent Denver de Colorado Springs. Durant tout ce trajet le panorama des montagnes Rocheuses se déroula à ma gauche.

J'ai dit la déception que les montagnes Rocheuses m'avaient causée lorsque je les vis pour la première fois de la plaine de Pueblo. C'est ici le moment de leur faire amende honorable. A partir de Colorado Springs, elles commencent à s'accentuer. Parfois même le paysage a autant de grandeur qu'entre Pau et Bagnères-de-Bigorre. Le massif du Pike's Peak en forme le principal objectif. C'est du point appelé *Divide* que l'on a la vue la plus complète de ce massif remarquable. Divide occupe le faîte des versants du Missouri et de l'Arkansas : son altitude est de sept mille cinq cent cinquante-quatre pieds au-dessus du niveau de la mer. Juste sur la ligne de partage des eaux se trouve un lac qui présente cette singulière particularité de donner naissance à deux rivières dont l'une se déverse vers le nord et l'autre vers le sud.

Il était nuit quand j'arrivai à Denver. Rien ne pique ma curiosité de voyageur comme d'entrer de nuit dans une ville inconnue. J'étais d'autant plus intrigué, que je m'étais fait de Denver une idée tout à fait fantastique. J'avais encore en mémoire les descriptions de voyageurs qui en ont parlé comme d'un repaire de bandits et d'assassins. De leur temps, c'est-à-dire il y a six ans, l'étranger qui y entrait n'était pas certain d'en sortir. On ne parlait que de meurtres et de vols, et la justice expéditive de Lynch était la seule qui fût appliquée.

Quel ne fut donc pas mon étonnement lorsque je retrouvai ici tous les raffinements de la civilisation dont j'avais été privé depuis mon départ de Saint-Louis ! Des *expressmen,* des *bagagemen* pleins de politesse m'attendaient à la descente du train et m'installaient dans un omnibus aussi élégant que ceux de New-York ou de Boston. Je fus conduit à travers des rues éclairées au gaz, bordées de brillants magasins, qui montrent l'incomparable esprit d'entreprise des Américains, toujours fidèles à la devise : *Go ahead! never mind!* soit qu'ils se trouvent sur les rivages des mers, soit qu'ils s'établissent au cœur du continent.

Je descendis au *Grand central Hotel,* un vrai palais qui peut soutenir la comparaison avec les somptueux hôtels de Cincinnati et de Saint-Louis. Des journaux de New-York et de Chicago, qui n'avaient que trois jours de date, figuraient sur la table de la salle de lecture. Le *Daily Rocky mountain News* et le *Denver daily Times* donnaient même les télégrammes d'Europe datés de la veille. A Denver on suivait les événements d'Orient tout comme à Londres et Pétersbourg.

C'est aux chemins de fer que Denver doit sa transformation, dont la rapidité tient du prodige. A part San Francisco et Chicago, il n'est peut-être aucune ville en Amérique qui se soit développée en si peu de temps. Des hommes âgés de moins de trente ans se souviennent du temps où cette métropole du Colorado n'était encore qu'un campement de chercheurs d'or. Il y a à peine seize ans qu'un mineur y construisit le premier *log house*. Le Denver de ce temps-là portait le nom poétique de *Auraria*. Son nom actuel est celui d'un gouverneur de l'État du Kansas, dont le territoire du Colorado faisait partie autrefois. Le feu et l'inondation, tour à tour, détruisirent la ville naissante, en 1863 et 1864. En 1870 fut inaugurée la ligne de chemin de fer qui relie Denver à la ligne du Pacifique. Dès lors Denver a marché à pas de géant. Sa population, qui en 1870 atteignait à peine le chiffre de quatre mille âmes, dépasse aujourd'hui vingt-cinq mille, c'est-à-dire qu'elle a plus que sextuplé en six ans.

Cette jeune cité, qui n'abritait hier encore qu'un ramassis d'aventuriers, est maintenant tête de ligne de six voies ferrées; son commerce annuel s'élève à environ vingt-cinq millions de dollars. Êtes-vous capitaliste, vous y trouverez neuf établissements de banque. Vous occupez-vous d'éducation et de questions religieuses, vous y trouverez cinq écoles publiques, trois académies privées, un séminaire, une bibliothèque publique, trois journaux quotidiens, quatre feuilles hebdomadaires, et une vingtaine d'églises de toutes les communions. Êtes-vous marchand, vous pourrez vous arrêter devant de splendides magasins, et y admirer les produits et les richesses de toutes les nations. Êtes-vous malade, vous pourrez vous adresser à toutes les spécialités de l'art médical, depuis les savants en *pathe* jusqu'au vulgaire arracheur de dents. Je ne sais quelle prédilection ces derniers ont pour Denver : le mot *dentist* s'étale en grandes lettres à tous les coins de rue. Si vous vous intéressez aux travaux publics, vous trouverez à Denver des *water works* pour la distribution de l'eau, des *gas works* pour la distribution du gaz, des fossés d'irrigation, des lignes de tramways, etc. Denver City est administrée par un maire et douze échevins. Cette ville, où régnait le plus effroyable désordre avant 1870, possède aujourd'hui une aussi bonne police que New-York et San Francisco. Toutes ces merveilles se sont opérées en moins de six ans.

Il faut toutefois mentionner le revers de la médaille. Denver est peut-être la ville de l'Amérique qui paye le plus gros tribut aux incendies. Il ne se passe guère de jour sans qu'une maison soit la proie des flammes : c'est endémique. Des gens bien informés m'ont affirmé que ces accidents sont presque toujours provoqués par la malveillance ou par l'intérêt; ce qui tendrait à le faire croire, c'est que les incendies sont particulièrement fréquents dans les temps de crises financières. A-t-on besoin d'argent, on assure sa maison, en ayant soin d'en exagérer la valeur ; puis on y met le feu, et les compagnies vous payent le dommage en beaux écus sonnants. L'excuse est dans la jolie maxime américaine : « Fais de l'argent, honnêtement si tu peux, mais fais-en. »

Heureusement, Denver possède un *Fire department*. Un soir, j'aperçois à l'extrémité nord de la ville l'immense lueur d'un incendie. Poussé par la curiosité, je me dirige vers le lieu du sinistre. Je marche à grands pas pendant une demi-heure. Des pompes à vapeur me devancent, traînées par de robustes chevaux qui courent au triple galop, au son de la cloche. Tout le monde se gare comme au passage d'un train. Je traverse la rivière *South Platte* ; arrivé de l'autre côté du pont, je cherche des yeux l'incendie qui flambait tantôt à cette place... O surprise ! il était complétement éteint. Admirables pompiers américains ! Vos frères d'Europe ne sont pas dignes de délier les cordons de vos... pardon ! je songe que vous portez des bottes incombustibles.

M. John Russel Young, éditeur du célèbre journal le *New-York Herald*, a écrit cette phrase, que le moindre citoyen de Denver connaît par cœur : « Denver et Paris sont les deux villes dont je me suis épris à première vue, et où j'ai le constant désir de fixer un jour ma résidence ; je n'ai pas vu en Europe, ni en Amérique, de plus belle ville que Denver. »

Sans m'élever jusqu'à ce lyrisme tout américain, je puis dire que Denver occupe la plus belle place dans les souvenirs que j'ai emportés de mon séjour aux États-

Unis. Rien n'est plus séduisant d'aspect que la capitale du Colorado. Toutes les maisons sont bâties en briques de couleur rose ; elles sont fraîches et neuves, comme si elles venaient de sortir d'une boîte de joujoux d'Allemagne. Les rues, larges et bien aérées, se coupent à angle droit, comme dans toutes les cités américaines : on leur a donné des noms de pionniers et de citoyens éminents. Les rues de Denver diffèrent en deux points de celles des autres villes de l'Union ; elles ne sont pas pavées, et leurs trottoirs sont en bois. Le terrain est ici tellement rocailleux, qu'il constitue un macadam naturel : on se borne à égaliser le sol au moyen d'une espèce de charrue d'invention américaine qui figurait à l'exposition de Philadelphie.

La rivière South Platte divise la ville en deux parties, nord et sud : cette rivière, qui n'est qu'un large torrent, semblait être presque à sec lors de mon séjour ; mais les habitants m'affirmèrent que l'eau coule en grande partie sous le sable, qui est d'une consistance extrêmement légère : j'en eus la preuve dans un affaissement du sol qui s'était produit sur le bord de la rivière, et avait causé l'effondrement d'une maison de bois : le pauvre édifice, à demi enseveli dans le sable, penchait tristement sa façade au-dessus des eaux. La South Platte, comme presque toutes les rivières du Colorado, roule de l'or en quantité assez notable. Cet or est recueilli par ceux qui n'ont pas les ressources nécessaires pour se procurer l'outillage de l'exploitation des mines.

Le climat de Denver doit être éminemment salubre et

fortifiant, à en juger par l'apparence de sa population. C'est plaisir à voir l'air martial et robuste des hommes. Les femmes ont de larges épaules, et leur teint n'a pas cette pâleur qui m'a frappé chez les Américaines. C'est à la grande pureté de l'air et à l'absence d'humidité qu'il faut attribuer cette santé florissante des habitants de Denver. Cette capitale est, après Mexico, la plus élevée de l'Amérique du Nord : le plateau sur lequel elle est située a une altitude de plus de cinq mille pieds au-dessus du niveau de la mer. Le voisinage des montagnes doit avoir aussi une salutaire influence climatérique.

Ce que j'ai le plus admiré à Denver, ce qui sans doute a provoqué l'éloge dithyrambique que lui a décerné l'éditeur du *Herald,* ce n'est ni l'aspect de la ville, ni le charme de son climat, mais sa situation sans pareille. Au bout de chaque rue, s'ouvre une échappée sur les montagnes Rocheuses, qui se déploient en panorama, à quelques milles de distance, courant du nord au sud, et dressant vers le ciel leurs cimes éternellement radieuses, où se fondent dans une admirable harmonie la blancheur immaculée des neiges, la verdure des forêts, le pourpre que crée la distance, et les douces nuances des vapeurs transparentes. On découvre plus de cent lieues de montagnes, depuis les pics lointains et indécis des environs de Cheyenne jusqu'à la blanche cime du Pike's Peak qui découpe son superbe profil à quarante lieues au sud. Cette vue égale peut-être en grandeur et en magnificence le célèbre panorama de la chaîne des Pyrénées que l'on contemple du haut de la terrasse de Pau, et que Lamartine a proclamé la plus belle vue du monde : si le poëte avait vu Denver, il eût sans doute changé d'opinion ; il eût admiré cette lumière éclatante qui rehausse encore la splendeur de ces monts sublimes, et leur donne à toute heure du jour des tons chauds et des teintes veloutées d'une délicatesse exquise. C'est aux montagnes du Colorado, mieux encore qu'aux Pyrénées, que s'applique ce mot de Michelet : « Leur sublime est dans la lumière, dans les ardentes couleurs, dans les éclairs fantastiques. »

Un soir, je fis une promenade solitaire dans la campagne, pour humer l'air frais. C'était l'heure du coucher du soleil. La journée avait été brûlante, et un de ces terribles orages qui se renouvelaient presque chaque jour, venait de bouleverser l'atmosphère chargée d'électricité. Les noires nuées n'étaient pas encore complétement dissipées. Au moment où le disque lumineux descendit lentement derrière les pics neigeux, il se produisit une combinaison de teintes dont nul pinceau n'eût pu rendre la merveilleuse harmonie. Les nuages orageux affectaient la forme d'immenses draperies d'un rouge incandescent ; à travers les éclaircies, le soleil couchant projetait d'éblouissants faisceaux de rayons, des gerbes d'or dont la limpidité de l'air doublait l'éclat. A l'horizon, le ciel passait tour à tour du jaune doré au vert pâle, puis au bleu foncé. Tous les détails de la scène changeaient à vue d'œil : seules les montagnes formant le fond du tableau restaient immobiles sous leur manteau de nuance violet foncé. Bientôt, toutes ces couleurs se fondent dans l'ombre qui monte des régions inférieures, et la plaine est déjà plongée dans l'obscurité, que la cime du Pike's Peak resplendit encore comme un phare lointain : son dôme de neige est devenu rose, d'un rose idéal rayé d'argent.

J'ai vu les splendeurs des nuits polaires ; j'ai vu les aurores boréales de la mer Glaciale et du Labrador, mais elles ne m'ont jamais tant ému que les couchers de soleil du Colorado.

Je rentrai à l'hôtel, l'âme pleine de ces splendides images. Je m'étais à peine endormi, que je fus réveillé, vers onze heures du soir, par un effroyable vacarme, une cacophonie inimaginable ; les canons tonnaient, les fusées et les pétards éclataient, les cloches sonnaient à toute volée, les locomotives sifflaient sans discontinuer. Je ne rêvais pourtant pas, et je me demandai, les yeux grands ouverts, si l'heure du jugement dernier avait sonné. A minuit, tout rentra dans le silence.

Le lendemain, les journaux publiaient à leur première colonne un article intitulé : « *Colorado centennal state !* » Voici ce qui s'était passé. Le Colorado, qui la veille n'était qu'un *territoire* sans gouvernement propre, venait d'être érigé en État, et faisait désormais partie de l'Union. Une trente-huitième étoile venait d'être ajoutée à la voie lactée de la Colombie. La constitution du nouvel État avait été soumise au vote des habitants du territoire, qui l'avaient adoptée par neuf mille six cent trente-deux voix contre deux cent trente-six. Grâce au télégraphe, le résultat général avait été connu à Denver à onze heures du soir, et annoncé à la ville endormie par un tapage à réveiller les morts.

L'érection du Colorado en État n'était pas une simple promotion en dignité : au lieu d'être gouverné par un pouvoir placé à Washington, à huit cents lieues du territoire, le Colorado va pouvoir maintenant se gouverner lui-même, choisir ses législateurs, et se donner des lois. Ce fait a également une portée financière : le Colorado *État* sera, aux yeux des capitalistes, autre chose que le Colorado *territoire;* les capitaux étrangers, qui osaient à peine se montrer dans cette portion de l'Amérique, y afflueront maintenant comme en Californie et dans le Nevada, donneront un immense essor à l'exploitation des riches mines d'or et d'argent des montagnes Rocheuses, et amèneront, par le fait même, un accroissement de population dans ces contrées encore à peine habitées. Puisse le nouvel État, maître de ses destinées, grandir comme ont grandi ses aînés !

XIX.

GOLDEN CITY. — IDAHO SPRINGS.

Je quittai Denver un matin, dans le but de faire une excursion dans le principal district minier du Colorado, le *Gilpin county*. Si l'on jette les yeux sur une carte du Colorado, on verra que ce comté est le plus petit du territoire ; mais nulle part on ne trouve autant de mines d'or dans un espace aussi restreint. C'est de là qu'on a tiré les cinq huitièmes des lingots du Colorado. On a calculé qu'il a été extrait du comté de Gilpin au delà de trente-quatre millions de dollars depuis les premières découvertes en 1859. La production totale du Colorado a été estimée à soixante millions.

Cette contrée est reliée depuis trois ans à la capitale par le chemin de fer du Colorado central, construit sur le type du *narrow gauge*. C'était le seul type possible dans les gorges étroites des Foot-Hills, où les courbes rapides sont la règle, et la ligne droite presque une chimère.

Quand je m'installe dans une voiture de chemin de fer, ma première étude est celle de mes compagnons de voyage. Cette fois, je me trouve décidément en singulière société. Si j'étais artiste, j'aurais bientôt croqué ces vigoureux gaillards à mine patibulaire, coiffés du chapeau mou à larges bords, chaussés de grandes bottes qui n'ont plus vu le cirage depuis plusieurs jours. Leur barbe taillée en brosse s'arrête brusquement à la lèvre inférieure. Leurs traits anguleux, empreints de dureté, ne dénotent rien de bon, sauf l'énergie et la détermination. Ce sont, à n'en pas douter, des chercheurs d'or. S'ils ruminent, c'est à l'or qu'ils songent. S'ils parlent, c'est l'or qui fait le fond de leur conversation. Ils parlent d'or comme nos paysans parleraient de choux ou de navets. L'un d'eux m'aborde pour me demander si je veux partager avec lui tout l'or que renferme son coffre : je regarde ce singulier philanthrope d'un air ébahi, mais il parle d'un air si convaincu que je ne puis croire qu'il veuille plaisanter. La soif de l'or lui a fait perdre la raison, comme je ne tarde pas à l'apprendre par ses propos incohérents. Et cet homme, qui me faisait rire d'abord, me fait maintenant mal à entendre. Hélas ! les mines d'or ne font pas que des heureux !

A peine ai-je quitté la plaine de Denver, que voici Golden City. Cette petite ville est aussi séduisante que son nom, qui veut dire la *Cité d'or*, bien que l'or n'entre pour rien dans la construction de ses maisons. Ce n'est pas tant au précieux métal qu'elle doit sa prospérité qu'aux riches gisements de charbon qui abondent dans ses environs. Golden, qui compte déjà deux mille âmes, est la capitale du comté de Jefferson. Son principal édifice est l'école des mines du Colorado. Elle possède deux ateliers de réduction et de fusion, où l'on traite l'or et l'argent. Golden est situé à quinze milles de Denver, au fond d'une verte vallée, dominée par des montagnes dont les silhouettes affectent la régularité de constructions militaires : on y voit des bastions, des tours, des châteaux où des géants semblent avoir appliqué l'équerre ; il ne manque, pour parfaire l'illusion, que quelques batteries de canons.

A Golden City commence le défilé qui a nom Clear Creck Cañon. Au sortir d'une vallée inondée de soleil, le train pénètre à toute vapeur dans une sombre fissure, entre deux murailles granitiques, dont les crêtes déchirées se penchent l'une vers l'autre à trois mille ou quatre mille pieds de hauteur. Cette partie du trajet est remplie d'émotions vives. Pendant plus de deux heures, on côtoie un lugubre précipice au fond duquel se tordent les eaux troubles et écumeuses de la Clear Creck : elles bondissent avec furie dans leur lit trop étroit, et là où l'œil ne peut les suivre, on entend leurs mugissements sonores. Le train décrit des courbes effrayantes, gravit des pentes ardues, s'élève de cent pieds par mille, et longe le torrent de si près, qu'il surplombe presque continuellement l'une de ses rives. J'avoue que plus d'une fois la désagréable perspective d'y prendre un bain se présenta à mon esprit : crainte d'autant plus justifiée qu'une locomotive avait roulé dans l'abîme la semaine précédente ; le machiniste avait eu la bonne idée de l'abandonner avant qu'elle fît le plongeon.

Il a fallu toute l'audace du génie américain pour

construire une voie ferrée dans un pareil lieu. Il y avait à vaincre d'immenses difficultés. Le défilé était tellement étroit, qu'il ne s'y trouvait pas même la place d'un sentier : presque partout le torrent en occupait toute la largeur. Il fallait ou élargir le défilé par la sape et la mine, ou rétrécir le torrent par des remblais. C'est à ce dernier expédient que les ingénieurs ont eu recours : ils ont emprisonné le torrent dans des rives plus étroites, et ont laissé complétement intactes les parois de la gorge. En Europe, on eût fait tunnel après tunnel; ici il n'y en a pas un seul.

A huit milles de Golden, la locomotive, fatiguée d'une ascension de huit cents pieds, s'arrête pour prendre de l'eau à Beaver Brook station. Il serait difficile d'imaginer un site plus séduisant et mieux encadré que ce coin perdu au fond des Foot-Hills. Les montagnes, tapissées de superbes conifères, s'élèvent jusqu'au ciel par une série de gradins sur lesquels bondissent en ressauts gracieux de nombreux filets d'eau qui vont mourir en panaches blancs dans la Clear Creck.

La machine reprend sa course ascendante, et nous dépose à Floyd's Hill, à trente-cinq milles de Denver. C'est le terminus de la voie ferrée. Un *stage coach* attend les voyageurs à la descente du train. Cette diligence, d'un aspect archaïque, rappelle fort bien les carrosses du siècle de Louis XIV. Les neuf places sont immédiatement emportées d'assaut. Avant de fouetter ses chevaux, le postillon réclame le prix des places. Le luxe des portefeuilles et des porte-monnaie n'a pas encore passé par ici. Chacun tire de sa poche un horrible mélange de greenbacks devenus méconnaissables à force d'avoir été froissés, déchirés. Pauvre dollar ! *quantum mutatus!* Étrange destinée que celle d'être tout à la fois adoré comme un dieu, et traité comme un vil chiffon !

Enfin, voilà la lourde machine qui s'ébranle. Grands dieux ! quels sauts ! quels soubresauts ! Foi d'honnête homme, je n'avais pas encore subi pareille épreuve. Il fallait m'arc-bouter énergiquement pour résister à la tendance qui m'entraînait sans cesse vers le nez de mon voisin de face. Vingt fois je crus que le moment de verser dans la rivière était enfin venu, mais chaque fois le mouvement de bascule s'arrêta à temps. Je ne sais par suite de quelle dérogation aux lois de l'équilibre nous arrivâmes sains et saufs à Idaho.

Idaho Springs est la plus ancienne localité thermale des montagnes Rocheuses. Elle est pittoresquement située au fond de la vallée de la South Clear Creek, au pied de montagnes prodigieusement hautes, dont les formes âpres et abruptes ont un caractère de sauvagerie indescriptible. C'est dans leurs anfractuosités que dorment les eaux glacées des trois lacs connus sous le nom de *Chicago lakes.*

Ce qui constitue la *chief attraction* d'Idaho, ce sont ses sources chaudes d'eau de soude, qui jaillissent de terre à la température d'environ cent dix degrés Fahrenheit. Elles contiennent une grande quantité de carbonate et de sulfate de soude. Ces eaux alimentent un bassin spacieux, où l'on se baigne en commun ; mais, à la différence de Loëche-les-Bains, il existe un bassin spécial pour les dames. Le Mammouth est le bassin des hommes, l'Océan est celui des dames. La température de l'eau varie entre soixante et cent dix degrés Fahrenheit. On trouve aussi, à proximité des sources chaudes, différentes sources froides riches en acide carbonique : leurs eaux constituent une délicieuse boisson, mais elles n'ont pas encore été analysées. Les eaux d'Idaho passent pour avoir une efficacité merveilleuse dans les affections rhumatismales : les médecins américains prétendent que les eaux d'Ems, d'Aix-la-Chapelle, de Baden, ont moins de propriétés curatives.

Idaho jouit d'un climat délicieux. Les chaleurs n'y sont jamais intenses, et les nuits sont fraîches, même au cœur de l'été. L'hiver est tellement doux, que les forêts verdoient sur les pentes des montagnes pendant toute l'année. La pureté de l'air provoque chez les nouveaux venus une douce gaieté qui ressemble à une sorte d'ivresse. Idaho, grâce à sa facilité d'accès, est appelé à devenir, avec Manitou, un *favorite resort,* un rendez-vous de la fashion américaine.

Voulez-vous bien dîner? Allez au fond des montagnes Rocheuses, à *Beebee house.* C'est l'unique hôtel d'Idaho. S'il n'a pas de peine à être le meilleur de la localité, il n'abuse pas de son privilége. Nulle part aux États-Unis, je n'ai trouvé si bonne cuisine qu'à la maison Beebee. Tant pis pour les amateurs de couleur locale qui s'imaginent que les montagnes Rocheuses sont encore un pays de wigwams où l'on ne trouve à manger que des cuisses de bison séchées au soleil. Il faut croire cependant que le bison n'est pas encore devenu tout à fait légendaire, car j'en ai mangé le lendemain à Central City, et j'affirme en conscience que cela valait bien le gigot de renne que j'ai mangé en Laponie.

Pour aller d'Idaho à Central City, il fallut me résigner de nouveau au supplice du *stage coach*. Voilà bien une autre voiture ! En la voyant, je me mis à regretter ces abominables véhicules, connus en Espagne sous le nom significatif de *galères,* si bien décrits par Théophile Gautier. Qu'on s'imagine une sorte de char à bancs, privé de toute espèce de ressort : les pauvres voyageurs y sont entassés les uns sur les autres comme des colis. Les fenêtres furent ornées au temps jadis de carreaux de vitre ; mais depuis qu'ils ont disparu, on les a jugés un luxe aussi inutile que les ressorts. Comme il pleut à torrents, on veut bien nous accorder, en guise de carreaux, des morceaux de toile grise, qui nous masquent complétement la vue du paysage. Et c'est vraiment fâcheux, car le Virginia Cañon que nous allons parcourir est l'une des plus belles gorges du pays. Qu'y faire ? Chanter le refrain

Let it rain,
As it does in Spain.

Sept voyageurs sont empaquetés dans la patache. La variété de leurs types montre la diversité des peuples que l'or attire dans cette contrée. Un Yankee natif de l'Ohio me fait face. Il travaille depuis seize ans dans les mines d'or, et gagne à ce métier deux et demi à trois dollars et demi par jour. Au fond du coche, un Canadien français occupe la place d'honneur entre un Californien et un Polonais. Un Allemand d'une trop belle corpulence me meurtrit le bras gauche à chaque cahot. Ma voisine de droite personnifie la Suède : je lui parle avec enthousiasme de Stockholm, du lac Mælar, des belles campagnes de la Dalécarlie. Elle m'écoute avec émotion, me regarde de ses beaux yeux bleus : sa paupière se mouille, ses traits s'animent au souvenir de son pays. Pouvoir magique de l'image de la patrie ! Le moindre mot qui l'évoque, fût-on au bout du monde, fait tressaillir le cœur.

Pendant trois longues heures, nous gravissons une côte extrêmement ardue. A chaque instant, les chevaux s'arrêtent pour souffler, en dépit de l'effroyable orage qui se déchaîne au-dessus de nos têtes. Le tonnerre a des échos formidables dans ces montagnes. La pluie, qui fouette obliquement, pénètre dans la voiture par les ouvertures de la toile, et un vent âpre et froid nous mord au visage. La température fraîchit à mesure que nous nous élevons : chacun se couvre le mieux qu'il peut, et tout le monde grelotte comme en plein hiver.

En soulevant la toile de la fenêtre, j'aperçois de nombreux tunnels pratiqués dans les flancs de la montagne. On en trouve tout le long du chemin. Cette gorge de Virginia Cañon contient d'inépuisables richesses minérales : le quartz aurifère, le fer, le cuivre y abondent. La montagne y est littéralement criblée de galeries creusées et fouillées par les chercheurs d'or.

Vers quatre heures du soir, nous arrivâmes au plus haut point du col qui conduit de la vallée d'Idaho à celle de Central City. Ce point est à onze mille pieds au-dessus du niveau de la mer, altitude supérieure à celle des plus hautes cimes des Pyrénées. Je doute qu'il existe ailleurs un chemin carrossable à pareille élévation. Mon voisin de l'Ohio m'affirme que, par un temps clair, on découvre de là un des plus beaux spectacles que puisse offrir la chaîne entière des montagnes Rocheuses : les cimes neigeuses de la Sierra Madre s'y déploient en un vaste panorama. Malheureusement, nous sommes dans les nuages, et nous ne voyons pas à vingt mètres de distance.

Mon Yankee me montre, à gauche de la route, l'emplacement où existait, il y a quatre ans, une *mining town,* ou campement de mineurs. Une pauvre baraque en planches en est le dernier vestige. Dans les régions minières de l'Amérique, villes et villages naissent et disparaissent comme les insectes d'un jour. Il n'y a que l'appât de l'or, *auri sacra fames,* qui puisse déterminer un homme à s'établir dans ces affreux déserts, où l'œil cherche en vain un arbrisseau, ou même une touffe de verdure.

Nous descendîmes à fond de train une pente aussi rapide que les montagnes russes ; notre pauvre véhicule, en se heurtant contre les mille pierres du chemin, bondissait comme une balle élastique : sans l'adresse du postillon, nous nous serions brisés en mille morceaux au fond des précipices. En moins d'une heure, nous exécutâmes ainsi une descente de près de trois mille pieds. Nous arrivâmes rompus à Central City. J'étais dans la métropole du pays de l'or.

XX

CENTRAL CITY. — L'EXPLOITATION DE L'OR.

Le coche nous déposa devant l'hôtel *Teller House,* grand édifice carré qui sert de demeure à la plupart des ingénieurs et administrateurs des mines. La salle commune était chauffée par un grand poêle de fonte, et j'éprouvai en y entrant un véritable bien-être. En plein mois de juillet on en était là à Central City, et dans l'an de grâce 1876 de torride mémoire, les hôtes de Teller House n'avaient pas encore passé un jour sans feu. Le thermomètre Fahrenheit marquait ici cinquante degrés, pendant qu'il oscillait entre cent et cent-dix degrés à Denver.

Il faut avoir enduré pendant un mois le supplice épouvantable de cette dernière température pour comprendre le plaisir que j'éprouvai à trouver enfin la fraîcheur après laquelle j'aspirais jour et nuit.

Un samedi je m'éveillai de bonne heure par un ciel serein : plus un seul indice de la tempête de la veille. L'air est si extraordinairement sec dans cette contrée, qu'en moins d'une nuit la boue se change en poussière.

Après le déjeuner je fis une promenade dans la ville.

Elle n'est pas sans avoir des traits de ressemblance avec Baréges, dans les Pyrénées : une rue unique, qui suit tous les caprices du terrain; des maisons, la plupart en bois, éparpillées de la façon la plus pittoresque sur des pentes nues et stériles. Si l'on gravit les hauteurs environnantes, on découvre les sommets neigeux de la chaîne des Rocheuses, dont le plus voisin est le James-Peak.

Comme Baréges, Central City est à une grande élévation au-dessus du niveau de la mer. Son altitude est de plus de huit mille pieds. Aussi l'air y est-il âpre et piquant : même par un ciel bleu et un soleil d'été, une bise froide me mordait à la gorge. Beaucoup de mineurs ne peuvent supporter ce climat : ils contractent les fièvres des montagnes et doivent à certaines périodes aller se retremper dans la plaine.

Au point de vue de la richesse, de la population et de l'activité industrielle, Central City est la plus importante ville minière du Colorado. Elle est la capitale du comté de Gilpin, et compte environ trois mille âmes. Dans la même vallée sont situées deux autres villes minières, Black Hawk et Nevada. Elles sont si rapprochées de Central City et ont des intérêts tellement identiques, que les trois localités ne forment, en quelque sorte, qu'une seule et même ville. En se développant, elles ne pourront que se rapprocher davantage, car la vallée est trop étroite pour qu'elles puissent s'étendre dans une direction autre que celle de la ville centrale. La population des trois localités réunies atteint environ le chiffre de sept mille âmes. Toute cette population est exclusivement vouée au travail des mines et au commerce de ce qui a rapport à leur exploitation.

L'existence de Central, comme ville, remonte à l'année 1864. A cette époque elle fut « incorporée », c'est-à-dire érigée en commune ayant sa charte, son conseil municipal, son école et sa justice de paix. En 1874, juste dix ans après sa fondation, un terrible incendie détruisit la nouvelle ville presque de fond en comble. L'hôtel Teller House et trois ou quatre magasins furent seuls épargnés. En moins d'une année la ville se releva de ses cendres, plus belle qu'auparavant : de solides édifices en briques ont remplacé beaucoup d'anciennes maisons de bois.

A Central City, comme dans maintes villes de Californie, le macadam des rues se compose du rebut des mines : les habitants peuvent donc se vanter avec raison que leurs rues sont pavées d'or. Les montagnes avoisinantes ont été tellement perforées dans tous les sens, que leur surface criblée de puits, de galeries, présente l'aspect de rayons de miel. La valeur du minerai qu'on en retire annuellement s'élève à deux millions de dollars.

Le principal but de mon voyage à Central City était de voir une mine d'or. Grâce à l'obligeance de M. Richmond, ingénieur, pour qui j'avais une lettre d'introduction, je pus descendre dans la mine de Bobtail, la plus ancienne et la plus importante du pays.

La galerie d'entrée s'ouvre sur la route qui mène de Central à Black-Hawk, à un demi-mille de ces deux localités. Ici M. Richmond me laisse et me confie aux mains d'un mineur qui connaît tous les détours du labyrinthe où il va me guider. Munis de chandelles, nous nous enfonçons dans une étroite galerie percée en voûte dans une roche très-dure, de nature granitique. Il y règne une température glaciale : un courant d'air froid venant de la cheminée d'aérage me fouette le visage et éteint ma lumière chaque fois que je cesse de l'abriter de la main. L'eau suinte à travers la voûte et tombe en grosses gouttes sur le sol glissant et boueux. Cette galerie, qui n'a été terminée qu'en 1872, a une longueur de deux mille pieds. Elle coupe la mine à environ cinq cents pieds de profondeur.

Au bout d'un quart d'heure, la galerie se bifurque. Nous prenons l'aile gauche. Bientôt le bruit des pioches m'annonce que nous sommes près d'une veine. Voici les mineurs au travail. Rude est leur besogne : ils attaquent à grands coups la roche métallifère, d'une extrême dureté. Il faut être taillé en athlète pour supporter ce pénible métier, qui rapporte douze à quatorze francs par jour. Il n'y a pas six ans que le salaire s'élevait encore à vingt et vingt-cinq francs par jour, mais les chemins de fer et la concurrence ont changé les choses.

La veine que nous avons sous les yeux n'a guère qu'un mètre d'épaisseur, mais elle est d'un quartz riche et bien distribué, donnant de magnifiques rendements. La direction est de l'est à l'ouest. La plupart des minerais aurifères du district de Gilpin contiennent une certaine quantité d'argent. Dans le minerai de Bobtail, l'argent entre dans une proportion de 6 pour 100. Sa valeur totale, en or et en argent, est de cent cinquante dollars la tonne. Le minerai choisi a donné jusqu'à sept cents dollars.

Le principal puits d'extraction descend à une profondeur de cent quarante pieds au-dessous de la grande galerie. Il est divisé en quatre compartiments, un pour les pompes qui puisent l'eau des souterrains, un pour la cheminée de ventilation, et les deux autres pour les wagons qui entraînent le minerai. Ces wagons ont une capacité de deux tonnes. Ils sont traînés sur des rails par des mules.

La mine de Bobtail est exploitée depuis 1869 par une compagnie. Depuis sa découverte en 1859 jusqu'en 1870, elle avait produit deux millions et demi de dollars. Elle a produit environ un million de 1870 à 1876, ce qui donne un chiffre total de trois millions et demi.

Malgré l'intérêt que je pris à m'instruire de tous ces détails, ce fut avec un sentiment de satisfaction que je sortis de ce monde souterrain dont l'atmosphère glaciale et les ténèbres éternelles ne semblent pas faites pour les hommes. Mieux vaut mille fois la douce et chaude lumière du soleil que les plus belles mines d'or!

Entrons maintenant dans l'atelier de broyage de Black-Hawk (*Black-Hawk Stamping mill*). Cet atelier est devenu, en 1875, la propriété de la Compagnie de Bobtail : on y traite le minerai de cette dernière mine en le pulvérisant sous de grands pilons en fonte mus par la vapeur. Chaque pilon pèse six cents livres. Ils sont au nombre de soixante-quinze, divisés en sections de vingt-cinq. Cinq batteries de cinq pilons forment une section. Chaque section est mue par une machine du système Woodbury, en sorte que l'on peut arrêter le mouvement de l'une sans que les autres cessent de fonctionner. Le mouvement est donné par deux chaudières tubulaires de dix-huit pieds de long. Un seul homme suffit aux soins des chaudières et des machines. Le poids des pilons a été calculé de manière qu'ils puissent broyer une tonne par vingt-quatre heures. Il se consomme un onzième de tonne de charbon à raison d'une tonne de minerai. Le minerai, broyé et pulvérisé, tombe dans des cylindres tournant sur eux-mêmes, où ils s'amalgament avec le vif-argent : ces cylindres sont visités et vidés chaque semaine.

La compagnie de Bobtail possède deux autres ateliers de broyage de vingt pilons chacun, mus par la force de l'eau. La mine de Bobtail suffit actuellement au service de quatre-vingts pilons; en d'autres termes, son rendement est de quatre-vingts tonnes par jour. On espère qu'elle donnera cent quinze tonnes lorsque tous les travaux pour la mise en exploitation seront terminés.

En sortant des *Stamping-Works,* je fus présenté par M. Richmond à M. Hill, directeur de la fonderie de Black-Hawk, établie en 1867 par la *Boston and Colorado Smelting Company.* Les ateliers, disséminés en huit groupes de constructions, occupent un vaste emplacement. Dans un magasin spécial sont réunis les minerais les plus riches. La fonderie proprement dite contient quatre fourneaux de fusion. D'autres bâtiments contiennent huit fours de calcination. L'or, l'argent et le cuivre sont traités chacun dans des bâtiments séparés. L'ensemble des édifices, ateliers, magasins, laboratoires, couvre une étendue de plus de quatre acres. La fonderie traite chaque jour cinquante-deux tonnes de minerai. Le coût du combustible et de la main-d'œuvre s'élève à cinq cents dollars par jour.

Les procédés employés sont en rapport avec les derniers perfectionnements. On commence par briser le minerai en morceaux de la grosseur d'un œuf. On en fait un tas de soixante-quinze à cent tonnes qu'on dispose sur une couche de bois à laquelle on met le feu. Le monceau de sulfure est recouvert pendant l'opération de minerai tamisé afin de prévenir une combustion trop rapide qui amènerait une perte de produits. Ce grillage se poursuit lentement pendant deux mois jusqu'à élimination complète du soufre contenu dans le minerai. Les minerais d'or ne sont pas soumis à ce procédé : on les grille dans des fours à réverbère, ainsi nommés parce que la flamme y est réverbérée par le dôme du four sur l'aire où est étendu le minerai.

Les minerais calcinés sont ensuite traités dans le fourneau de fusion. Ils doivent être disposés en cinq ou six couches de différentes sortes, combinées de telle façon que la fusion puisse s'opérer dans les meilleures conditions possibles. Ce travail de combinaison se fait au laboratoire et demande beaucoup d'habileté et d'expérience. La réduction de huit à six heures dans la durée moyenne de la fusion équivaut à une économie de soixante-quinze mille dollars par an. On n'emploie pas de *flux* (fondants) à proprement parler, tels que la chaux, le spath fluor ou le fer. Le procédé consiste à séparer la *matte* (substance métallique qui n'a subi qu'une première fusion) des *scories* (écume du métal fondu). Cette matte renferme toute la quantité d'or, d'argent et de cuivre contenue dans le minerai : vingt tonnes de minerai sont concentrées en une tonne de matte; en d'autres termes, la matte est au minerai dans le rapport de cinq pour cent. La matte broyée subit un nouveau grillage, et l'argent est éliminé. Le résidu est converti de nouveau en matte par la fusion, après quoi l'on en extrait l'or par un procédé de l'invention de M. Richard Pearce, qui n'est employé nulle part ailleurs. Une description complète de ce procédé exigerait de longs développements techniques. La séparation s'opère sans l'aide d'acides ou d'aucune composition chimique : on retire l'or de la matte par le simple procédé du four. L'argent, dont le rendement s'élève à vingt-six mille dollars par semaine, est envoyé à la Monnaie de New-York, sans affinage ultérieur.

La fonderie de Black-Hawk est la plus importante du Colorado et peut-être même de l'Amérique. De toutes les mines du pays on y envoie le minerai métallifère. L'argent sort des fourneaux à l'état de magnifiques gâteaux d'une valeur de deux mille dollars : c'était à grand'peine que je parvenais à les soulever. Quant à l'or, je ne m'étonne plus de sa rareté depuis que je sais que la quantité de ce métal extraite de dix tonnes de minerai tiendrait aisément dans une coupe à champagne.

La quantité de minerai traitée à la fonderie de Black-Hawk de 1868 à la fin de 1875 s'élève à plus de huit millions de dollars. La construction du chemin de fer de Denver au Grand Pacifique, en 1870, et surtout l'établissement, en 1873, du *narrow gauge* qui relie Denver à Black-Hawk, ont puissamment contribué au développement du district minier de Gilpin. L'abaissement du salaire et la réduction considérable du prix des denrées ont été la conséquence naturelle de la diminution des frais de transport. Le salaire, qui montait à quatre ou cinq dollars par jour il y a dix ans, n'est plus aujourd'hui que de deux dollars et demi à trois dollars. Le sac de farine, qui coûtait en 1866 vingt à vingt-quatre dollars, revient maintenant à quatre ou cinq dollars. Le prix du bois a diminué des deux tiers, et le fer, des trois quarts.

Aujourd'hui que le Colorado est constitué en État, qui peut prévoir l'essor que prendra l'exploitation minière, aidée par les capitaux étrangers? On a dit que la nature a traité l'Amérique en enfant gâté sous le rapport des richesses minérales. Ceci est surtout vrai pour les montagnes Rocheuses. On n'en a pas exploré la centième partie, et les découvertes des dix dernières années ouvrent à l'imagination les plus brillantes perspectives pour l'avenir. Quels trésors incalculables ces contrées vierges ne réservent-elles pas aux générations futures! C'est là le secret de Dieu.

XXI

DE DENVER A CHICAGO.

J'ai parcouru une seconde fois les plaines, les prairies sans limites, les silencieuses solitudes du Kansas. J'ai vu le soleil se coucher dans le grand désert américain ; j'ai vu les antilopes s'enfuir d'une course légère au passage du train, pendant que lapins et chiens de prairie se sauvaient dans leurs terriers ; j'ai vu les horizons succéder aux horizons, toujours mornes, déserts, sauvages. Cette nouvelle traversée des plaines m'a semblé fastidieuse. La terre infinie lasse plus vite que la mer infinie. C'est avec bonheur que j'ai revu, aux approches du Mississipi, la verdure des forêts, les gras pâturages et les belles cultures.

De Denver à Chicago le parcours est environ le même que de Paris à Cadix : onze cent vingt milles, ou plus de cinq cents lieues. Ces cinq cents lieues, on les brûle en cinquante-deux heures, dont il faut déduire une demi-heure d'arrêt à Kansas City, où l'on change de train. En Amérique, on franchit ces énormes distances sans beaucoup de fatigue. Qu'est-ce donc que passer deux nuits en chemin de fer, quand on est beaucoup mieux couché

dans son *sleeping car* que dans une cabine de navire?
Pendant le jour, rien ne vous force à occuper votre siége
de velours du matin au soir; vous pouvez circuler d'une
voiture à l'autre, vous promener le long du train,
prendre le frais sur la plate-forme extérieure des wagons.
Le roulement des voitures est d'ailleurs infiniment plus
doux que sur les chemins de fer européens, sans doute
à cause du poids considérable du matériel roulant.

Je crois avoir décrit ailleurs les confortables voitures
de chemin de fer américaines. Le idées démocratiques
ne permettaient pas, en théorie, d'adopter plus d'une
classe de wagons. Mais, en pratique, le principe est
parfaitement éludé, car les distinctions sociales règnent
aux États-Unis comme partout. Les wagons attelés à
l'avant du train sont considérés comme wagons d'émigrants : bien qu'ils soient identiques avec ceux de l'arrière, et que leurs banquettes soient munies des mêmes
coussins de velours, on y voyage à prix notablement
réduit. On y a l'agréable compagnie des nègres et des
négresses, avec leur odeur *sui generis*.

Une autre grave infraction au principe d'égalité, ce
sont les wagons Pullman et les wagons Wagner qui sont
généralement attelés aux trains express. En payant un
supplément proportionné à la distance à parcourir, on
peut se procurer le plaisir de voyager dans un élégant
salon, meublé de sofas, de fauteuils, de glaces... et de
crachoirs. Il est défendu d'y fumer, mais on y peut chiquer à loisir. Il n'y a pas que les wagons-salons (*drawing
car*), il y a aussi les wagons-dortoirs (*sleeping car*) et les

wagons-salle à manger (*dining car*) où l'on peut se faire servir à dîner ou à déjeuner, toujours moyennant un petit supplément.

Les *sleeping cars* servent pendant le jour de salons de conversation. La nuit venue, ils se transforment en dortoirs comme par enchantement : des nègres étendent des matelas, des couvertures, des draps bien blancs, sur les siéges qui constituent les couchettes de dessous ; puis ils appuient le pouce sur un ressort, et voilà que d'autres couchettes que dissimulaient les boiseries du plafond viennent se ranger au-dessus des premières. Ainsi métamorphosé, le salon roulant ressemble à la cabine d'un navire, avec cette différence que les lits y sont infiniment plus larges et que leurs occupants ne sont pas secoués par le roulis et le tangage. Les messieurs et les dames dorment en commun. Ce qui en Europe serait un danger évident pour les mœurs n'entraîne aucun inconvénient en Amérique : c'est qu'en Amérique les femmes ont été habituées dès leur enfance à se garder elles-mêmes. Les hommes savent à quoi ils s'exposent en leur manquant de respect; une inconvenance se chiffre en dommages-intérêts : mille dollars pour une familiarité, cinq mille pour une déclaration, dix mille pour une promesse de mariage. Les dames ont le privilége d'occuper les couchettes de dessous ; le matin elles passent les premières au compartiment de la toilette (*dressing room*). Là, comme dans les pyroscaphes, on ne trouve qu'une serviette unique qui se déroule autour d'un rouleau, et, pour comble d'horreur, une seule brosse à dents pour tous les voyageurs ! ! !

Les wagons-restaurants sont encore ce que j'ai trouvé de plus sublime en Amérique. Le matin, vous avez à peine quitté votre lit, qu'un nègre vient vous inviter à passer du *sleeping car* au *dining car* qui a été attelé pendant la nuit à l'arrière du train. Là se trouvent des tables toutes dressées. Vous vous attablez après avoir payé un dollar à l'office, et des serviteurs attentifs vous apportent des biftecks, des côtelettes de mouton, du jambon, du poisson, des fruits, voire même des glaces. Vous vous croiriez au Palais-Royal, si vous n'étiez pas servi par des nègres; une autre différence, c'est que votre restaurant roulant fait cinquante kilomètres à l'heure. Le déjeuner fini, on vous invite à passer au salon de conversation, où l'on vous apporte les journaux du jour. Tout cela n'est-il pas merveilleux? En Europe, nous ne connaissons encore rien de l'art de voyager.

A chaque convoi est attaché un personnage qui mériterait bien un nom spécial, mais je suis vraiment embarrassé de lui en trouver un. Cet homme gagne sa vie dans les trains de chemin de fer, qu'il arpente sans cesse d'un bout à l'autre, colportant sa marchandise de wagon en wagon, déposant des brochures sur les genoux des voyageurs. Un étranger est tenté de croire, au premier abord, à une libéralité de quelque bizarre philanthrope; mais il ne tarde pas à s'apercevoir que c'est là un truc de marchand, ayant pour but de faire venir l'eau à la bouche. L'homme aux brochures n'a fait qu'une distribution à l'essai : dans une seconde tournée il reprend les livres ou en perçoit le prix, au gré du voyageur. Je l'appelle l'homme aux brochures, bien qu'il cumule toutes sortes de commerces : il vend des journaux, des revues, des publications illustrées, des romans, des recueils de caricatures, des indicateurs officiels des chemins de fer, des cigares, des jouets d'enfants, des sandwiches, des oranges, des pommes, des citrons, des pea-nuts, des bananes, du sucre d'érable, que sais-je encore! Toutes les demi-heures il apparaît à l'entrée du wagon avec une marchandise nouvelle qu'il conserve quelque part au bout du train dans un coffre soigneusement cadenassé. Ce brave homme est fort amusant et vous fait paraître le trajet moins long.

Je n'ai trouvé qu'en Amérique la coutume de vendre des livres en chemin de fer. On ne saurait s'imaginer combien le débit en est énorme. Les libraires doivent en savoir quelque chose. L'Américain passe la moitié de sa vie en voyage, et en voyage il passe la moitié de son temps à lire. Ce sont les romans anglais qui captivent ses préférences. Walter Scott, Dickens, Thackeray, Bulwer Lytton ont infiniment plus de lecteurs en Amérique qu'en Angleterre. Les revues américaines, l'*Atlantic Monthly*, l'*Harpers' Magazine*, la *North American Review*, sont également en grande vogue. L'immense consommation de livres et de brochures est une preuve concluante de la diffusion de l'instruction en Amérique. Quant aux journaux, un vrai Yankee en consomme, au bas mot, trois par jour.

Dans chaque voiture il y a une Bible à la disposition

des voyageurs. Cette Bible est placée dans un casier portant cette inscription en lettres dorées : *Bible. Read and return.* Ce qui veut dire en français : *Prenez la Bible, lisez-la et remettez-la au casier.* Il m'est arrivé d'ouvrir cette Bible : la blancheur immaculée des feuillets me fit faire cette réflexion, que les Américains n'ont pas l'esprit aussi mystique qu'on le croit généralement. La Bible est là, dans son casier, mais les romans de Dickens et de Walter Scott lui font une rude concurrence, et j'affirme que je n'ai jamais vu un Yankee, quaker, trembleur ou puritain, qui s'avisât d'y toucher. En Amérique, la religion est plutôt à la surface qu'au fond.

Puisque nous en sommes aux chemins de fer, disons qu'on se fait généralement une idée exagérée des dangers qu'offre en Amérique ce genre de locomotion. Les Américains, bien plus que les Européens, se sont ingéniés à diminuer autant que possible les causes d'accidents. D'après les statistiques, les accidents de chemins de fer sont plus rares aux États-Unis que partout ailleurs, eu égard au nombre considérable de voies ferrées qui sillonnent le territoire. Les États-Unis, avec leurs trente-huit millions d'habitants, ont presque autant de voies ferrées que l'Europe entière, avec ses trois cents millions d'hommes, ce qui n'est pas un des moindres indices de la vitalité matérielle du peuple américain. Il est vrai que beaucoup de ces chemins de fer sont en faillite; mais si les actionnaires en souffrent, le public n'y perd rien.

Voici les principales causes qui restreignent les chances d'accidents. Les wagons américains peuvent, beaucoup mieux que nos fragiles voitures, résister à des chocs violents; ils sont spécialement construits en vue des collisions : leurs parois n'ont pas moins de dix centimètres d'épaisseur. Chaque voiture est munie de barres prismatiques qui font saillie à l'avant comme à l'arrière, et vont s'engager sous le tablier de la voiture voisine, de telle sorte que tous les wagons sont, pour ainsi dire, rivés ensemble, et ne forment qu'un seul tout. Ces engins, qu'on désigne, je ne sais trop pourquoi, sous le nom de *telescop,* ont pour but d'empêcher les wagons de grimper les uns sur les autres en cas de rencontre : c'est aussi simple qu'ingénieux, et je m'étonne que cette belle invention n'ait pas encore été adoptée en Europe. Les voitures sont attelées par le système *Miller coupler* qui permet de les dételer instantanément pendant la marche des trains. Sur la plupart des lignes on a adopté les freins Westinghouse : sous les wagons sont fixés des cylindres à air comprimé, qui communiquent entre eux au moyen de tuyaux de caoutchouc. Un cylindre de plus grande dimension est fixé à la locomotive ou au tender, et le machiniste peut, en appuyant la main sur un levier, faire agir cette force dans toute l'étendue du convoi. Avec l'appareil Westinghouse, un train lancé à toute vitesse peut être arrêté en moins de deux minutes dans un intervalle de trois cents pieds. Les courbes, même de petit rayon, n'occasionnent jamais de déraillements. C'est en prévision des courbes que les voitures sont portées sur deux traîneaux pivotants (*bogeys*) fixés aux deux bouts : ces traîneaux reposent tantôt sur deux, tantôt sur trois paires de roues. Si l'une de ces roues vient à voler en éclats, les voyageurs ne se douteront pas même de l'accident. En Europe, on sait quelles suites entraîne d'ordinaire la rupture d'une roue.

Les distances étant très-considérables aux États-Unis, on s'imagine généralement qu'il faut les franchir avec une effrayante rapidité. Il n'en est rien. Les wagons américains sont lourds et massifs, et les plus puissantes locomotives ne sauraient leur donner une impulsion aussi rapide qu'à nos légères voitures. Les trains marchent donc avec une sage lenteur, nouvelle garantie de sécurité. La vitesse moyenne des express n'est guère que de trente milles à l'heure, y compris les arrêts, qui sont beaucoup moins fréquents qu'en Europe. Dans le Far West, où les lignes ont été construites plus précipitamment, et avec moins de soins que dans les États de l'Est, la vitesse des trains est même réduite à vingt-cinq milles à l'heure, soit environ quarante-six kilomètres.

Le mauvais état des voies est encore en Amérique la cause la plus fréquente des accidents. Sur certaines lignes, j'ai vu des rails tellement compromis par l'usure, qu'il semble que les déraillements doivent y être à l'ordre du jour. On m'a cependant affirmé que toutes les lignes sont divisées en sections de quatre milles, et que chaque section est visitée journellement.

Les locomotives américaines diffèrent des nôtres en plus d'un point. Leurs cheminées sont pourvues d'une enveloppe en forme de cône renversé (*spark buffler*), où retombent les étincelles qu'une calotte supérieure empêche de se disperser dans la campagne : on évite de cette façon les incendies des forêts et des prairies. Les locomotives ont généralement deux paires de roues motrices, et en avant quatre petites roues à pivot. Sous la cheminée, est une énorme lanterne réflecteur, et sous la lanterne se déploie le chasse-vache (*cow-catcher*) : c'est un faisceau de barres de fer disposées en forme de prisme.

En dépit du *cow-catcher*, les bestiaux sont la terreur des machinistes. Dans le Kansas, pas plus qu'ailleurs, rien ne protége la voie ferrée contre l'invasion des innombrables troupeaux qui peuplent les prairies avoisinantes ; les bœufs s'y promènent très-philosophiquement, sans s'effrayer le moins du monde du sifflet strident de la machine. Ce n'est que lorsque le train se trouve sur leurs talons qu'ils se décident à prendre la fuite ; mais, le plus souvent, ils s'obstinent à suivre le chemin de la locomotive, et le machiniste doit stopper pour leur bon plaisir. Pendant la nuit, les choses ne se passent pas tout à fait de la même façon. La locomotive ne dit pas tous les meurtres qu'elle accomplit dans les ténèbres. Cependant elle ne les cache pas tous : parfois, elle se trahit en déraillant. Un voisin me raconte qu'un semblable accident lui est arrivé la nuit dernière : trois bœufs trouvés écrasés sur la voie en disaient assez long sur le compte de la machine.

En Europe, nous ne sommes guère habitués à voir le

train s'arrêter pour laisser passer un bœuf. En Amérique, les arrêts ont lieu pour des motifs bien autrement futiles. Un malheureux nègre, qui n'avait pas de quoi payer son coupon, s'était timidement tapi au fond du wagon des émigrants ; mais le conducteur avait le nez fin : il découvrit l'intrus, et, sans aucune forme de procès, tira le cordon communiquant avec la locomotive. Le train stoppa. — C'était dans le Kansas. — Et voilà le pauvre diable déposé en rase campagne, dans le plus affreux désert qu'on puisse imaginer, sous un soleil à cuire des œufs, et à plus de dix lieues de marche de tout lieu habité. Ce procédé est tout américain. S'il se fût agi d'un blanc, il ne manque pas de raisons de croire qu'on l'eût déposé à la première station avec tous les ménagements dus à sa couleur. Une heure après cet incident, le train s'arrêta de nouveau en pleine campagne, pour recueillir un paysan, dont les signaux désespérés avaient ému le machiniste : c'était un blanc. Il y a tout à parier que si c'eût été un noir, on l'eût laissé se démener à loisir.

Ce qui me surprenait dans les premiers temps, c'était de voir les trains circuler au beau milieu des villes, à travers des rues très-peuplées. On y est habitué, et il paraît que les passants ne se font pas trop écraser. La locomotive est munie d'une grosse cloche que le machiniste met en branle pour avertir tout le monde. Aux environs des gares, c'est un carillon continuel. Point de clôtures le long des voies ferrées ; à la coupure des routes, un simple poteau avec l'inscription : *Look out for the cars*, dispense de l'emploi d'un garde-barrière.

On n'a pas sitôt foulé le sol de l'Amérique, qu'on se sent dans le pays du laisser-passer. Les Américains ont autre chose à faire que de s'occuper de leurs semblables. Tout le monde est supposé assez intelligent pour veiller à sa propre sécurité : c'est le *self-help* poussé plus loin encore qu'en Angleterre.

Rien n'est plus commode que le système organisé en Amérique pour la distribution des billets. Libre au voyageur de prendre son billet à la gare; mais s'il lui plaît de l'acheter ailleurs, il ne devra pas aller bien loin : qu'il entre dans le premier hôtel venu, il y trouvera des *tickets* pour n'importe quelle destination, au même prix que dans les gares; il pourra même se les procurer huit jours ou un mois à l'avance, avec la faculté de s'arrêter aussi longtemps qu'il le voudra à tous les points du parcours. Ce système offre tant d'avantages, que je me demande pourquoi il n'a pas encore été adopté dans tous les pays civilisés.

Le premier soin du voyageur qui arrive à destination, c'est de réclamer son bagage. En Amérique, rien de plus facile : il n'a qu'à produire le *chèque,* simple plaque de laiton portant un numéro, qu'on lui a délivré au point de départ. Il peut même se dispenser de cette peine, en remettant son chèque au portier de l'hôtel ou à un agent qui se charge de lui faire parvenir son bagage dans le délai d'une heure, sans qu'il ait plus à s'en occuper. Ces agents appartiennent à une compagnie spéciale (*Express and transfer Company*). Aux approches des grandes villes, ils font leur tournée dans les wagons en criant : *Checks for baggage!* Les voyageurs lui remettent leurs chèques, et lui donnent l'adresse de l'hôtel où ils ont l'intention de descendre. L'agent inscrit l'adresse sur son livre, et délivre un contre-chèque en échange du chèque. A partir de ce moment, la compagnie devient responsable jusqu'à la livraison du bagage à l'hôtel indiqué. Le service est fait avec une ponctualité remarquable, et il y a peu d'exemples qu'un colis s'égare : dans ce cas, on alloue une indemnité fixe de dix dollars. Le prix perçu est d'un demi-dollar par colis, de quelque grandeur qu'il soit : une boîte à chapeau paye autant qu'une malle de cinquante kilogrammes. Si j'insiste sur ces détails, c'est qu'ils témoignent de l'admirable esprit pratique des Américains. Il n'est pas de pays au monde où il soit plus facile de voyager.

Les différentes lignes de chemin de fer se font une concurrence acharnée. Chaque compagnie publie des indicateurs spéciaux qu'on trouve gratis dans tous les hôtels : bien entendu, la compagnie y fait ressortir les avantages de sa ligne, qui est toujours la plus courte et la moins chère, la plus rapide et la plus sûre. On y trouve des réclames de ce genre : « La terre tourne autour de son axe en vingt-quatre heures, et, comme la ligne du Grand-Ouest, arrive toujours à temps. La lune a changé quatre fois le mois passé ; elle changera quatre fois le mois prochain ; mais le Grand-Ouest ne change pas et reste toujours la ligne favorite entre l'Est et l'Ouest. Pas d'accidents ! » Ces livrets sont souvent accompagnés d'illustrations. J'en ai une sous les yeux qui représente un village de chiens de prairie. Au premier plan, on voit un de ces animaux dans une attitude mélancolique. « La tristesse de ce gentleman, dit l'explication de la vignette, est due à cette circonstance qu'il a choisi une ligne moins directe que celle du Kansas Pacific, et qu'il a perdu son argent en route. » Après cela, il faut tirer l'échelle.

XXII

LA REINE DES LACS.

Enfin, voici Chicago qui commence à poindre à l'horizon : de longs sillons de fumée s'élevant vers le ciel indiquent la place de l'industrieuse cité qu'on a nommée la Reine des lacs. Pendant vingt minutes le train court au milieu des maisons. Ce qui me frappe, c'est de voir ici des mâts de vaisseaux : nous sommes cependant au cœur du continent américain, à cinq cents lieues de la mer. Ah! c'est que Chicago a l'une des plus admirables situations commerciales du monde entier. Par la chaîne des lacs américains, elle communique avec l'Atlantique; par un canal, elle communique avec le Mississipi et le golfe du Mexique.

A la descente du train, je monte dans un omnibus; l'archevêque de Saint-Louis, avec qui j'ai voyagé de compagnie depuis Kansas City, fait de même comme un simple bourgeois, et nous descendons ensemble à l'hôtel Sherman, qui est toujours resté l'hôtel le plus populaire de Chicago, bien que dans ces derniers temps on en ait construit de plus somptueux. L'hôtel Sherman est un immense caravansérai à cinq étages, occupant tout un bloc, entièrement reconstruit depuis le grand incendie qui le consuma avec toutes les maisons avoisinantes. C'est là que descendit le baron de Hübner, c'est là que descendent tous les Européens qui visitent l'Amérique.

Sitôt arrivé, je me mets à explorer la ville au hasard, en dépit d'une chaleur de four à plâtre. La plus belle partie de cette merveilleuse cité se trouve comprise entre le lac Michigan et la rivière de Chicago. C'est précisément ce quartier que le feu a complétement dévoré en 1871 : il s'est relevé de ses cendres plus beau qu'avant le désastre. Le nouveau Chicago est ce que j'ai vu de plus somptueux, de plus grandiose aux États-Unis. New-York même a été surpassé. New-York n'a que la Broadway. A Chicago, il y a plus de vingt artères qui rivalisent avec la Broadway : au premier rang, il faut nommer la State street, avec ses trois lignes de tramways toujours en activité.

Les nouvelles maisons de Chicago, entièrement construites en pierre, sont aussi hautes que celles des boulevards de Paris : leur architecture est d'une inconcevable richesse. Les rues sont d'une imposante largeur : elles sont pavées de blocs de bois équarris et goudronnés [1] ; les trottoirs sont formés de belles dalles de pierre grise, qui s'élèvent à plus de deux pieds au-dessus du sol, de sorte qu'à chaque croisement de rues, le piéton doit descendre trois ou quatre marches en bois. Les rues principales sont munies d'un inextricable réseau de fils

[1] Cette matière, éminemment combustible, a beaucoup contribué à alimenter l'incendie en 1871.

télégraphiques, fixés à d'énormes poteaux en forme de croix d'évêque, qui s'élèvent jusqu'à la hauteur des corniches. Une particularité que je n'ai vue qu'à Chicago, ce sont les enseignes suspendues en l'air : les lettres sont fixées à des toiles métalliques supportées par des fils de fer qui traversent la rue à la hauteur du premier étage. La population allemande est très-nombreuse dans la métropole de l'Illinois : le nombre prodigieux des *beer-halls* en est une preuve certaine ; ces beer-halls, qu'on rencontre à chaque pas, ont pour éternelle enseigne un roi ventru assis sur un tonneau, et tenant en l'air un verre de lager-beer, dont la mousse déborde. Par cette chaleur d'enfer, je ne puis résister à la tentation de visiter ces établissements plusieurs fois par jour.

La rivière de Chicago et ses deux branches divisent la ville en trois parties d'inégale grandeur, nord, sud et ouest. Ces parties sont reliées entre elles par des ponts ; mais comme ces ponts sont souvent ouverts pour livrer passage aux navires, la circulation est entravée : c'est pourquoi les Chicagois ont établi des communications souterraines entre le quartier nord et le quartier ouest : en différents points, de larges tunnels de huit à neuf cents pieds de longueur ont été construits sous la rivière. Ces tunnels ont des arches en briques, des allées pavées pour les voitures, et sont parfaitement éclairés au gaz.

Autrefois le quartier des affaires se trouvait sur un sol bas et marécageux, ce qui rendait le drainage difficile. Les Chicagois, qui ne reculent devant rien, ont

LA RIVIÈRE, A CHICAGO.

voulu changer cela, et voici comment ils s'y sont pris. Ils ont tout simplement exhaussé de huit pieds le niveau des fondations primitives, au moyen de crics et de leviers, sans compromettre en aucune façon l'équilibre des maisons. Et voilà comment le quartier des affaires, autrefois humide et malsain, est devenu l'un des plus salubres de la ville.

Mais Chicago souffrait d'un autre inconvénient. La population augmentant au point de tripler tous les dix ans, il devint de plus en plus difficile de se procurer de l'eau salubre. L'eau ne manque pas dans le lac Michigan, mais le long du rivage elle est corrompue par les égouts qui s'y déversent. On résolut donc d'aller chercher l'eau pure au milieu du lac. Sous le lit du lac, on construisit un tunnel de deux milles de longueur : à cette distance du rivage, l'eau est parfaitement limpide. Cette entreprise a coûté un million cinq cent soixante-quinze mille francs : on y a employé quatre millions de briques. Le travail a été exécuté en trois ans, et inauguré le 25 mars 1867. Le tunnel est d'un diamètre suffisant pour fournir journellement cinquante gallons d'eau à un million d'habitants. L'eau est élevée par quatre énormes machines à vapeur établies à cinquante mètres du rivage : elle monte dans une tour, d'où elle est distribuée dans les tuyaux qui sillonnent toute la ville.

Lorsque je me trouvais à Chicago, on était en train de construire un nouveau tunnel d'un diamètre plus considérable que le premier : il est destiné à alimenter le quartier méridional. Lorsque tous ces travaux hydrauliques seront terminés, la ville aura dépensé près de trente millions pour s'approvisionner d'eau. Chicago ne possède pas moins de trente puits artésiens. Le premier fut creusé en 1864, sous la direction d'un spirite qui avait prédit qu'on trouverait de l'huile en cet endroit : naturellement, sa prédiction fut trouvée fausse.

Quand on considère tous ces travaux merveilleux qui montrent d'une façon si éclatante l'esprit d'entreprise du peuple américain, on a peine à croire que tout cela se soit fait en si peu de temps. Il n'est pas une ville en Amérique ni dans le monde entier qui ait grandi si rapidement que Chicago : il est vrai que sa situation à la tête du lac Michigan n'a pas peu contribué à son développement ; mais il faut surtout faire la part de l'étonnante énergie de ses habitants. Il y a quarante ans à peine, il n'y avait ici que des marais et des prairies. M. Catlin[1] nous a raconté qu'il se souvenait du temps où un chef indien lui proposait d'acheter pour quelques centaines de dollars l'emplacement actuel de Chicago. M. Catlin n'était pas riche : il refusa l'offre de l'Indien. Quelle fortune s'il avait accepté ! Voici qu'une ville de près d'un demi-million d'âmes s'est élevée en cet endroit.

L'histoire de cette jeune cité n'est pas longue. Il y a juste deux siècles qu'un jésuite français, le Père Marquette, découvrit le lieu où devait surgir plus tard la

---

[1] Célèbre par ses voyages parmi les tribus indiennes des deux Amériques.

Reine des lacs. Le premier blanc qui vint s'y établir fut John Kinzie. C'était en 1804. En 1812, les Indiens massacrèrent la petite colonie. En 1830, il y avait à Chicago une douzaine de maisons avec une centaine d'habitants, blancs, métis et noirs. La colonie fut érigée en ville en 1837 : la population était alors de quatre mille âmes. En 1850, elle était de vingt-huit mille ; en 1860, de cent dix mille ; en 1870, de trois cent mille. Actuellement, elle atteint presque cinq cent mille.

L'épisode le plus dramatique de l'histoire de Chicago, c'est le grand incendie de 1871, date fatale pour Paris comme pour la métropole de l'Illinois. Le feu éclata dans une grange, un samedi soir ; favorisé par un temps sec et un vent d'ouest, il s'étendit rapidement et sévit jusqu'au mardi matin : il est probable que l'incendie ne se serait éteint qu'après avoir consumé toute la ville, si un violent orage n'était venu mettre un terme au progrès des flammes. Le feu dévora près de vingt mille maisons, et laissa cent mille personnes sans abri. Ce fut la plus terrible conflagration des temps modernes. Les pertes s'élevèrent à près d'un milliard ; les compagnies d'assurance ne purent faire face à leurs obligations.

Mais les habitants de Chicago n'étaient pas hommes à se lamenter sur les ruines de leurs maisons. Les décombres fumaient encore, que déjà les marchands se réunissaient dans des meetings, et avisaient aux moyens de relever leurs magasins. Une nouvelle ville fut construite sur les ruines de l'ancienne, plus grande, plus belle, plus solide. L'année qui suivit la catastrophe,

Chicago fit plus d'affaires que jamais [1], en sorte que le désastre fut changé en triomphe. Un an après l'incendie, la ville était relevée de ses cendres. On a calculé que pendant cette année-là (1872), il a été construit à Chicago, en moyenne, une maison par heure : non point de frêles maisons de bois, mais de solides édifices en briques, en pierre, en fer, de huit à neuf mètres de façade, et comptant de quatre à six étages. Ce calcul ne comprend pas les maisons qui ont été construites en dehors des quartiers incendiés. Il n'est peut-être pas dans l'histoire un exemple d'une semblable activité.

Chicago est le centre du commerce de grains de l'Amérique du Nord ; c'est grâce à Cérès que la métropole de l'Illinois a éclipsé ses sœurs de l'Ouest, et l'on sait si la Cérès américaine est prodigue de ses biens. Tout le monde, je suppose, possède une carte des États-Unis. Pour comprendre comment Chicago était naturellement

---

[1] Voici ce qu'écrivait, un an après l'incendie, un journal de Chicago, l'*Illinois Staats Zeitung :* « Le commerce, au lieu de baisser, s'est accru dans des proportions considérables; dans les douze mois qui ont suivi l'incendie, l'industrie qui a valu à plusieurs villes des États-Unis leur surnom de *Porcopolis* s'est développée à raison de 50 pour 100, et aujourd'hui Chicago traite autant d'affaires, article « porc », que Cincinnati, Louisville et Saint-Louis ensemble. Le commerce des grains a dépassé de vingt millions de dollars le total de l'année qui a précédé le désastre; le produit des fabriques et la vente des objets manufacturés ont grandi de 20 à 40 pour 100 suivant les industries; les caisses d'épargne ont reçu pour trois millions de dollars de dépôts nouveaux. Enfin, le prix des terrains a monté dans presque toutes les rues du quartier incendié; il a même doublé en plusieurs endroits, et là où il a diminué, c'est à peine de 10 à 20 pour 100. »

appelée à devenir le grenier d'abondance de l'univers, il suffit de considérer la situation toute exceptionnelle de cette perle de l'Ouest, comme les Américains se plaisent à l'appeler. Chicago se trouve à la tête du lac Michigan, dont les eaux communiquent à l'ouest avec le lac Supérieur, à l'est avec le lac Huron, le lac Saint-Clair, le lac Érié et le lac Ontario ; tous ces lacs se déversent par le Saint-Laurent dans l'Atlantique. Chicago, bien que située au milieu du continent américain, à cinq cents lieues de l'Atlantique, est donc en réalité un port de l'Océan. C'est comme si Vienne était reliée au Havre par un fleuve ou une succession de lacs. Chicago, je l'ai dit plus haut, communique de même avec la Nouvelle-Orléans par un canal qui va rejoindre le Mississipi. Une infinité de voies ferrées aboutissent à la Reine des lacs comme au centre de l'Amérique. Devant elle, Chicago a un lac qui la met en relation avec toutes les mers ; derrière elle, s'étend une contrée immense, la plus riche, la plus fertile du monde entier. Avec de tels éléments de fortune, rien d'étonnant que Chicago ait marché à pas de géant, et doive continuer à prospérer.

Le port est ce qui m'a le plus intéressé à Chicago. Les navires y viennent en foule prendre leur cargaison de grain pour entreprendre le voyage des lacs. Le long du port, sont établis les greniers où le blé est emmagasiné en quantités fabuleuses : dans la langue américaine, ces greniers s'appellent *élévateurs*. Ce sont d'énormes bâtiments en briques, à huit ou neuf étages. Ces élévateurs sont au nombre de quinze ; ils peuvent contenir tous ensemble douze millions huit cent mille boisseaux de blé ! J'ai visité l'intérieur d'un de ces greniers : je n'ai rien vu de plus colossal dans ce genre. L'édifice est disposé de telle façon qu'une voie ferrée y aboutisse du côté de la terre, tandis que la façade opposée donne sur la rivière. Des wagons chargés de grains pénètrent jusque dans l'intérieur de l'élévateur. Là, le grain est déchargé, élevé aux étages supérieurs (d'où le nom d'élévateur), en partie moulu, puis versé par de grands tuyaux de bois dans la cale des navires, qui viennent mouiller sous les murs de l'immense bâtiment. Il faut voir l'étonnante rapidité avec laquelle ces élévateurs reçoivent le blé d'un côté pour l'embarquer de l'autre. Tout cela se fait à la vapeur. Une puissante machine fait mouvoir une chaîne de seaux sans fin : huit mille boisseaux de blé sont chargés à l'heure. Pour se faire une idée de l'immense importance des affaires qui se traitent à Chicago, il faut savoir qu'on y embarque, en moyenne, au delà de soixante-dix millions de boisseaux de blé par an, ce qui revient à deux cent mille boisseaux par jour !

C'est à la Bourse que se tient le marché aux grains. Tous les jours, à midi, un crieur monte sur une estrade et proclame le cours des céréales sur les diverses places. La différence entre la longitude de Chicago et celle de Londres produit ce résultat assez curieux qu'il est midi à la première place lorsqu'on y proclame le prix auquel était coté le grain à la même heure sur la seconde place.

Chicago n'est pas seulement le plus grand marché de grains, mais encore le plus grand marché de viandes de l'univers. J'avoue cependant que la viande que j'ai mangée à l'hôtel Sherman et dans les autres hôtels de l'Ouest était de tout point détestable. Les Américains, en bons chrétiens, — ai-je écrit le mot? effaçons-le bien vite — en bon commerçants, consomment les viandes de mauvaise qualité afin de mieux nourrir le reste de la chétienté et de prélever sur elle de plus gros bénéfices.

Les parcs à bestiaux et les abattoirs sont situés à six kilomètres de la ville. Je pris un des omnibus de la State-street et traversai les faubourgs de Chicago, dont les maisons de bois sont aussi vilaines que les édifices du quartier central sont riches et somptueux. Au bout d'une heure, j'étais aux *Union Stock-Yards*. — C'est le nom des parcs à bestiaux. — C'est toute une ville que ces *Stock-Yards*. Ils occupent une étendue de terrain de trois cent quarante-cinq acres, sont sillonnés d'avenues, reçoivent leur alimentation d'eau d'un puits artésien, et sont distribués de façon à pouvoir parquer et entretenir d'innombrables troupeaux de porcs et de bêtes à cornes. Neuf voies ferrées aboutissent à cette immense boucherie. La construction des planchers et des barrières des parcs à bestiaux a absorbé quinze millions de pieds carrés de bois et a coûté cinq millions. Au milieu du terrain s'élève un vaste hôtel où sont logés les cent cinquante administrateurs des *Stock-Yards*. Le nombre des bouviers et des opérateurs dépasse quinze cents. Dans le voisinage a surgi une ville de quatre mille habitants, ayant bureau de poste, télégraphe, églises, écoles. L'établissement a sa banque nationale, connue sous le nom de *Stock-Yards Bank*.

Un voyageur doit visiter à l'étranger aussi bien les choses horribles que les objets agréables. C'est en vertu de ce principe que j'ai voulu pénétrer dans un des *Packing Houses* où s'opère la grande tuerie des intéressants animaux appartenant à l'espèce porcine. Oh ! le dégoûtant massacre ! Je ne conseille pas aux gens nerveux d'aller voir cela. Voici des hommes nus, le corps souillé de sang, les pieds baignant littéralement dans un fleuve de sang, vivant du matin au soir dans une atmosphère de sang, et respirant de nauséabondes émanations par une température de quarante degrés centigrades. En entrant, une épouvantable odeur me prend à la gorge, me suffoque; mais je suis venu pour voir, et je parviens à conserver assez d'empire sur moi-même pour regarder pendant deux minutes les bourreaux à l'œuvre. Ces hommes connaissent leur métier et vont vite en besogne : ils vous expédient leurs victimes à raison d'une par seconde. Douze à quinze mille porcs y passent chaque jour de vie à trépas. La bête, une fois guillotinée par une machine à vapeur, tombe dans un bassin rempli d'eau chaude, d'où elle est bientôt retirée par des hommes armés de coutelas qui lui ôtent prestement le poil. D'autres mains lui ouvrent le ventre. Voici un long couloir où les porcs pelés et ouverts se suivent à la file, suspendus à des poulies qui glissent d'elles-mêmes avec rapidité sur une barre inclinée. Arrivées au bout du couloir, les bêtes sont détachées de leurs poulies, et précipitées dans une salle de dessous où l'on se charge de les dépecer, de les saler et de les métamorphoser en jambons et en saucisses. En moins de dix minutes, chaque individu est tué, décapité, pelé, ouvert, coupé, déchiqueté, grâce à la division du travail. Les ouvriers sont admirablement payés : il n'y a, en effet, qu'un fort salaire qui puisse déterminer un homme à faire pareille besogne. Les mieux payés sont ceux qui se livrent aux opérations les plus répugnantes : les éventreurs gagnent jusqu'à cinq dollars par jour. Après tout, c'est là une occupation comme une autre si l'on peut s'y habituer. Le métier de tueur de porcs jouit chez nous de peu de considération ; mais ce préjugé n'a pas cours à Chicago. Là-bas, rien de plus honorable que de tuer, saler et apprêter les porcs : tel millionnaire, qui habite telle avenue du Michigan, s'est enrichi par cette profession et est actuellement un des princes de la cité. Le degré de considération dont on jouit dans ce milieu-là se mesure au nombre de porcs que l'on a tués, salés et apprêtés dans l'espace d'une année. Pour ma part, imbu du vieux préjugé européen, j'avoue que mes yeux ont été bien vite rassasiés de ces scènes sanguinaires, et que c'est avec bonheur que j'ai quitté l'atmosphère nauséabonde des *Packing-Houses*, où des millions de mouches se repaissent de la chair cadavérique.

Ce que j'aime mieux, ce sont les délicieux ombrages du parc Lincoln : on y respire l'air pur et frais du lac Michigan. Le beau lac ! l'œil se plaît à se reposer sur cette immense nappe bleue qui s'étend à l'infini. Çà et là une voile blanche file comme un cygne sur l'onde paisible. C'est le spectacle de la mer, mais d'une mer calme et tranquille, sans vagues et même sans rides. Et cependant ce lac a, paraît-il, ses heures de fureur comme les mers soumises à l'empire de Neptune : la navigation y est même dangereuse en hiver.

Le quartier aristocratique de Chicago ne le cède pas en richesse et en confort à la célèbre Cinquième avenue de New-York. Les princes du dollar ont eu le bon goût de se retirer au bord du lac : de leur fenêtre ils peuvent contempler cette mer miroitante et azurée et recevoir sa brise caressante. Il y a là, dans l'avenue Michigan, dans l'avenue Calumet, des résidences qui semblent plutôt faites pour des artistes et des poëtes que pour des marchands enrichis dans les *stock-yards* et les élévateurs. Le lion de Chicago, c'est le célèbre Pullman, un de ces hommes qu'on appelle en Amérique *self-made*. On m'a montré sa résidence : un palais en pierre brune perdu au milieu d'ombrages pleins de silence et de fraîcheur.

Quel contraste entre ces paisibles avenues de l'aristocratie et le quartier des affaires ! Là tout est commerce, mouvement et tourbillon. Les *street-cars,* chargés de monde, traversent les rues; les chevaux font résonner leur collier de grelots, les piétons marchent à pas pressés, regardant droit devant eux et ne songeant qu'à leurs *business;* les jeunes misses se glissent toutes seules le long des trottoirs, vont de magasin en magasin pour faire leurs emplettes ; les marchands de fruits vous offrent au passage des *pea-nuts* et des abricots de Californie, les affiches ambulantes se promènent gravement sur les pavés de bois, tandis que les *boys* circulent avec le dernier numéro du *New-York Herald* et de la *Tribune de Chicago*. Je ne me sens jamais si perdu que dans ces grandes villes affairées où je vois passer à mes côtés tant de milliers de personnes, sans y reconnaître une seule figure amie.

Parmi les beaux édifices de la métropole de l'Ouest, j'ai remarqué les bureaux de la *Tribune*. Après le *New-York Herald*, c'est le journal le plus en vogue en Amérique. Le *Herald* est un des rares journaux indépendants, la *Tribune* est dévouée au parti républicain. Les bureaux de la *Tribune* ont été complétement anéantis lors du grand incendie, ce qui n'a pas empêché le journal de paraître en petit format alors que le feu n'était pas encore éteint. Chicago est la seule ville de l'Union où j'aie trouvé une gare vraiment monumentale. Lors de mon passage, on était en train de construire un nouveau palais de justice qui s'élèvera sur les ruines de l'ancien. La Reine de l'Ouest possède plus de deux cents édifices religieux ; une trentaine appartiennent au culte catholique. La plupart des églises ont été reconstruites après l'incendie. Quelques-unes ne sont pas sans mérite architectural : la plus belle est la cathédrale française, achevée tout récemment.

Mais les plus splendides monuments de Chicago, ce sont les hôtels. Ils sont une vingtaine environ, et ont coûté, tous ensemble, cinquante millions de francs. Tous ont été rebâtis depuis l'incendie. J'ai visité l'hôtel Palmer, qui passe pour le plus beau. Tout y est éblouissant, féerique. Le vestibule, le grand escalier, la salle à manger, sont grandioses; mais c'est au grand salon de réception, en style égyptien, qu'ont été déployées les richesses les plus extravagantes : je n'ai rien vu de plus somptueux dans les palais des rois et des empereurs. M. Palmer, propriétaire de cet établissement unique au monde, est encore un de ces *self-made* qui ont fait leur fortune, comme M. Stewart à New-York, dans un *Dry Goods' Store*. On appelle ainsi en Amérique un magasin de nouveautés.

Les hôtels américains sont généralement d'immenses caravansérais à cinq étages, avec quatre ou cinq cents chambres, pouvant recevoir jusqu'à dix-huit cents hôtes. Ils sont tous construits sur le même plan. Au rez-de-chaussée se trouve un grand vestibule, le *Hall,* où le public a libre accès. On y fume, on y mâche du tabac, on y lit son journal, on y cause politique et affaires; c'est une sorte d'agora. Là se trouve le comptoir où chaque nouvel arrivant vient consigner son nom au registre, et recevoir sa clef des mains d'un personnage qui, sans en avoir l'air, observe tout ce qui se passe. C'est aussi à ce comptoir que l'on règle votre note au moment du départ. Dans le *Hall* vous trouvez encore un bureau de poste, une boîte aux lettres, un bureau de télégraphe, un office où l'on délivre des billets de chemin de fer, une boutique de cigares, un magasin de livres et de photographies, une fontaine d'eau glacée, que sais-je encore? Eh quoi! j'allais l'oublier : l'inévitable *bar room*, le bar room béni des Américains.

En sortant du *Hall*, vous trouvez dans le voisinage différentes pièces qui toutes ont leur destination particulière. Ici c'est le cabinet de toilette, où, suivant le déplorable usage américain, vous ne trouvez qu'une seule serviette pour une douzaine de lavabos; là ce sont les cabinets indispensables ouverts aux gens de la rue qui portent une mise convenable; voici l'échoppe du barbier, auquel tient compagnie le cireur de bottes — c'est toujours un nègre; — voilà la boutique du droguiste, voire celle du tailleur. Voulez-vous lire, voici le cabinet de lecture; voulez-vous écrire, voilà un bureau où vous trouverez le nécessaire de la correspondance; voulez-vous fumer, voilà la tabagie; voulez-vous vous distraire, voilà la salle de billard.

Au premier étage, il y a la salle à dîner; si vous êtes galant, vous pouvez faire la causerie au salon des dames, et leur jouer au piano la musique de l'avenir. Aux autres étages sont distribuées les chambres à coucher : voulez-vous y monter sans fatigue? voici un ascenseur : s'il tarde à venir vous prendre, appuyez sur la sonnerie électrique. Point nécessaire de vous munir d'une bougie : vous trouverez le gaz à votre chambre, et une baignoire pour vous rafraîchir. Surtout, gardez-vous de mettre vos bottes à la porte : il est fort probable qu'elles prendraient la clef des champs pendant la nuit. Le premier *boy* que vous rencontrerez dans la rue vous cirera vos bottes pour quelques sous ; dans l'hôtel, c'est soixante-quinze centimes.

Les hôtels ont une large part dans la vie américaine. En Europe, les établissements de ce genre sont destinés uniquement aux voyageurs de passage ; en Amérique, beaucoup de gens passent leur vie à l'hôtel pour s'épargner les ennuis du ménage. Telle est la raison d'être de ces constructions colossales auprès desquelles nos plus grands hôtels européens paraissent petits et mesquins.

Aux États-Unis, la vie de famille s'en va peu à peu. L'Américain, dans sa poursuite du dollar, a relégué au rang des choses inutiles les douces jouissances du *home*, de ce *sweet-home*, ce délicieux chez-soi qui fait le charme de l'existence de l'Anglais. Les jeunes mariés ne se soucient guère de tenir ménage, parce qu'il faut d'abord songer à faire fortune. Pour tenir ménage, il faut des habitudes sédentaires, et en Amérique le sédentarisme ne conduit pas à la fortune. L'Américain est audacieux et entreprenant : la spéculation est son champ de bataille. Y a-t-il espoir de réaliser quelque part un lucre problématique, vite il boucle ses malles, parcourt des centaines de lieues, et s'élance à la conquête du butin qui a tenté sa convoitise ; il réussit dans son entreprise : croyez-vous qu'il soit satisfait ? Non, voici qu'il entrevoit de nouveaux bénéfices à réaliser dans une mine d'argent : le voilà parti pour la mine ; il y engage tous ses capitaux, l'affaire est mauvaise, il se ruine. Il se fera tour à tour avocat, clergyman, cordonnier, au besoin même politicien ; il ira de New-York à San-Francisco, jusqu'à ce qu'il ait reconquis la fortune. Le Yankee est le plus nomade de tous les peuples. Avec un tel genre de vie, un ménage serait encombrant, et voilà pourquoi le Yankee préfère s'établir à l'hôtel que d'avoir son *home*. Que ce soit là l'idéal du bonheur en ce monde, que de semblables mœurs soient conformes aux saines traditions sociales, ce n'est pas moi qui me chargerai de le démontrer.

XXIII

LE MICHIGAN.

La chaleur m'a chassé de Chicago comme elle m'avait chassé de Washington. Décidément, les États-Unis me laisseront peu d'agréables impressions. Moi qui n'avais jamais eu chaud, j'ai appris en Amérique ce que c'est que transpirer, et je conseille aux gens obèses d'aller y passer l'été pour se faire maigrir. Celui qui n'a pas enduré une température de 110° Fahrenheit à l'ombre, ne peut se faire une idée de l'apathie et de l'abattement où vous plonge cette épouvantable atmosphère. Pendant tout le jour et toute la nuit vous êtes littéralement comme dans un bain indien. Lorsque vous voulez écrire une lettre, il faut préalablement réduire votre costume à sa plus simple expression, comme si vous vouliez vous préparer aux douze travaux d'Hercule ; en dépit de cette précaution, la sueur coule avec l'encre le long de votre plume. Les Chicagois me disaient que cette température était exceptionnelle, que depuis nombre d'années le thermomètre n'était monté si haut, que la chaleur avait éclaté la veille de mon arrivée.

C'est ce qu'on me disait invariablement partout, et cela me faisait rager davantage.

Le troisième et dernier jour que je passai à Chicago était un dimanche. C'était le 9 juillet. Ce fut à cette date que le thermomètre atteignit en Amérique son maximum, en 1876. Dans les rues, il y eut des centaines d'insolations. Je ne me rappelle pas avoir absorbé tant de limonades et de *lager beer* qu'en ce jour de torride mémoire. J'aurais voulu fuir, mais la sainte liberté de la grande République ne me permettait pas cette fantaisie. Il fallait subir la loi puritaine, en vertu de laquelle les trains ne marchent pas le jour du sabbat. Si cette coutume peut être du goût des Américains, j'avoue qu'elle m'a vexé plus d'une fois. Je partage, d'ailleurs, à ce sujet, l'opinion de M. Xavier Marmier[1], qui n'est pas assez naïf pour ne voir dans la loi du dimanche chez les Américains que l'impérieuse expression d'un sentiment religieux. « C'est, dit-il, un calcul matériel qui l'a dictée ; c'est l'hypocrisie qui la soutient. Plusieurs Américains me l'ont eux-mêmes avoué. — Nous sommes, me disaient-ils, si occupés pendant six jours, qu'il en faut un pour nous reposer, et nous ne nous reposerions pas convenablement si en fermant notre comptoir, notre atelier, nous voyions fonctionner celui de notre voisin. Pour ne pas être inquiétés par l'aspect d'une concurrence en action, nous obligeons chacun à suspendre pendant vingt-quatre heures ses travaux. Qu'il soit juif

---

[1] *Lettres sur l'Amérique.*

ou mahométan, déiste ou athée, n'importe. La question n'est pas là. Elle repose essentiellement sur le désir que nous avons de ne pas travailler pendant un jour, avec la consolante pensée qu'aucun de nos rivaux en industrie ne travaille et ne nous enlève, par là, une partie des bénéfices que nous aurions pu faire. »

Ce fut au milieu du tonnerre et des éclairs et par une pluie battante que je quittai Chicago, le 10 juillet, à neuf heures du matin, par la ligne du *Michigan Central*. J'ai pour voisine une Américaine qui à chaque coup de tonnerre manifeste une profonde épouvante : je cherche à la rassurer, elle fait mine de ne pas m'entendre, et se renferme dans le plus parfait mutisme. J'ai parcouru en Amérique des milliers de kilomètres, mais je n'ai pas souvenir que jamais une Américaine, assise à mes côtés, m'ait adressé la parole. Les Américaines n'aiment cependant rien tant que la conversation, et la pruderie de madame Honesta leur est parfaitement étrangère. Elles ont un maintien plus distingué que les rudes Yankees mâcheurs de tabac, ont généralement plus d'instruction que les Européennes, et usent largement de la liberté illimitée qui leur est octroyée. Mais en chemin de fer, jamais elles ne parlent à un étranger : elles font des centaines de lieues, toutes seules, sans desserrer les dents. Ces mêmes Américaines, qui sont si roides en chemin de fer, sont les femmes les plus aimables du monde dans les traversées maritimes. A bord des navires transatlantiques, elles ont l'art de captiver tout le monde par le charme de leur conversation.

En quittant Chicago, le train longe pendant quelque temps le rivage du lac Michigan, où sont éparpillées de gracieuses villas entourées de jardins verdoyants. Ce lac est la plus grande étendue d'eau douce qui soit entièrement enclavée dans le territoire des États-Unis, car les autres grands lacs américains, le Supérieur, le Huron, l'Érié, l'Ontario, appartiennent à la fois aux États-Unis et au Canada. Le lac Michigan a cent soixante lieues de longueur sur trente-cinq de large, c'est-à-dire qu'il pourrait contenir cent fois le lac Léman. Il se trouve à deux cents mètres au-dessus du niveau de la mer. Sa profondeur est estimée à trois cents mètres. Ses rives sont généralement basses et peu pittoresques : elles sont formées de pierre calcaire, de roc, d'argile et de sable. Ses eaux s'éloignent graduellement du rivage de l'État du Michigan, et empiètent chaque année sur le territoire du Wisconsin.

Sur le lac plane en ce moment une brume épaisse qui me rappelle les brouillards de Terre-Neuve. Encore quelques tours de roue, et nous voilà bien loin de cette mer intérieure, roulant à toute vapeur dans les admirables plaines de l'État du Michigan.

Le Michigan faisait originairement partie de l'immense région cédée aux États-Unis par la Virginie, et qui comprenait tout le territoire situé au nord-ouest de l'Ohio. Il y a quarante ans que le Michigan est entré dans l'Union. Son territoire présente une configuration toute particulière : il est formé de deux péninsules entièrement séparées par le détroit de Mackinaw qui réunit les eaux du lac Michigan à celles du lac Huron. Entouré de tous côtés par les trois plus grands lacs du monde, il justifie bien le nom de *Lake-State* que lui ont donné les Américains.

La péninsule méridionale qui se déroule en ce moment à mes yeux est d'une grande fertilité, tandis que la péninsule septentrionale offre un sol stérile et un climat aussi rigoureux que celui de la région canadienne du lac Supérieur. Le Michigan méridional est une des meilleures régions agricoles de l'Amérique. Le pays m'a paru généralement plat et bien arboré. Le principal trait du paysage, c'est ce qu'on appelle dans l'ouest *oak openings;* ce sont de riantes clairières où les chênes sont éparpillés sur de vertes pelouses : vrais parcs anglais où la nature a tout fait.

A cent lieues de Chicago le train me dépose à Détroit, métropole commerciale de l'État du Michigan. Le jour où j'y arrivai, je ne fis que l'entrevoir dans l'obscurité du soir, et elle me fit une impression agréable que je n'avais pas éprouvée dans les autres cités américaines. Fondée par un Languedocien [1], cette ville a conservé un cachet français; ses rues sont larges et ombragées d'arbres; l'hôtel où j'étais logé est situé sur une belle place publique ornée d'un monument élevé à la mémoire des citoyens du Michigan morts dans la guerre de sécession. Le lendemain, je sortis de bonne heure pour explorer la ville ; mais j'eus le regret de constater qu'elle n'a que

---

[1] Antoine de la Mothe de Cadillac, natif de Castel-Sarrazin.

sa place publique. J'ai donc peu de chose à en dire. Elle se vante d'être l'une des plus anciennes cités de l'Amérique. Son nom lui vient de sa situation au bord du Détroit : cette rivière réunit le lac Huron au lac Érié, de même que la rivière Niagara réunit le lac Érié au lac Ontario ; ses eaux, très-poissonneuses, sont d'une limpidité extraordinaire. Le courant a une rapidité comparable à celle du Rhône à sa sortie du lac de Genève. Devant Détroit, la rivière peut avoir un kilomètre de largeur.

En dépit de son nom français, que les Américains écorchent d'une façon épouvantable, Détroit a partagé le sort de Saint-Louis ; le voyageur n'y entend plus parler la langue française. La population, qui dépasse quatre-vingt mille âmes, se compose d'éléments germaniques et anglo-saxons. Comparée à la puissante Chicago, Détroit n'est qu'une petite ville de province. On m'a assuré cependant que son port est un des meilleurs de l'Amérique : sa situation entre deux lacs lui donne une grande importance commerciale.

Je ne voulus pas quitter Détroit sans faire une excursion en pyroscaphe sur le lac Saint-Clair, qui constitue le plus petit anneau de la grande chaîne des lacs américains. A huit heures du matin le steamer s'élance, léger et rapide, sur les eaux profondes et bleues de la rivière Détroit. L'industrieuse métropole du Michigan fuit derrière nous, avec ses hautes cheminées et ses noires colonnes de fumée qui tranchent sur un ciel d'un éclat éblouissant. Posté à l'avant du navire, je hume avec délices la brise légère qui me caresse le visage. Qu'il fait bon de respirer le frais sur les rivières et les lacs par cette écrasante chaleur de juillet ! Je salue en passant une perle de verdure qui semble nager sur le fleuve : elle a conservé le nom de Belle-Ile que lui donnèrent les premiers colons français. Puis voici que les deux rives s'éloignent tout à coup : nous voguons sur les eaux basses et sablonneuses du lac Saint-Clair. Ce lac, qui paraît si petit sur la carte, où il ne semble qu'un point perdu au milieu des immenses mers d'eau douce qui l'environnent, est cependant trop étendu pour qu'il soit possible d'apercevoir à la fois ses deux rives.

Les eaux ont si peu de profondeur, qu'en certains endroits on peut voir les roseaux se balancer au souffle du vent. Aussi a-t-il fallu construire à grands frais, au milieu du lac, un canal qui permette aux navires de tous les tonnages de remonter du lac Érié au lac Huron. Ce canal, percé à travers les bancs de sable mouvants, a une profondeur de quatre à cinq mètres, suivant le niveau des eaux. Les terres provenant du creusement du canal ont été déposées de chaque côté, de manière à former des digues d'environ douze mètres de largeur. La distance d'une digue à l'autre est d'une centaine de mètres. Ces digues sont fixées par des pilotis en bois enduits d'une substance qui les préserve de la décomposition ; on les a recouvertes de terre végétale, et l'on y a planté des saules et d'autres arbres qui contribuent autant à leur ornement qu'à leur solidité. Pendant plusieurs heures, nous avons navigué sur cette étrange rivière artificielle menée à travers un lac. Les digues ne s'élevant qu'à cinq pieds au-dessus du niveau de l'eau, l'œil peut planer sur les plaines liquides qui s'étendent au delà.

Un des points les plus pittoresques du lac Saint-Clair, c'est l'île *la Pêche,* — encore un nom français. — Le steamer y fit une courte escale. Il y avait là un hôtel en bois qui doit être un délicieux séjour pour les amateurs de pêche au filet ou à la ligne. L'île *la Pêche* était autrefois le séjour favori du fameux chef indien Pontiac, souvent cité dans les romans de Fenimore Cooper. Il vivait là, avec ses squaws, dans une hutte d'écorce et de roseaux, et dormait tout nu, à la façon des guerriers indiens, sur une natte de jonc ou une peau d'ours. Quand les Anglais eurent dépossédé les Français de leur domination dans le Canada, Pontiac profita des difficultés suscitées aux Anglais par la révolution américaine pour tenter d'expulser tous les hommes blancs des domaines de ses ancêtres. Il organisa une attaque générale de tous les forts que les Anglais avaient érigés dans la région des lacs, massacra la garnison de Mackinaw, et osa même assiéger la ville de Détroit.

Mais voici que le lac se rétrécit de nouveau, et nous pénétrons dans la rivière Saint-Clair dont les bords sont presque au niveau de l'eau : on se croirait sur quelque rivière de la Hollande. La rive droite appartient aux États-Unis, la rive gauche au Canada : d'un côté le Michigan, de l'autre la province anglaise d'Ontario. La rivière Saint-Clair, qui conduit les eaux du lac Huron vers l'océan Atlantique, a un courant fort rapide : sa longueur, du lac Huron au lac Saint-Clair, est d'environ vingt lieues. Nous y dépassons une infinité de flatboats qui se suivent à la file, traînés par des remorqueurs : ces bâtiments, qui viennent pour la plupart de Québec et de Montréal, transportent des cargaisons de bois. Ils mettent des semaines entières à accomplir leur voyage à travers les grands lacs.

Enfin, voici Port-Huron, où le steamer me dépose après sept heures de navigation. Cette localité est située à l'entrée de la rivière Saint-Clair et à peu de distance du lac Huron. Le hasard m'y fait rencontrer un compatriote, qui me reçoit dans sa maison avec une courtoisie charmante. En le quittant, j'ai suivi la rivière jusqu'à l'endroit où elle sort du lac Huron. Là, je suis resté longtemps à contempler cette mer bleuâtre qui ouvrait devant moi ses perspectives infinies, empruntant plus de majesté encore à la poésie du soir. La rivière au courant impétueux contrastait avec le calme imposant du lac d'où elle sort. Un phare brillait dans la distance.

Le lac Huron est, après le lac Supérieur, la plus grande mer intérieure de l'Amérique : sa longueur est de cent et quinze lieues, sa largeur dépasse quarante lieues. Cette vaste nappe d'eau se trouve à cinq cent soixante-quatorze pieds au-dessus du niveau de l'Océan. Sa profondeur varie de cent à sept cent cinquante pieds. Le lac Huron est sujet à de violentes tempêtes, non moins redoutables que celles de l'Atlantique. Ses eaux, très-froides, sont d'une admirable pureté : les navires y semblent voguer dans l'air, tant elles sont transparentes.

De Port-Huron je retournai à Détroit. Pour aller au Niagara, j'avais le choix entre la ligne américaine de l'Érié et celle du Grand-Ouest canadien. Je choisis la dernière. J'avais à peine quitté la gare, que je me sentis rouler sur un plan incliné qui descendait vers le fleuve : le train tout entier avec la machine se trouva bientôt sur un énorme bac qui tout doucement traversa le fleuve et nous déposa sur la rive canadienne. Très-pratiques les Américains! Les douaniers canadiens entrèrent dans les wagons, et s'acquittèrent de leurs fonctions pendant que le train roulait, afin d'économiser le temps des voyageurs. *Time is money*.

On n'a pas sitôt franchi la frontière, que le pays change d'aspect. Ce qui me frappe tout d'abord, c'est la beauté des forêts canadiennes comparées à celles des États-Unis. Aux États-Unis, on a fait partout des défrichements inconsidérés; les Canadiens, au contraire, respectent leurs magnifiques forêts, et le bois constituera pendant longtemps encore la principale richesse du pays.

Nous côtoyons à une certaine distance la rive septentrionale du lac Érié, dont la nappe bleuâtre se laisse voir, par éclaircies, à travers les sapins séculaires. En une journée, le train m'emporte à travers Londres et Paris, Oxford et Windsor. La rivière qui serpente le long de la voie s'appelle la Tamise. Malgré le dédain qu'ils professent pour l'ancien monde, — *the old country,* — les Américains vont souvent chercher les noms des villes les plus célèbres de l'Europe ou de l'Asie antique et moderne pour les appliquer à des localités de la plus grande obscurité. Sur le Mississipi, qui est leur Nil à eux, ils ont fondé le Caire et Memphis. Dans l'État de New-York, il vous est loisible d'aller en moins de vingt-quatre heures d'Ithaque à Alexandrie, de Troie à Utique ou à Syracuse; en partant le matin d'Anvers, de Genève ou de Potsdam, vous pouvez être le soir à Batavia, à Delhi ou à Canton.

Voici qu'il est sept heures du soir. Le train ralentit sa marche : nous sommes sur le pont suspendu du Niagara. Je me tiens immobile sur la plate-forme extérieure, les yeux cloués sur un immense nuage blanc, aux formes vagues et indécises, qui plane là-bas, à deux milles de distance. Ce nuage, c'est la cataracte du Niagara ! Au plus fort de mon émotion, je suis hélé par la voix aigre d'un douanier, qui me somme d'ouvrir ma malle. En effet, au bout du pont, nous rentrons aux États-Unis. Si j'avais eu un gourdin en main, je ne sais ce que j'aurais fait de cet intempestif douanier. Mais je n'avais pas de gourdin, et je me suis borné à lui dire qu'il aurait pu m'importuner en un autre lieu et en un autre moment. Le brave homme n'a pas compris.

XXIV

LE NIAGARA.

J'ai donc vu le *Tonnerre des eaux*, comme les Indiens se plaisaient à l'appeler dans leur langue imagée. Je l'ai contemplé sous tous les aspects, de la rive américaine, de la rive canadienne ; j'ai été au pied des chutes, j'ai été même sous les chutes. Il m'a fallu trois journées entières pour *posséder* le Niagara. Comme l'a dit une charmante et intrépide voyageuse [1], il en est ainsi de tout ce qui est grand et sublime : il faut du temps pour le saisir et pour en fixer l'image dans son esprit. J'ai maintenant une idée nette, claire, de cette grande et unique merveille ; je connais la topographie des lieux, la situation de l'île de la Chèvre, et du Whirlpool, et des Rapides, et de la grotte des Vents, et de Prospect-Park, et de Table-Rock, et de tant d'autres points remarquables qui n'étaient auparavant dans mon imagination que chaos et confusion.

Si grandes, en effet, sont les dimensions du Niagara, que les descriptions les plus exactes en donnent tout au plus une image vague. Le travail séculaire des immenses masses d'eau accumulées dans cette partie de

[1] Madame Ida Pfeiffer

l'Amérique a produit de tels bouleversements, de tels désordres dans la configuration du terrain, que seule la vue des lieux peut en donner une idée distincte, qui ne s'effacera plus de l'esprit du spectateur.

Chateaubriand, Charles Dickens, Daniel Webster, Xavier Marmier, ont écrit sur le Niagara des pages admirables. Je craignais que ces descriptions, comme il arrive souvent, surtout lorsqu'il s'agit de l'Amérique, ne fussent entachées de trop d'enthousiasme. Mais qu'elles deviennent pâles et insuffisantes, qu'elles paraissent faibles et incolores, lorsqu'on se trouve en face de la saisissante et empoignante réalité!

Je vais tâcher de raconter brièvement ce que j'ai vu pendant les trois jours que j'ai passés au Niagara. A ce propos, je me souviens du mot de ce bon et spirituel Henri Heine, qui demandait à Théophile Gautier, avec sa fine malice : « Comment ferez-vous pour parler de l'Espagne quand vous en serez revenu? » J'ai vu au Niagara un peintre jeter loin de lui ses pinceaux, convaincu de l'impossibité de reproduire sur la toile le tableau qu'il avait sous les yeux. Comment réussirais-je à peindre le même tableau par des mots! D'autres plus habiles y ont brisé leur plume. Voilà pourquoi je ne décrirai pas, mais raconterai, en reproduisant les notes que j'ai écrites à la hâte sur les lieux.

Monteagle-House, où j'ai passé ma première nuit, est situé à mi-chemin entre les chutes et le gouffre du Whirlpool. J'ai quitté l'hôtel à huit heures du matin, et traversé à pied le pont suspendu que j'avais franchi la veille en chemin de fer. Ce pont est situé non pas près des chutes, comme on le croit communément, mais à deux milles plus bas, au-dessus des rapides inférieurs du Niagara. Le nom de Niagara s'applique non-seulement à la cataracte proprement dite, mais aussi à la rivière qui réunit les eaux du lac Érié à celles du lac Ontario.

J'ai parlé ailleurs du pont suspendu de Cincinnati jeté sur l'Ohio. Celui du Niagara, qui fut construit par le même ingénieur, est un témoignage encore plus saisissant de ce que peut le génie entreprenant des Américains. Je ne sache pas qu'on ait jamais accompli un tour de force plus hardi que la jonction du Canada et des États-Unis par un pont en fil de fer. En raison de l'élévation énorme des bords de la rivière qui coule dans un lit profondément encaissé, on a dû faire passer le premier fil métallique d'une rive à l'autre au moyen d'un cerf-volant. Puis, un intrépide Yankee s'installa avec le deuxième câble dans un panier fixé à une petite poulie et se laissa glisser le long du fil; parvenu à mi-chemin de son voyage aérien, il fut attiré à l'autre rive au moyen d'un cabestan. On m'a montré le panier légendaire, que l'on conserve comme une relique. Plus de cinquante trains passent tous les jours, depuis vingt ans, sur cette toile d'araignée tissée à soixante-dix mètres au-dessus d'un fleuve d'une largeur de plus de cent cinquante mètres. Pendant que je me trouve sur le pont, deux trains passent successivement au-dessus de ma tête, sur le tablier supérieur : tout mugit, tout craque; le tablier se met à vasciller comme si l'édifice allait s'effondrer dans l'abîme.

Arrivé à l'extrémité du pont, sur la rive canadienne, j'acquitte le droit de passage — un quart de dollar — et me dirige, sous un soleil d'enfer, vers le gouffre du Whirlpool, en suivant la rive gauche du Niagara. En cet endroit, le fleuve est étroitement comprimé entre deux parois à pic de deux cents pieds de hauteur : les eaux forment une succession de rapides et se précipitent avec une telle violence au fond de leur lit trop étroit, qu'elles présentent une surface bombée : au milieu de la rivière, les flots montent beaucoup plus haut que sur les bords. C'est au-dessus de ces rapides qu'on a tendu la corde destinée aux prouesses acrobatiques d'un Blondin féminin, mademoiselle Spelterini : elle a marché hier sans se rompre le cou devant plus de dix mille personnes, et doit renouveler ses exploits dans quelques jours.

Après vingt minutes de marche, j'arrive à un point où le Niagara s'engage dans un vaste entonnoir de forme circulaire, d'où il s'échappe par une issue qui fait un angle droit avec le lit supérieur. C'est ici le *Whirlpool* (tourbillon). Les eaux s'y engouffrent avec impétuosité et reviennent sur elles-mêmes du côté de la rive canadienne. Au centre de l'entonnoir se produit un vortex animé d'un mouvement giratoire de droite à gauche : les objets qu'on y lance tournoient pendant plusieurs jours autour du gouffre avant de s'y engloutir.

Je descendis du haut des rochers jusqu'au niveau de l'eau par un escalier de trois cent vingt-cinq marches. Au fond du précipice croissent de superbes fougères et autres plantes qui hantent les abîmes. Les eaux du Niagara sont ici d'un magnifique vert d'émeraude. Les vagues se livrent une bataille furieuse : elles bondissent les unes contre les autres avec de formidables mugissements, et, dans leur choc, se réduisent en montagnes d'écume, dont la crête fumante s'élève à plusieurs mètres de hauteur. Les eaux se brisent contre les rochers du rivage qu'elles semblent vouloir escalader. J'avais sous les yeux une mer en furie, mais une mer qui marche, qui roule avec une vitesse vertigineuse sur son lit incliné. Il semble, à certains moments, que les flots redoublent de rage, qu'ils courent plus vite, et que leur grondement augmente d'intensité. Est-ce une illusion? En cet endroit, le Niagara est profondément encaissé entre les énormes falaises perpendiculaires qui le surplombent; à peine a-t-il cent mètres de largeur.

J'ai passé une heure entière, tout seul, au fond de cet abîme, où régnait une fraîcheur délicieuse. Puis je suis remonté au grand soleil au moyen d'un chemin de fer incliné, mû par la force de l'eau : pour un demi-dollar, on gravit ainsi, en trente secondes, une pente de soixante mètres de hauteur. Ces Américains sont décidément inimitables! Dommage qu'ils m'ont un peu gâté le paysage. Je sais que c'est charmant un chemin de fer incliné, *sed non erat hic locus.*

Une promenade en plein midi, sous un soleil impitoyable, m'a ramené à Monteagle-House, à une demi-lieue des chutes. Le confort y laissant à désirer, j'ai transporté mes pénates à Spencer-House, où le train m'a mené en cinq minutes.

Spencer-House est à deux pas des chutes : on les entend, mais on ne les voit pas. L'exploitation des étrangers est montée ici sur une grande échelle, surtout du côté de la rive américaine. Là, le Niagara est absolument inaccessible aux pauvres diables : partout des barrières, partout des barricades, des murs, des constructions destinés à masquer la vue des chutes. Pour faire tomber tous ces obstacles, il faut délier la bourse, payer ici un quart de dollar, là un demi-dollar, ailleurs un dollar, plus loin un dollar et demi. Si bien que si vous voulez contempler les chutes sous tous les aspects, il faut vous résigner à dépenser une trentaine de francs, et pour peu que vous usiez de voitures, votre dépense s'élève à plus de cent francs. Les cochers ne se gênent pas pour vous demander vingt-cinq francs la course. Nulle part ils ne sont plus importuns et plus insolents : ils vous harcèlent, s'attachent à vos pas, se fâchent si vous ne leur répondez pas, et vous insultent quand vous leur refusez l'occasion de *make money*. L'étranger est moins exploité sur la rive canadienne. Là, un hôtel, situé en face de la chute du Fer-à-Cheval, est surmonté d'un belvédère accessible au public. Au-dessus de la porte, on lit cette delicieuse inscription : *This view free of charge* (cette vue est gratuite). Spirituelle leçon infligée aux voraces concurrents de la rive américaine! Ce simple fait montre déjà que la soif du dollar est moins endémique au Canada qu'aux États-Unis.

C'est de Prospect-Park que j'ai commencé l'exploration des chutes. On sait que le Niagara se compose de deux chutes bien distinctes et entièrement séparées par une grande île boisée, connue sous le nom de *Goat-Island* (île de la Chèvre). La plus petite des chutes, comprise entre la rive américaine et Goat-Island, porte le nom de *American-Fall* (chute américaine); la plus grande s'appelle *Horse shoe Fall* (chute du Fer-à-Cheval) : on l'appelle aussi la chute canadienne. En ce moment, je domine la chute américaine du haut du parapet de Prospect Park.

Il m'a fallu un certain temps pour m'élever jusqu'à la grandeur de la scène. L'œil se porte tour à tour sur la cataracte qui gronde sous vos pieds et sur les rapides qui bouillonnent au-dessus d'elle. Les eaux s'agitent, s'élèvent en vagues énormes, en flots d'écume avant d'atteindre le bord du gouffre. Il semble qu'elles aient conscience du sort qui les attend : elles se débattent dans une lutte suprême, se tordent dans les convulsions du désespoir..... Tout à coup, on les voit passer du vert sombre au vert pâle : vaincues par l'irrésistible attraction du vide, elles bondissent hors de leur lit pour s'élancer dans l'espace, et l'œil fasciné les suit dans leur effroyable trajectoire : c'est tout un fleuve qui tombe dans l'abîme, qui s'écroule avec un indescriptible fracas, se résolvant en millions de gouttelettes de poussière aqueuse, en nuages d'écume d'une blancheur éblouissante, où brillent dans leur magique éclat les sept couleurs du prisme. Qui peindra un pareil tableau !

De Prospect-Park on contemple la chute en la dominant d'en haut ; mais, pour se rendre compte de sa hauteur, il faut la voir d'en bas, être dominé par elle. C'est ce que n'ont pas perdu de vue les industriels qui exploitent le Niagara. Grâce à un chemin de fer incliné, percé dans le roc — ils en ont mis partout ! — on peut se laisser rouler en char à bancs de Prospect-Park jusqu'au pied de la chute américaine. Arrivé au fond du gouffre, au bord de la rivière, je m'approche aussi près que possible de la cataracte.

Elle se brise à quelques pas de moi ; au-dessus de ma tête, elle se déploie en nappe immense : on dirait d'une énorme trombe d'eau qui tombe du ciel, sans relâche, sans repos. L'œil peut suivre le cours de ce majestueux fleuve aérien, qui s'abîme sans que rien ne l'arrête dans sa course perpendiculaire. Parfois, le vent chasse de mon côté un nuage d'écume qui s'irise aux rayons du soleil : les couleurs du prisme s'y projettent, non plus en un arc partiel, mais en un cercle parfait.

Il est temps de m'arracher à ces magnificences : rien de traître en été comme l'humide nuage qui plane autour de la cataracte. Je me retirai mouillé de la tête aux pieds, les oreilles assourdies, les yeux presque aveuglés. Puis j'avisai un pilote qui consentit à me prendre dans sa barque pour un demi-dollar. Me voilà ballotté sur les flots convulsionnés du Niagara, et si près des chutes, que leur froide rosée voltige sur mes épaules. Le gouffre sur lequel nous voguons a plus de soixante mètres de profondeur. Le fleuve, tout frémissant après l'énorme bond qu'il vient d'accomplir, ressemble à un lac soulevé par la tempête : les vagues écumantes secouent comme une plume notre frêle embarcation. Le courant a une telle violence, que, sans l'habileté et la force herculéenne du pilote, nous serions irrésistiblement entraînés vers les dangereux rapides du Whirlpool.

Le brave homme m'a raconté qu'on faisait cette traversée, il n'y a pas longtemps, sur un petit steamer qui avait été construit sur place; mais comme le propriétaire du bâtiment ne faisait pas ses frais, il le vendit à une maison de Montréal, qui lui imposa la condition de le conduire sain et sauf à destination, à travers les rapides et le gouffre du Whirlpool. Un intrépide pilote, nommé Robinson, s'offrit pour exécuter le périlleux voyage; aucune compagnie ne voulut assurer le bâtiment. Le steamer passa les rapides sans avarie, en dépit de la vitesse du courant, qui est évaluée à dix lieues à l'heure; au gouffre du Whirlpool, la cheminée s'abattit sur le pont. L'héroïque pilote entra sans autre accident dans les eaux calmes de Lewiston. Jamais navigateur n'a surpassé pareil exploit..

Il ne nous a pas fallu moins d'un quart d'heure pour gagner la rive canadienne. Un chemin en zigzag me mène au sommet des rochers qui surplombent le fleuve; c'est de là, du haut de la terrasse de Clifton, qu'on peut le mieux embrasser, dans leur grandiose ensemble, le Niagara américain et le Niagara canadien. Les deux chutes réunies forment une nappe de près d'une demi-lieue d'étendue. Cette vue vaut à elle seule la traversée de l'Atlantique.

D'autres merveilles peuvent transporter l'âme d'admiration; ici, on se voit réduit à la proportion de l'atome. Ce n'est plus de l'enthousiasme que l'on éprouve, mais une sorte d'anéantissement. On est subjugué, annihilé par la grandeur infinie du tableau qu'on a sous les yeux. Que l'homme le plus blasé sur les grandes scènes de la nature vienne ici, et s'il ne se sent pas atterré devant cet écroulement des eaux de toutes les mers intérieures qui forment la grande chaîne des lacs américains, s'il ne se sent pas fasciné, ému, remué dans tout son être, c'est qu'il n'est plus rien sur la terre qui puisse le toucher.

Je me dirigeai vers la chute canadienne et m'arrêtai à l'endroit appelé *Table-Rock*. On désigne sous ce nom un rocher en forme de table plate d'où l'on domine la chute canadienne, comme de Prospect-Park on domine la chute américaine. Les Américains revendiquent la palme pour l'*American-Fall*, les Canadiens la décernent à la *Canadian-Fall*. N'en déplaise aux Américains, les Canadiens ont mille fois raison. La vue du Fer-à-Cheval est infiniment plus grande que celle de la chute américaine : la masse d'eau qui s'y précipite est trois ou quatre fois plus volumineuse. La cataracte décrit une admirable courbe d'une longueur de trois quarts de mille, dont l'aspect est bien plus saisissant que la forme rectiligne de la chute rivale; enfin le grondement des eaux est beaucoup plus formidable. Ce qui est d'un prestige charmant, c'est l'immense panache blanc qui plane éternellement au-dessus de la chute canadienne, s'élevant bien haut vers le ciel comme un nuage d'encens.

Au milieu du Fer-à-Cheval, la teinte des eaux est

d'un vert très-prononcé ; c'est là que la nappe liquide a sa plus grande épaisseur. On l'évalue à plus de vingt pieds. Une expérience, qui a eu lieu il y a quelques années, a montré d'une manière décisive que cette estimation n'a rien d'exagéré. Un vieux steamer, hors d'usage, fut dirigé vers les chutes ; on y avait embarqué quelques passagers d'espèces fort différentes : un ours, un buffle, un cerf, un chien, un chat, une oie. Maître Martin eut assez de sagacité pour abandonner le navire avant qu'il fît le plongeon : il nagea au milieu des rapides et parvint à gagner la terre sain et sauf. En cette circonstance, l'intelligence des autres animaux ne s'éleva pas au-dessus de celle de l'oie. Le navire disparut avec son équipage infortuné dans le gouffre du Fer-à-Cheval ; sa coque fut retrouvée plus tard au-dessous des chutes, et l'on constata que la quille n'avait pas touché le roc, bien que le bâtiment eût un tirant d'eau de dix-huit pieds.

Pendant que je contemplais la chute du Fer-à-Cheval, j'ai entendu comme un roulement d'orage, dont le bruit dominait même le grondement de la cataracte. Mon premier mouvement fut de lever les yeux en l'air ; mais le ciel était d'un bleu d'azur ; en me penchant vers l'abîme, j'ai compris que cet orage était causé par la chute d'un énorme quartier de rocher qui venait de se détacher d'une corniche voisine de Table-Rock, et roulait avec un terrible fracas dans le gouffre qui s'ouvre au-dessous du Fer-à-Cheval. C'est de la même manière que s'est écroulée, il y a trois ans, la partie de Table-Rock qui surplombait au-dessus de la cataracte. Chaque année le Niagara engloutit ainsi quelque portion de ses rives, sans compter les innombrables victimes humaines qu'il n'a jamais rendues. D'après la croyance indienne, le Niagara demande deux victimes par an.

Pour un dollar, je me suis payé une douche d'eau froide sous la chute canadienne. Affublé d'un costume imperméable et de chaussures en caoutchouc, j'ai descendu avec un guide le sentier rapide et boueux qui mène derrière le rideau du Fer-à-Cheval. Je me suis avancé dans ce royaume des eaux aussi loin qu'un mortel peut aller sans s'exposer à périr. Puis j'ai regardé.

Je vivrais cent ans, que je n'oublierais pas la scène. La cataracte, tourbillonnant à deux pas de moi, s'élançait d'un seul jet du haut de l'énorme paroi, contre laquelle je me collais comme un lézard, et s'effondrait dans le gouffre béant ouvert sous mes pieds.

Les rochers vacillent sur leur base; l'air, agité violemment par la chute des eaux, souffle et vibre comme dans une tempête; autour de moi, je ne vois que désordre et chaos, tout mugit, fume, bouillonne. Une sorte d'attraction me tient cloué là au bord de l'abîme, sur ce sol qui tremble sous moi; je ne puis détacher les yeux de cette perpétuelle avalanche d'écume sillonnée de jets verdâtres, où se jouent les éclairs fantastiques, éblouissants, d'une pluie d'or, de feu, de diamants. Toutes les ressources de la palette seraient impuissantes à rendre les magiques ruissellements de ces eaux lumineuses.

Quand je sortis de cette humide rison, j'étais comme

ivre de merveilles, je ne voyais plus, je n'entendais plus. Ma pensée même parvenait à peine à se dégager de l'impression de terreur que je venais d'éprouver. Il me fallut un certain temps pour revenir à mon état normal.

L'excursion sous les chutes n'est pas sans danger. Des personnes au tympan délicat y ont été frappées de surdité. On est exposé à y recevoir les fragments de rochers qui se détachent par intervalles de Table-Rock et des corniches avoisinantes. Le chemin qu'il faut suivre est étroit et glissant, et plus d'un voyageur imprudent a été entraîné dans le gouffre. Enfin, il règne là une fraîcheur glaciale dont il faut se défier en été.

En quittant Table-Rock, j'ai continué à suivre la rive canadienne le long des rapides qui écument au-dessus de la chute du Fer-à-Cheval. Les eaux de la rivière y sont vraiment belles à voir : elles courent avec la vitesse vertigineuse de trente milles à l'heure sur leur lit incliné, comme si elles avaient hâte de se précipiter dans le gouffre. Quand on est à un quart de lieue au-dessus des chutes, rien ne peut en faire soupçonner l'existence, si ce n'est un nuage blanc qui semble sortir du fleuve et s'élever vers le ciel. Comme la cataracte est invisible, et qu'au delà l'œil n'aperçoit plus la nappe liquide qui bouillonne à deux cents pieds plus bas, il se produit cette illusion que le fleuve semble finir tout à coup au Fer-à-Cheval.

Je quittai bientôt le Niagara pour m'enfoncer dans les forêts qui verdoient sur ses bords. J'entendis encore pendant quelque temps les sourds mugissements des cataractes, puis ce ne furent plus que des sons lointains, puis enfin un silence absolu. J'étais à peine à une demi-lieue des chutes. Le retentissement du Niagara dépend beaucoup de l'état de l'atmosphère et de la direction du vent. On l'entend parfois à Toronto, ville située à vingt lieues de distance.

Le but de ma promenade était une visite aux *burning springs*. Ce sont des sources récemment découvertes. Elles sont tellement saturées de gaz hydrogène sulfuré, qu'elles ont la singulière propriété de s'enflammer, comme de l'alcool, au contact d'une torche allumée. J'ai bu deux verres de cette eau, qui m'a paru délicieuse, malgré son goût de soufre. Lorsqu'on y plonge un tube, il s'y forme un courant de gaz qui produit une magnifique flamme bleuâtre de trois pieds de hauteur; on peut y introduire la main, comme Mucius Scævola, sans éprouver la moindre sensation douloureuse.

Il était huit heures du soir quand je regagnai la rive américaine. Fatigué par toutes les émotions de la journée, je rentrai à l'hôtel, où j'oubliai bientôt, dans un profond sommeil, le Niagara dont la voix sonore m'endormit plus vite que de coutume.

Le lendemain, je visitai l'île de la Chèvre (Goat-Island), dont j'ai dit la situation entre la chute américaine et le Fer-à-Cheval. Cette île est abordable par un petit pont suspendu qui la relie à la rive américaine. Il va de soi que, pour y passer, il faut acquitter un demi-dollar. Avant d'atteindre l'île de la Chèvre, on traverse un petit îlot qui serait charmant si l'on n'y avait installé, au beau milieu des rapides du Niagara, la fabrique de papier de la *Tribune de New-York*. Oh! les fabricants de papier! Oh! les Américains! Ils plaquent des affiches sur les parois des montagnes Rocheuses. Ils emploient la force motrice des rapides du Niagara. Vous verrez qu'ils en viendront à utiliser celle de la cataracte elle-même. Songez donc quel parti les fabricants de papier pourront tirer d'une pareille force! Soyez convaincu que ces excellents Yankees ne voient dans le Niagara que les millions de chevaux-vapeur qu'il offre à l'industrie [1].

L'île de la Chèvre est constamment rongée par les flots impétueux du Niagara, et elle ne peut manquer de disparaître dans un temps plus ou moins éloigné. Sa superficie, autrefois de deux cent cinquante acres, est

---

[1] Les journaux américains annonçaient récemment que le Niagara (chute américaine) a été mis aux enchères et adjugé à un industriel de Buffalo, moyennant soixante et onze mille dollars (355,000 francs). La chute du Fer-à-Cheval aura probablement le même sort. Un savant, le docteur Siemens, étudie en ce moment la somme de force motrice que peut fournir le Fer-à-Cheval, ainsi que les moyens de la transmettre à grande distance. Il a calculé que la masse d'eau qui se précipite de ce côté est de cent millions de tonnes par heure. La force repérsentée par cette chute seule est de seize millions huit cent mille chevaux, force qui, si elle devait être produite par la vapeur, nécessiterait une consommation de deux cent soixante-six millions de tonnes de houille par an. Si l'on remarque, dit M. Siemens, que la production du charbon a été, en 1874, d'un peu moins de deux cent soixante-quinze millions de tonnes, on trouvera que la chute du Horseshoe serait assez puissante pour faire marcher à elle seule toutes les usines, toutes les locomotives et tous les vapeurs du monde.

réduite aujourd'hui à soixante. Un bon marcheur pourrait en faire le tour en moins d'une demi-heure : j'ai mis quatre heures à faire cette promenade. Je ne pouvais, en effet, y faire un pas, sans m'y arrêter devant les plus admirables points de vue. Ici, c'est la chute américaine qu'on domine de la rive qui fait face à Prospect-Park ; là, c'est la courbe colossale du Fer-à-Cheval qui se déploie dans le même apparat que lorsque vous la contemplez de Table-Rock, à l'extrémité opposée ; ailleurs, ce sont les trois îlots romantiques gentiment nommés *Three Sisters* (les trois sœurs). C'est tout près de ces îlots, à l'endroit où coule une petite cascade, que vécut pendant deux ans ce mystérieux étranger, dont M. Xavier Marmier a raconté la touchante histoire. La petite cascade qu'il a tant de fois contemplée, et près de laquelle il périt en se baignant dans le voisinage des rapides, porte encore le nom de *cascade de l'Ermite*.

L'île de la Chèvre est couverte d'une magnifique forêt séculaire, à travers laquelle courent des allées pleines de mystère et d'ombre, qui se prêtent admirablement à la flirtation. Beaucoup de nouveaux mariés viennent couler leur lune de miel sous ces poétiques ombrages. Tandis que je contemplais les rapides des Three Sisters, il y avait tout près de moi un jeune couple qui admirait la scène à un point de vue tout à fait spécial. J'ai surpris quelques-unes de leurs paroles.

« Oh ! que c'est joli, William !

— Oui, Kate, c'est charmant, presque aussi charmant que toi ! »

Après une pose : « N'est-il pas vrai, mon petit oiseau, que l'amour seul peut nous faire apprécier les beautés de la nature? »

Et le petit oiseau s'est mis à rougir.

En face du Fer-à-Cheval, à l'endroit où s'élevait autrefois la tour de Terrapin [1], je fus tiré de ma rêverie par l'arrivée d'un de ces prédicateurs protestants qui prennent le Niagara pour texte de leurs sermons.

« Grandiose! grandiose! me dit-il avec un geste superbe. Quoi de plus concluant que cette admirable manifestation de la puissance divine! »

J'eus beau lui dire qu'il n'avait pas besoin de me convaincre de cette vérité, il n'en continua pas moins ses exclamations.

« Ailleurs, dit-il dans un magnifique élan d'enthousiasme, ailleurs l'homme peut se proclamer le roi de la création; ici, il ne peut que s'humilier, s'incliner dans sa petitesse, et murmurer une prière. Combien sont chétives les œuvres de l'homme, comparées à ce que nous voyons en ce moment! »

Je ne sais combien de temps aurait duré ce sermon, si je n'y avais coupé court en m'esquivant. Mais le zélé clergyman courut après moi pour me prier d'accepter un

[1] Cette tour a été démolie récemment, parce que le roc qui lui servait de base est rongé par le Niagara et menace de s'engloutir dans un temps prochain. Jules Verne s'est donc trompé lorsqu'il a fait cette amusante prédiction : « Le jour où tombera la Terrapin-Tower, il y aura dedans quelques excentriques qui descendront le Niagara avec elles. » (*Une ville flottante,* chap. XXXVII.)

hymne qu'il avait composé en l'honneur du Niagara, et il ne me lâcha pas que je ne lui eusse promis de le lire. Ce n'est donc pas assez d'être importuné par les cochers de fiacre et les amoureux, il faut encore subir les prédicateurs puritains! Hélas! que nous voilà loin du temps où Chateaubriand visita le Niagara!

J'ai voulu voir les cataractes pendant la nuit. A dix heures du soir, j'ai traversé le pont suspendu jeté au-dessus des rapides qui précèdent la chute américaine, et me suis aventuré dans les ténèbres épaisses de l'île de la Chèvre. Le ciel refusait ses étoiles à la forêt séculaire qui couvre toute l'étendue de l'île. Parfois, brillaient entre les arbres de petites lumières qui s'éteignaient instantanément : je ne savais trop à quoi les attribuer. Peut-être étaient-ce les *fire-flies* qui lançaient en volant ces lueurs fugitives. Si noire était la nuit, que je pouvais à peine reconnaître la trace du chemin : il fallait marcher à tâtons, pour ne pas se heurter contre les arbres. Seul et désarmé, j'eusse donné beau jeu à quelque mauvais drôle caché dans les fourrés. Mais le bruit solennel du Niagara m'invitait à poursuivre ma route. Je fis le tour de l'île jusqu'au Fer-à-Cheval.

Que la cataracte était belle, resplendissante de blancheur dans la sombre nuit! Combien elle me parut plus grande qu'à la clarté du soleil ! Combien le *tonnerre des eaux* me parut plus formidable ! Il est vrai que j'étais tout seul : il n'y avait là nul voisin importun pour troubler mon recueillement. Je m'abîmais de respect devant ce fleuve sublime qui roulait dans le précipice, couronné par la lueur immense d'un vaporeux nuage d'argent. C'est à minuit, dans le drame des ténèbres, seul devant Dieu, qu'il faut voir le Niagara.

XXV

TORONTO.

J'ai quitté l'Amérique pour me retrouver en Angleterre. Toronto, capitale du Haut-Canada, est, en effet, une ville absolument anglaise, tant par l'aspect des habitations que par la physionomie des habitants. J'y ai débarqué un samedi soir, sans prévoir que le lendemain était un dimanche. Or, le dimanche n'est guère plus récréatif dans les villes anglaises que dans les villes américaines. Du matin au soir, je n'ai entendu que des carillons d'église et des chants religieux. J'ai voulu me divertir par une promenade au bord du lac Ontario, mais le moyen de se promener au bord du lac, quand le chemin de fer en a accaparé la rive ! Et puis, d'ailleurs, le soleil chauffait tellement, que force m'a été de rentrer à l'hôtel.

Ici, j'ai retrouvé les habitudes et la cuisine anglaises, l'ox tail sup, le roastbeef saignant, et le plum-pudding, non pas l'abominable contrefaçon américaine du plum-pudding, mais le vrai plum-pudding des Anglais. Et puis, quelle joie d'être délivré de ces Yankees mal rabotés ! Comme tout le monde ici me paraît aimable, poli, civilisé! Voyez ces gentlemen : à la bonne heure ! ils n'ont pas la chique à la bouche, ils ne mettent pas les pieds sur les murs, tout en se dandinant dans leur rocking-chair, ils ne crachent pas au plafond, leur haleine n'a rien qui sente le wiskey. Il se peut que quelque grincheux démocrate y trouve à redire. Tant pis pour ceux qui entendent la démocratie de cette façon-là. Il faut croire que les Yankees ont beaucoup changé depuis Tocqueville, sinon je ne comprendrais pas l'engouement de ce grave écrivain pour la démocratie américaine. S'il pouvait revoir aujourd'hui l'Amérique, il s'écrierait peut-être : *Quantum mutatus ab illo tempore !*

Un voyage en Amérique ressemble peu à un voyage en Europe. Sur le continent européen, le voyageur peut, dans l'espace de quelques semaines, visiter plusieurs peuples de nationalité différente, de mœurs, de langues différentes. Par delà l'Atlantique, ce charme de la nouveauté et de la diversité n'existe plus pour le touriste. Les Yankees, avec leur énergique *go ahead,* ont graduellement étendu leur empire, se sont éparpillés d'un bout à l'autre de l'Amérique du Nord, et ont laissé partout leur empreinte. Ils ont attiré à eux les peuples de tous les pays, les ont fondus dans une seule et même nationalité, et cette absorption a été opérée d'une manière si complète, que d'une extrémité à l'autre de l'Union, de l'Atlantique au Pacifique, en deçà comme au delà des montagnes Rocheuses, vous retrouvez la même langue, les mêmes mœurs, et jusqu'aux mêmes caractères. Pour observer d'autres mœurs, d'autres types, il faut franchir la frontière qui sépare l'Union de la nation canadienne.

On entend peu parler de ce peuple qui se développe silencieusement à côté de la fiévreuse et turbulente république américaine. Le peuple anglo-canadien parle la même langue que le peuple américain ; il descend de la même origine, et cependant l'Anglo-Canadien a sa physionomie à lui : nul ne le confondra avec le Yankee. La population de l'Amérique anglaise forme une nationalité bien distincte de celle des États-Unis.

Cette nationalité a pris un nouvel essor depuis la création de la grande *Dominion,* depuis la réunion en 1870, sous un même gouverneur et sous un même Parlement, des diverses provinces britanniques. De l'Atlantique au Pacifique, s'étend maintenant, au nord des États-Unis, le nouvel empire d'un grand peuple uni, indépendant, économe, soumis aux mêmes lois, aux mêmes impôts, possédant d'admirables voies navigables, d'immenses forêts, de vastes régions agricoles. Qui peut prévoir l'influence que les *Northmen* du Canada exerceront un jour sur leurs voisins du Sud, dont les mœurs ont une tendance visible à se relâcher ?

Toronto offre peu d'attraits au touriste. Son nom est emprunté à la langue iroquoise, et signifie *lieu de réunion.* La ville est tirée au cordeau suivant la mode américaine, et rues et maisons se ressemblent tellement, que l'étranger ne saurait les distinguer les unes des autres. Le bois étant très-abondant au Canada, les rues sont planchéiées au lieu d'être pavées; les artères principales sont couvertes de blocs de bois taillés en parallélipipèdes et séparés les uns des autres par de petites pierres mêlées de terre. Au bout de la ville, au milieu d'un parc aux arbres séculaires, est située l'Université, que j'ai trouvée fermée à cause du dimanche. Cette Université fut fondée en 1827, par le roi d'Angleterre Guillaume IV. L'édifice tient à la fois du couvent et du château fort : il est curieux de trouver cette réminiscence du moyen âge sur le sol américain. C'est d'ailleurs un des meilleurs spécimens d'architecture gothique que j'aie rencontrés.

Toronto, qui fut pendant longtemps la capitale du Canada, n'est plus aujourd'hui qu'un chef-lieu de province ; elle est le siége du gouvernement de la province d'Ontario, qui comprend tout le Haut-Canada, et dont la population est exclusivement anglaise, à la différence du Bas-Canada, dont la population se compose surtout d'éléments français. La province d'Ontario comprend tout le territoire situé au nord du Saint-Laurent et de la chaîne des grands lacs, depuis le lac Ontario jusqu'au lac Supérieur. La rivière des Outaouais la sépare de la province de Québec.

Il y a quarante ans, la population du Haut-Canada était de deux cent mille âmes ; elle dépasse aujourd'hui deux millions. En dix ans, elle a donc décuplé. C'est là un développement bien plus remarquable que celui des régions les plus prospères des États-Unis. La province d'Ontario est assez grande et assez riche pour recevoir dix millions d'âmes. C'est encore une des contrées de l'Amérique qui offrent le plus d'avantages à l'émigration européenne : contrée toute neuve et essentiellement agricole.

Toronto est situé sur la rive nord-ouest du lac Ontario. Chaque jour, sauf le dimanche, un steamer quitte la capitale du Haut-Canada pour arriver le lendemain soir à Montréal. J'ai fait cette excursion à bord du *Spartan.* Pendant toute la soirée et toute la nuit, j'ai vogué sur les eaux bleues du lac Ontario. Le steamer suivait la côte canadienne, à un ou deux milles de distance. Les rives sont plates et n'ont rien qui commande l'admiration. Le seul charme du lac Ontario consiste dans son étendue, dans les perspectives illimitées que présente sa vaste nappe qui réfléchit l'azur du ciel. Son nom, emprunté à la langue des Indiens, signifie « belle eau ».

Les lacs américains n'ont d'autre attrait que celui de l'Océan. Les lacs de la Suisse, du Tyrol, de l'Écosse, de la Norvége, empruntent leur physionomie pittoresque aux montagnes qui les encadrent : mais ce genre de beauté manque absolument aux mers intérieures qui s'étendent entre le Canada et les États-Unis. Un voyage sur la chaîne des lacs, depuis Buffalo jusqu'à Duluth, au fond du lac Supérieur, doit être, en somme, assez fastidieux. Cette excursion est fort à la mode en été, mais les Américains y cherchent plutôt la fraîcheur que le pittoresque. J'avais pensé le faire, on m'en dissuada.

Nous nous trouvions très-nombreux à bord du *Spartan,* grâce à une légion de pèlerins, qui se rendaient à Wells Island, l'une des mille îles du Saint-Laurent, dans le but d'assister à un grand meeting religieux, un *revival,*

LE LAC ONTARIO. Page 336.

comme on dit dans ce pays. Le revival est une effervescence de dévotion, une explosion de fanatisme qui se produit par intervalles, qui se déchaîne tout à coup comme un ouragan. Ce sont ces fièvres spirituelles qui créent et alimentent les sectes les plus étranges de l'Amérique. Il est rare qu'il ne se fonde pas une nouvelle secte bizarre, extraordinaire, à la suite d'un revival. Les Mormons, les Trembleurs (shakers), les Spirites, les Pantogames, les Voyantes, doivent leur origine aux revivals.

Avant que nos pèlerins eussent débarqué à Wells Island, le revival se manifestait déjà parmi eux avec une certaine intensité. Mais ce n'était encore que le prélude.

Vers le soir, au moment où le soleil couchant embrasait les flots du lac Ontario, ils entonnèrent des cantiques. Aux cantiques succédèrent des prédications qui eussent peut-être fait de moi un nouvel adepte, si elles n'avaient été si grotesques. Un personnage qui semblait jouer le rôle de président demandait aux personnes inspirées du ciel de communiquer aux autres leurs inspirations. Un profond silence succédait à cette phrase sacramentelle. Tout le monde se recueillait, puis quelqu'un ou quelqu'une, plus inspiré que les autres, se levait et parlait sur un ton solennel et prophétique : à voir sa face illuminée, on l'aurait cru sous l'influence d'un souffle mystique. Ce spectacle m'intéressa tout d'abord par son étrangeté ; mais tous ces inspirés, qui se croyaient décidément plus saints que leurs semblables, finirent par m'écœurer. L'un d'eux ne poussait-il pas l'outrecuidance jusqu'à implorer le Tout-Puissant d'éclairer l'esprit de tous ceux qui se trouvaient à bord, depuis le premier jusqu'au dernier des passagers, depuis le capitaine jusqu'au plus humble matelot! N'y tenant plus, je quittai cette sainte assemblée pour me retirer à l'autre bout du navire.

Je ne sais ce qui se passa le lendemain au revival de Wells Island ; mais s'il faut en croire un écrivain anglais digne de foi [1], ces revivals sont l'occasion des plus graves désordres. « Beaucoup de visiteurs tombent malades, quelques-uns meurent dans le camp même où se tient le revival. Dans les angoisses de cette lutte contre le péché et la crainte de la mort, les passions semblent se déchaîner sans frein ni obstacle. Les hommes se querellent, se battent, courtisent les femmes de leurs voisins... » D'après un autre auteur, « c'est un vertige, une orgie, une saturnale, où, chose bizarre, la passion religieuse semble traîner après elle toutes les autres passions. Dans la solitude où se réunissent ces illuminés, on voit des faits monstrueux, des libertinages sans nom... »

Quand vint la nuit, ce fut un désordre indescriptible. Y compris les revivalistes, nous étions environ quatre cents passagers à bord : or, il n'y avait que cinquante cabines à deux lits, qui toutes étaient occupées par les dames et par les revivalistes ayant charge de lady. Restaient donc trois cents personnes exclues des cabines. Je me trouvais parmi ces infortunés, et je dus passer la nuit sur le plan-

---

[1] Hepworth Dixon. *New America. Spiritual cycles.* Vol. II chap. XIV.

cher, avec un sac de nuit pour oreiller. A mon âge, heureusement, on se fait à ces choses, et, bien que je ne désire nullement renouveler l'expérience, je ne suis pas fâché de savoir comment on dort sur les planches.

En me réveillant, le lendemain, à cinq heures du matin, j'ai constaté, à mon grand étonnement, que j'avais la tête brûlante comme un charbon. En tâtant le plancher, j'ai éclairci ce mystère : j'avais dormi au-dessus de la chaudière !

Il s'agissait maintenant de donner à déjeuner à ces quatre cents passagers. Or, la table était juste assez grande pour admettre cent convives. On résolut ce nouveau problème en servant quatre fois de suite. Mais comme il fallait et servir et desservir, les quatre tables d'hôtes successives durèrent de six à dix heures du matin. Il fallait voir comme chacun se précipitait à l'assaut chaque fois que la gongue annonçait une nouvelle édition du déjeuner : c'était un siége en règle, où les plus robustes avaient le dessus. N'aimant guère les bousculades, j'attendis patiemment la dernière édition : si bien que lorsque je finissais mon premier déjeuner, les plus pressés se disposaient déjà à entamer leur second. Ce sont là les petits agréments d'un voyage en Amérique. Si mon étoile me reconduit quelque jour dans ce pays, je souhaite que ce ne soit pas en temps de revival !

Quand nous eûmes dépassé Kingston, la seconde ville de la province d'Ontario, nous entrâmes dans les eaux du Saint-Laurent. Pendant plus de deux heures, nous naviguâmes au milieu des Mille-Iles, au sujet desquelles

M. Xavier Marmier et d'autres voyageurs ont éprouvé une admiration que je ne puis partager. Je me dispenserai donc de faire une de ces descriptions à effet, dans le genre de celles qu'on trouve citées dans les guides du voyageur. Je ne pourrais faire que de l'enthousiasme à froid, et ce n'est pas mon métier. Je comprends que les amateurs de chasse et de pêche trouvent ici beaucoup de jouissances; mais quand on n'a pas l'avantage d'être initié aux mystères du *shooting* et du *fishing*, je ne sais vraiment ce que l'on peut tant admirer dans cet archipel fluvial. On me dit que le nombre des îles s'élève à dix-huit cents; mais quand il y en aurait cent mille, gagneraient-elles beaucoup en beauté? Pour ma part, je n'échangerais pas une seule perle du ravissant groupe des îles Borromée, dans le lac Majeur, pour les dix-huit cents îlots du Saint-Laurent. Au risque d'encourir le reproche d'hérésie, j'ose dire que les Mille-Iles ont une réputation volée; elles ont été honorées de tant de pompeuses et emphatiques descriptions, que les touristes sont bien obligés de croire que les Mille-Iles sont la merveille des merveilles. Les touristes ont malheureusement la fâcheuse manie de n'admirer que ce que Murray, Joanne et leurs émules les prient d'admirer. Mais enfin, on ne peut revenir de l'Amérique sans avoir vu les Mille-Iles. Sinon, songez donc ce que l'on pensera de vous.

« Vous venez de l'Amérique?

— Oui.

— Et les Mille-Iles?

— Pas vu. »

On voit d'ici la suite de ce dialogue. Incontinent, vous voilà assiégé de citations en prose et en vers. On vous pardonnera d'avoir omis le Niagara — c'est suranné, — mais les Mille-Iles! Pourquoi donc va-t-on en Amérique, si ce n'est pour les voir?

Pour en finir, je connais quelque part en Suède, sur cette partie du lac Mælar qui s'étend de Stokholm à Upsal, un archipel infiniment plus pittoresque que celui du Saint-Laurent; mais les Suédois ne savent pas vanter leurs Mille-Iles comme les Américains.

XXVI

OTTAWA.

Après une navigation de vingt heures, je laissai le *Spartan* continuer sa route vers Montréal, et débarquai à Prescott, terminus du railway qui mène à Ottawa.

Prescott est une des plus laides petites localités que j'aie rencontrées dans la chrétienté. Le train d'Ottawa ne devant partir qu'au bout de deux heures, j'ai dû descendre dans une affreuse *posada* où l'on m'a servi un méchant dîner. Trois heures de chemin de fer, à travers un pays couvert de forêts, m'ont mené de Prescott à Ottawa.

La rivière Ottawa ou des Outaouais, à laquelle la ville doit son nom, sépare le Haut-Canada du Bas-Canada, ou, si l'on veut, la province d'Ontario de la province de Québec. Ottawa appartient au Haut-Canada ; le faubourg de Hull, situé sur la rive opposée, et habité surtout par la population française, est dans le Bas-Canada. Un pont suspendu réunit les deux localités. Ottawa est donc placée sur les confins du Canada anglais et du Canada français : c'est précisément à cause de cet emplacement qu'elle a été élevée au rang de capitale. On a dû faire droit, dans le choix de la capitale, aux susceptibilités des deux races si différentes qui occupent le Canada.

Autrefois, le Haut-Canada et le Bas-Canada avaient chacun leur gouvernement distinct. Leurs populations respectives étaient alors bien moins fusionnées qu'elles ne le sont aujourd'hui : le Haut-Canada était une province exclusivement anglaise, le Bas-Canada n'était peuplé que d'éléments français. Entre les deux provinces régnait une profonde antipathie de races, qui depuis lors s'est beaucoup affaiblie. Chaque province avait sa capitale propre : c'était Québec pour le Canada français, c'était Toronto pour le Canada anglais. Sous l'administration de lord Sydenham, les deux provinces furent réunies, d'une manière plus ou moins forcée, sous un seul gouvernement : ce fut le premier pas vers l'établissement de la Dominion actuelle. Il fallut aviser au choix d'une capitale unique. On se décida pour Kingston, petite ville située dans le Haut-Canada, à l'endroit où le Saint-Laurent sort du lac Ontario. Mais on ne tarda pas à s'apercevoir que cette localité n'offrait pas l'espace nécessaire pour l'installation des bâtiments du gouvernement. Kingston fut donc détrôné au profit de Montréal. Bien que Montréal soit dans le Bas-Canada, sa position est parfaitement centrale par rapport aux deux provinces : c'est d'ailleurs la métropole commerciale, la New-York du Canada. Nulle autre cité n'avait autant de droits au rang de capitale. Mais à peine le siége du gouvernement y avait-il été transféré, qu'une révolution éclata. Le Parlement fut brûlé, et lord Elgin, alors gouverneur général, fut maltraité par la canaille anglaise, à cause de ses sympathies pour la population française. A la suite de ces événements, nouvelle émigration du gouvernement. Montréal n'était plus digne d'être la capitale du Canada. Dans le but de satisfaire les susceptibilités des deux populations canadiennes, il fut décidé que le Canada aurait désormais deux capitales, Toronto et Québec, situées, l'une dans le Canada anglais, l'autre dans le Canada français ; que le gouvernement siégerait tour à tour à Toronto et à Québec pour un terme de quatre années. Mais ces déménagements périodiques du Parlement et du gouverneur général entraînaient des dépenses considérables et d'autres inconvénients. Le système fonctionna pendant douze ans, et contribua beaucoup à la fusion et au rapprochement des deux races. Il fallut cependant en revenir à une capitale unique. Ottawa fut choisi à cause de sa position entre les deux provinces. Ce n'était qu'une obscure bourgade, trop petite pour éveiller la jalousie des villes plus populeuses. La rivère des Outaouais, affluent du Saint-Laurent, mettait la nouvelle capitale en communication avec Montréal, et le chemin de fer de Prescott la rapprochait de Toronto.

Malgré ces avantages, Ottawa n'a guère grandi depuis douze ans que le siége du gouvernement y a été transféré : elle n'est encore qu'un embryon de capitale. Je m'attendais à trouver ici une ville, j'y ai trouvé un grand village perdu au milieu d'un désert. De même que Washington, Ottawa est une capitale factice et artificielle. Quoi qu'on fasse, Montréal, en raison de son admirable situation commerciale, sera toujours le véritable centre du pays. On a beau construire un palais législatif au milieu d'une ville, si la nature n'a rien fait pour assurer la prospérité de cette ville, elle restera stationnaire. Ottawa n'a pas mieux répondu que Washington aux espérances de ses fondateurs. L'espace ne lui manque pourtant pas ; mais que de rues tracées qui attendent en vain leurs maisons ! C'est comme si la ville était encore à bâtir. La population atteint à peine trente mille âmes : c'est peu pour la capitale de tous les Canadas, c'est-à-dire d'un Empire qui comprend la moitié de l'Amérique du Nord, qui s'étend de l'Atlantique au Pacifique, de la frontière des États-Unis à l'océan Arctique.

On ne se rend généralement pas compte de l'immense étendue des possessions anglaises dans l'Amérique du Nord. Les diverses provinces placées sous le gouvernement d'Ottawa occupent un territoire presque aussi vaste que l'Europe entière, plus vaste que les États-Unis. Ces contrées sont, il est vrai, fort inférieures aux États-Unis au point de vue agricole, et sous d'autres rapports ; leur population est beaucoup moins dense [1] ; mais depuis quelques années, les régions les plus favorisées ont fait des progrès aussi rapides que les plus belles parties des États-Unis. Quant aux régions septentrionales de l'Amérique anglaise, elles sont improductives et inhabitées : la rigueur du climat fait obstacle à leur colonisation.

L'empire du Canada est divisé en six provinces : la

[1] La population du Canada n'est encore que de cinq millions d'âmes : c'est le chiffre de la population de la Belgique.

province de Québec, celle d'Ontario, la Nouvelle-Écosse, le Nouveau-Brunswick, le Manitoba et la Colombie anglaise. Autrefois, ces différentes provinces avaient chacune leur gouvernement distinct. Ce n'est qu'en 1870 que s'est accomplie l'unification du Canada. En vertu d'un acte du Parlement anglais, les six provinces furent, de leur consentement, réunies en confédération. Cette confédération porte le nom de *Dominion.* La Dominion est gouvernée par un ministère responsable qui s'appelle le Conseil privé, par un Sénat composé de membres nommés à vie par la Couronne, et par une Chambre des communes dont les membres sont nommés pour cinq ans par l'élection populaire. Le droit de suffrage est subordonné à certaines conditions de fortune. Le Parlement d'Ottawa est absolument calqué sur celui de la mère patrie. L'organisation politique du Canada présente cette analogie avec celle des États-Unis, que les provinces ont leur lieutenant-gouverneur et leur législature propre, comme avant l'unification. Le gouvernement fédéral d'Ottawa, de même que celui de Washington, ne s'occupe que des affaires d'intérêt général. Le gouverneur général, de même que le vice-roi de l'Inde, est nommé par la reine d'Angleterre. Le Canada n'a d'autres troupes régulières que les deux mille hommes en garnison à Halifax. On sait qu'en 1870, l'Angleterre a rappelé ses troupes du Canada. Depuis lors, la colonie est chargée de pourvoir elle-même à sa défense. Le Canada ne voulant ni ne pouvant entretenir une armée permanente, son gouvernement a consacré à l'organisation d'une milice les faibles ressources qu'il avait à sa disposition. Chaque année, cette milice est appelée à faire l'exercice pendant douze jours. L'année dernière, la milice se composait de vingt-neuf mille hommes, dont la moitié était fournie par la province d'Ontario.

Le Parlement d'Ottawa occupe un vaste emplacement au sommet d'une colline qui domine la rivière des Outaouais, et qui porte le nom peu poétique de *Barrack-Hill*. L'édifice, commencé il y a une dizaine d'années, n'était pas encore achevé lors de ma visite. Les bâtiments forment un ensemble vraiment imposant, et l'on n'est pas peu surpris de rencontrer ces constructions cyclopéennes au milieu d'un désert. Quand on aperçoit de loin les hautes silhouttes gothiques de l'édifice, on se demande si ce n'est pas là une décoration de théâtre qu'un coup de sifflet du machiniste va faire disparaître. L'illusion est d'autant plus naturelle que, vu à distance, le Parlement d'Ottawa rappelle, à s'y méprendre, le palais de Westminster, dont il est une réminiscence.

Le gouverneur et la plupart des membres du Parlement étaient absents lors de mon passage. De même que Washington, la capitale du Canada offre en été l'aspect d'une ville abandonnée. Le monde officiel ne réside guère dans cette petite et triste localité qui n'a pas même un théâtre. J'imagine que Tobolsk, capitale de la Sibérie, doit avoir un aspect moins froid et moins ennuyeux. Ottawa, comme Tobolsk, est un lieu d'exil, et les législateurs n'y viennent que pendant les sessions qui ont lieu en hiver, et qui ne durent jamais plus de trois mois.

La capitale fédérale n'a d'autres splendeurs monumentales que son Parlement. Après avoir consciencieusement visité les salles vides et silencieuses du Sénat et de la Chambre des communes, qui ressemblent par leur disposition en hémicycle à toutes les chambres législatives des pays constitutionnels ; après avoir jeté un coup d'œil sur la bibliothèque encore inachevée, je demandai à un indigène ce qu'il me restait à voir ; il me mit sur le chemin des chutes de la Chaudière.

Ces chutes ont fait la fortune des Ottawais : c'est à elles que la ville doit son origine ; elles font mouvoir un grand nombre de moulins, de scieries mécaniques où l'on donne toutes les formes imaginables aux millions d'arbres que les *lumbermen* ou bûcherons abattent dans les forêts canadiennes. Défigurées, souillées par le contact de l'industrie humaine, ces chutes sont encore vraiment belles à voir. La rivière, après une succession de rapides qui se prolongent pendant deux ou trois lieues, se contracte tout à coup, et se précipite par un bond d'une vingtaine de mètres dans un entonnoir où ses eaux fument, tournoient et bouillonnent comme dans une énorme chaudière. On a évalué à quatre mille cinq cents mètres cubes par seconde le volume des eaux qui se déchargent dans cet entonnoir. C'est le volume du Rhin à Strasbourg, à l'époque des hautes eaux.

Tout autour des chutes, sur les deux rives de l'Outaouais, sèchent au soleil des millions de planches sciées, empilées par monceaux énormes : ce spectacle me rappelait Skien, en Norvége. L'aspect du paysage a, d'ailleurs, un cachet norvégien très-prononcé : c'est l'austère nature du Nord. Du haut de la colline de Barrack-Hill, la vallée d'Ottawa se déroule au regard dans toute sa sauvage beauté. La vue erre sur un vaste horizon de montagnes abruptes, couronnées d'une sombre chevelure de sapins. Je suis resté longtemps à contempler cette scène, sur laquelle le soleil couchant jetait sa teinte mélancolique. La noble rivière des Outaouais se déployait à mes pieds, couverte de steamers, de trains de bois, de bateaux, roulant ses eaux rapides et limoneuses, qui çà et là forment des tourbillons et des ressacs. Sur les rives, les *raftmen* étaient à leur rude travail. Par delà la rivière turbulente et courroucée s'étageait en amphithéâtre l'industrieux village de Hull, avec ses scieries toujours en activité. A l'horizon se dessinait le gracieux pont suspendu jeté au-dessus des chutes de la Chaudière qui, dans le vaporeux lointain, m'apparaissaient comme une image réduite du Niagara. J'aimais à me représenter cette sauvage vallée au temps où l'industrie humaine n'avait pas encore altéré son caractère de solitude auguste. Comme elle devait être belle dans son aspect primitif !

Ce que j'ai vu de plus intéressant à Ottawa, ce sont les *Lumber Mills* ou scieries mécaniques. Elles sont établies tout autour des chutes de la Chaudière. Ce sont, paraît-il, les plus vastes établissements de ce genre qu'il y ait au monde. M. E... m'a montré ses Lumber Mills avec une courtoisie charmante. Il était tout à fait pauvre quand il vint à Ottawa à l'âge de vingt-deux ans. Il commença par fabriquer des allumettes, et insensiblement étendit ses opérations, au point qu'aujourd'hui ses moulins, ses fabriques et ses chantiers de bois couvrent une étendue de plus d'un mille carré. Outre sa fabrique d'allumettes, il possède deux scieries et un nombre considérable d'ateliers destinés à la fabrication des seaux, des cuves, des tables, des châssis, des portes et des jalousies. Il emploie plus de deux mille bras, qui absorbent un salaire de six mille dollars par semaine. L'année dernière, cinquante millions de pieds cubes de bois ont été travaillés dans ses moulins.

Les trains de bois sont amenés à Ottawa par la rivière. Autrefois, ils arrivaient souvent fort endommagés par suite des nombreux rapides et cascades qu'ils rencontraient dans leur voyage. C'est pour obvier à cet inconvénient que le gouvernement a fait construire à grands frais des *glissoires* (lumber slides) destinées à régulariser le flottage des bois. Ce sont des canaux à forte pente pratiqués à côté des chutes : comme ces canaux sont fort étroits, on ne peut y engager les trains de bois avant de les avoir divisés en sections qu'on appelle *cribs*. Chaque crib contient une vingtaine de pièces de bois. Un train de bois se compose d'une centaine de cribs. On lance les cribs un à un sur les glissoires, au bout desquelles on les relie ensemble pour reformer le radeau, qui continue sa descente jusqu'à la prochaine glissoire : là se répète la même opération. Comme il n'y a pas moins de treize glissoires sur la rivière des Outaouais, on comprend que la descente des trains de bois, jusqu'au Saint-Laurent, prenne un temps assez considérable. Les bois vont presque tous à Québec, d'où on les exporte en Europe, et surtout en Angleterre.

Au Canada, comme en Norvége, c'est en hiver, quand les neiges rendent les communications rapides et faciles, que se fait l'exploitation des forêts. M. J. Tassé, qui a fait sur le Canada différents travaux instructifs, va nous renseigner sur le rude métier des bûcherons canadiens.

« A la fin de l'automne, dit-il, plus de vingt-cinq mille hommes se dirigent vers les bois, s'enfoncent dans leur profondeur, pour ne sortir de leur retraite qu'au printemps.

« Cette véritable armée de travailleurs se disperse dans l'intérieur le plus reculé de cette vaste région. Rien ne les arrête. Ils atteignent maintenant des lieux que l'on croyait inaccessibles. Torrents, précipices, rapides dangereux, rochers abrupts, aucun obstacle ne les effraye. Aussi les retrouve-t-on par bandes jusqu'aux confins des régions boisées, sur les bords lointains du lac Témiscamingue ou des nombreux affluents de l'Outaouais...

« Aussitôt que les voyageurs sont rendus sur le théâtre de leurs opérations, ils se construisent une longue habitation formée de poutres grossières, pour s'abriter contre les rigueurs de la température. Elle doit pouvoir donner place à quarante ou soixante hommes pendant six à neuf mois. Cette demeure est nécessairement très-froide, et la brise y souffle librement. Pour y jeter un peu de chaleur, on établit au milieu la cambuse ou cuisine, et des pièces de bois énormes alimentent sans cesse l'âtre pétillant.

« Le travail préparatoire étant terminé, on organise les hommes en bandes distinctes : ce sont les *coupeurs*, les *scieurs*, les *équarrisseur*, les *charretiers*, et enfin le cuisinier, dont le choix doit être fait avec grand soin, car il faut qu'il soit habile, prévenant, et pourvu d'une patience à toute épreuve. Lorsque la neige tombe en abondance et que le terrain est ainsi nivelé, on réunit tout le bois abattu sur l'emplacement le plus favorable à l'embarquement. Le transport s'effectue au moyen de solides traîneaux à quatre patins, traînés par des chevaux ou des bœufs.

« Tout travailleur doit quitter le chantier [1] avant le jour, et n'y rentrer qu'à la nuit tombante. Il est rare que la rigueur du froid ou le mauvais temps retienne au logis, même pour un seul jour, ces hommes courageux et durs à la fatigue ; mais il est juste aussi de convenir que, si l'on exige d'eux un labeur très-pénible, on pourvoit sans parcimonie à tous leurs besoins. La viande salée, qui leur sert de nourriture habituelle, leur est livrée à discrétion ; le pain, cuit dans le chantier même, est excellent ; la soupe de pois, que l'on mange à la fin de chaque journée, est apprêtée avec goût ; le thé, dont on arrose les repas, est de fort bonne qualité. Ce sont ces mets et ces breuvages qui font les délices gastronomiques des ouvriers et la gloire du cuisinier...

---

[1] Par ce mot, il faut entendre le logis des ouvriers.

« C'est un pénible travail, sans doute, que celui d'abattre incessamment les géants de la forêt ; mais il n'offre guère de périls. C'est au printemps, lorsque tous les énormes billots éparpillés sur la plage doivent être jetés à l'eau pour le flottage, que commencent les dangers réels de l'*homme des bois*. Il lui faut alors passer de longues heures à l'eau, franchir des précipices sur d'étroits radeaux, descendre des rapides semés d'écueils, n'échapper à un danger que pour en affronter un plus terrible, éviter la mort cent fois pour la trouver trop souvent dans un abîme.

« Aussi, quelle forte et vigoureuse population que celle qui va, pendant l'hiver, peupler les chantiers ! Tels sont les intrépides voyageurs dans la forêt, tels on les retrouve sur les radeaux, lorsqu'il leur faut manier ces lourdes rames qui font mouvoir de véritables masses de bois, courageux en face du danger, joyeux et insouciants après les fatigues de la journée. »

XXVII

MONTRÉAL.

Il pouvait être neuf heures du soir quand je rentrais à Russel House, l'unique hôtel de la capitale fédérale. Il ne faut pas une journée pour connaître par cœur Ottawa et ses environs. Aussi, je comptais prendre le lendemain le premier train correspondant avec le steamer quotidien qui passe à dix heures à Prescott, en destination de Montréal. Une révélation inattendue vint bouleverser mes plans. J'appris à Russel House que le train sur lequel je comptais ne marchait que trois fois par semaine, et qu'il chômerait le lendemain. Pour le coup, voilà une capitale d'un pays grand comme l'Europe qui est fort à plaindre quant aux communications ! Vous voulez partir d'Ottawa pour Montréal, *via* Prescott et le Saint-Laurent, vous manquez le train, et il vous faut attendre le prochain départ jusqu'au surlendemain.

J'avoue que la perspective de passer encore deux jours à Ottawa m'agaçait horriblement. Par bonheur, j'eus la lumineuse idée de m'informer s'il n'y avait pas un train de nuit. L'hôtelier, qui, en homme intéressé, avait eu bien soin de ne pas m'en souffler mot, me dit, d'un air visiblement contrarié, qu'un train allait partir dans un moment, à dix heures du soir, pour arriver à Prescott à deux heures du matin. Cette nouvelle me fit bondir de joie. Je n'avais pas un instant à perdre. Boucler mes malles, sauter dans l'omnibus et m'installer dans le train, tout cela fut l'affaire de dix minutes. Après quatre immenses heures de voyage, j'arrivai à Prescott avec un très-vif désir de poser ma tête sur un oreiller, car mes membres se ressentaient quelque peu du plancher du steamer où j'avais passé la nuit précédente. Il était trois heures du matin quand j'allai frapper à la porte du Daniel's Hotel. Il faut avoir voyagé pour apprécier le bonheur de dormir dans un lit moelleux!

Après avoir dormi vite et fort, je me rembarquai, à neuf heures du matin, sur le Saint-Laurent, que j'avais déjà descendu depuis sa sortie du lac Ontario où il prend son nom, et que j'allais continuer à descendre jusqu'à son embouchure dans l'Atlantique. Ce noble fleuve n'est qu'un long canal par où se déversent les vastes mers d'eau douce qui se succèdent comme une chaîne depuis le lac Supérieur jusqu'au lac Ontario. C'est, après le Parana, le plus puissant cours d'eau du monde. La masse d'eau qu'il verse dans l'Océan est évaluée à près de soixante millions de mètres cubes par heure. Les eaux du Saint-Laurent n'ont pas l'aspect jaunâtre et limoneux du Missouri et de la plupart des rivières américaines : elles conservent la magnifique teinte bleue des lacs qu'elles ont traversés. Chaque hiver, elles se couvrent d'une épaisse conche de glace qui interrompt la navigation ; pendant plusieurs mois les ports de Montréal et de Québec sont bloqués. La débâcle, qui a lieu au printemps, présente un magnifique tableau. Les glaces se rompent tout à coup avec un bruit formidable, et sont violemment entraînées vers la mer par la puissance du courant.

Rien de plus agréable qu'une promenade sur le Saint-Laurent, de Prescott à Montréal, par une belle journée d'été. Bien que les bords soient généralement plats, ils offrent un aspect délicieux, surtout la rive canadienne. Des villages, dont les maisons semblent supendues sur le fleuve, se groupent autour d'églises aux clochers couverts de fer étamé étincelants au soleil. Sur la rive américaine s'étend le grand désert de l'État de New-York. De ce côté, j'aperçois de distance en distance de grandes colonnes de fumée qui montent vers le ciel : ce sont des forêts qui brûlent. Ces incendies naissent spontanément pendant les grandes chaleurs caniculaires. A l'horizon s'estompent les silhouettes indécises des monts Adirondack qui s'élèvent à vingt lieues de distance : c'est la Suisse de l'État de New-York.

L'une des grandes *attractions* d'un voyage sur le Saint-Laurent, c'est la descente des rapides. Les navires ordinaires les évitent au moyen des nombreux canaux à écluses qui se succèdent le long du Saint-Laurent, depuis Prescott jusqu'à Montréal ; mais les steamers qui descendent le fleuve les affrontent pour la plus grande satisfaction des touristes. Nous franchissons tour à tour les rapides des *Galops,* ceux du *Long Sault,* ceux du

Coteau, ceux du *Cèdre*, ceux de la *Cascade*... Je ne les nommerai pas tous, de peur qu'on ne m'accuse de copier le *Guide du voyageur*.

Quand nous arrivâmes aux rapides de Lachine ou *Sault Saint-Louis*, qui sont les plus impétueux et les plus beaux, nous prîmes à bord, avant de nous y engager, un pilote nommé Baptiste, bien connu de tous les Canadiens. Cet homme se fait passer pour Indien et porte un costume à l'avenant : c'est un moyen pas mal imaginé pour faire vendre sa photographie aux passagers, ce qui lui procure un joli revenu. Mais il m'avoua confidentiellement qu'il était aussi Indien que moi. Je n'en ai pas moins acheté sa photographie. Le vieux Baptiste aime à se vanter de n'avoir jamais perdu un seul navire depuis quarante ans qu'il dirige le gouvernail à travers les dangereux écueils des rapides de Lachine. Mais voici que le brave homme me prie de faire silence. Attention! la machine stoppe, la descente commence. Pendant cinq ou six minutes, nous sommes entraînés par un courant d'une force de vingt milles à l'heure : c'est à peu près la rapidité d'un train ordinaire. Sans le coup d'œil sûr et la main habile du pilote, nous serions inévitablement pulvérisés par les récifs qui nous environnent de tous côtés. Livré à toute la violence du remous, le steamer est ballotté comme une allumette : d'énormes vagues menaçantes viennent frapper ses flancs. Autour de nous les flots ne sont plus qu'une écume blanche qui rejaillit jusque sur le pont. Il faut se cramponner aux bastingages pour conserver son équilibre sur la mer en furie que nous fendons comme la flèche. Enfin, nous voici dans les eaux calmes. Je me retourne, et ces rapides que nous avons franchis me paraissent encore plus effrayants que lorsque nous tournoyions au milieu d'eux. C'est qu'en effet je puis mieux juger maintenant de la différence des niveaux que le fleuve présente respectivement en amont et en aval des rapides, et me rendre compte de l'énorme glissade que nous venons d'accomplir.

Le soleil se couchait lorsque nous passâmes sous les arches du pont Victoria, le plus long et aussi le plus laid du monde. Au delà du pont apparut la riante cité de Montréal, couchée au pied d'une montagne boisée, le mont Royal [1], qui lui fait un magnifique diadème. Ainsi vue du fleuve, la métropole canadienne est d'une beauté saisissante. Son site est ravissant, et je comprends l'enthousiasme qu'éprouva Jacques Quartier lorsqu'il le découvrit il y a trois siècles. La ville est située dans une île assez étendue qu'on a appelée le *Jardin du Canada*, et qui se trouve placée à l'endroit où la rivière des Outaouais se perd dans le Saint-Laurent, dont elle souille les eaux du côté de la rive de Montréal.

Montréal est bâti sur l'emplacement de l'ancien village indien de Hochelaga, dont Jacques Quartier nous a laissé la curieuse description [2]. Que dirait Jacques Quartier si,

---

[1] Le nom de mont Royal est dû à Jacques Quartier (ou Cartier), le premier explorateur du Canada. Montréal est une corruption de ce nom.

[2] « Et nous, étant arrivés audit Hochelaga, se rendirent au

MONTRÉAL.   Page 358.

à cette même place où les Iroquois lui donnaient l'hospitalité, il voyait une magnifique cité de cent quarante mille âmes? Que dirait-il, s'il voyait les magasins, les hôtels, les maisons de banque qui ont remplacé les wigwams?

Montréal a cessé d'être une ville purement française depuis que le Canada est tombé aux mains des Anglais. La population se compose de soixante quinze mille Français et de soixante cinq mille Anglais. Malgré l'infériorité du nombre, c'est l'élément anglais qui a la haute main dans les affaires, qui donne le ton, qui impose la langue. La ville basse est occupée par la population française, les Anglais ont accaparé la ville haute. Les

devant de nous plus de mille personnes, tant hommes, femmes, qu'enfants, lesquels nous firent aussi bon accueil que jamais père fist à enfants, menans une joie merveilleuse; car les hommes en une bande dansoient, et les femmes de leur part, et leurs enfants d'autre, lesquels nous apportèrent force poisson, et de leur pain fait de gros mil, lequel ils jetoient dedans nos petites barques, en sorte qu'il sambloit qu'il tombast de l'air. Voyant ce, le capitaine descendist à terre, accompagné de plusieurs de ses gens, et sitost qu'il fut descendu, s'assemblèrent tous sur lui, et sur les autres, en faisant une chère inestimable, et apportoient les femmes leurs enfants à brassées pour les faire toucher audit capitaine, et aux autres qui estoient en sa compagnie, en faisant une feste qui dura plus de demi-heure. Et voyant ledit capitaine leur largesse et bon vouloir, fit asseoir et ranger toutes les femmes, et leur donna certaines patenostres d'étain, et autres menues besongnes, et à partie des hommes des couteaux, puis se retira à bord desdites barques pour souper et passer la nuit, durant laquelle demeura icelui peuple sur le bord dudit fleuve, au plus près desdites barques, faisant toute la nuit plusieurs feux et danses, en disant à toute heure *Aguiazé*, qui est leur dire de salut et joie. »

deux quartiers ont une physionomie bien différente. La ville française présente des rues étroites, de sombres carrefours, des habitations qui rappellent les vieilles maisons du nord de la France. Dans la ville anglaise, ce sont de larges rues, des squares, de somptueux bâtiments en pierre.

De toutes les villes que j'ai vues en Amérique, Montréal est celle qui m'a séduit le plus, et c'est peut-être la seule où je pourrais m'acclimater. Nulle autre cité américaine n'a un caractère plus européen : l'aspect de ses rues pittoresques et irrégulières était une fête pour mes yeux fatigués de la désespérante monotonie des villes-damiers du pays des Yankees.

Lorsque Jacques Quartier découvrit Hochelaga, son premier soin fut de se faire conduire par les Indiens au sommet du mont Royal. A son exemple, j'ai fait cette ascension le lendemain de mon arrivée. C'est une magnifique promenade. On part, par une belle matinée, du square Victoria, on traverse des avenues ombragées d'arbres et bordées de délicieuses maisons de plaisance habitées par les nababs de la localité. Puis on gravit les pentes verdoyantes de la montagne. Voici la résidence de Sir Hugh Allan, le directeur de la ligne de paquebots qui me ramènera en Europe. Située à mi-côte, cette villa commande un ravissant panorama : la ville tout entière se déploie au regard, avec ses clochers étincelants, ses dômes, et les deux énormes tours de la cathédrale française ; puis le Saint-Laurent, l'île Sainte-Hélène qui semble nager au milieu du fleuve, et le pont

Victoria avec ses vingt-deux arches; puis enfin, comme fond du tableau, les montagnes bleuâtres du Vermont, l'un des six États de la Nouvelle-Angleterre. Un interminable escalier en bois me conduit au plateau où l'on a établi les cimetières catholique et protestant.

En sortant de ces immenses nécropoles, je m'engageai dans les bois où je m'égarai complétement, tant je prenais plaisir à écouter le chant de toutes sortes d'oiseaux particuliers à l'Amérique. Je finis par découvrir un belvédère qui dominait les arbres environnants : ce belvédère occupe le plus haut sommet du mont Royal. De là, l'œil plane sur les admirables campagnes du Bas-Canada, sur les eaux miroitantes du Saint-Laurent, sur l'Outaouais, et sur les monts lointains de la province de Québec. Cette vue est de toute beauté.

Dans ma promenade au mont Royal, j'ai remarqué, comme partout en Amérique, l'absence de jardins ornés de fleurs. Peut-être la rigueur du climat du Canada fait-elle obstacle à l'horticulture. Mais aux États-Unis, où le climat est plus doux, ce fait dénote la déplorable indifférence des Américains pour les agréments de la vie qui n'ont pas une utilité pratique immédiate.

Je n'ai pas visité le célèbre pont tubulaire de Montréal et ne le connais que pour avoir passé dessous en bateau en vapeur. Ce pont, qui a plus de trois kilomètres de longueur, est destiné uniquement au passage des trains de chemin de fer. Il est à une demi-lieue de la ville. J'ai déjà dit mon sentiment sur l'aspect de cette œuvre colossale : eût-on voulu faire à dessin un pont massif et disgracieux, qu'on n'eût pas mieux réussi. Il présente ses côtés à l'est et à l'ouest. A cause de cette exposition, il se produit, dit-on, un effet que n'avaient pas prévu les ingénieurs. La dilatation et la contraction causées par les variations journalières de la température produisent un jeu continuel des rivets, ce qui exige un entretien permanent : des ouvriers sont sans cesse occupés à resserrer les rivets relâchés. Le climat de l'Amérique du Nord n'est évidemment pas favorable aux ponts en fer.

Décrirai-je les monuments de Montréal ? Non, je préfère renvoyer au *Guide du voyageur* le lecteur que ce genre de renseignements pourrait intéresser, car rien ne me semble plus ennuyeux que les descriptions de monuments, et je demande bien pardon de celles dont j'ai pu me rendre coupable en d'autres circonstances. Je ne parlerai donc ni de la colonne Nelson, ni du palais de justice, ni de l'Hôtel de ville, ni des nombreuses églises dont s'enorgueillit la métropole canadienne. Je dois dire que Montréal, au point de vue monumental, laisse bien loin derrière elle la plupart des cités américaines qui s'imaginent éclipser Paris, Rome ou Athènes, dès qu'elles possèdent un dôme, une colonne, ou une demi-douzaine de chapiteaux ioniques ou corinthiens. Si Montréal n'a pas d'aussi outrecuidantes prétentions, ses splendeurs monumentales n'en feraient pas moins bonne figure parmi celles de plus d'une cité européenne. Elle possède, le long du Saint-Laurent, des quais qu'on pourrait comparer à ceux de la Seine, de la Tamise ou de la Neva. Sa cathédrale française passe pour la plus belle église de l'Amérique ; elle est devenue insuffisante, et il était sérieusement question, lors de mon passage, d'ériger une nouvelle cathédrale, qui sera une reproduction exacte de la basilique de Saint-Pierre de Rome, dont elle portera le nom.

Située au confluent de deux grandes rivières, le Saint-Laurent et l'Outaouais, faisant face à la grande route naturelle qui mène à New-York par le lac Champlain et l'Hudson ; assise sur le Saint-Laurent à l'endroit où le fleuve offre encore assez de profondeur pour recevoir les plus grands navires de l'Océan, placée sur la ligne de démarcation qui sépare le Canada français du Canada anglais, et servant en quelque sorte de trait d'union aux deux races ; occupant le centre d'une plaine fertile, presque aussi grande que toute l'Angleterre, Montréal réunit tous les éléments de prospérité que peut souhaiter la métropole d'un grand pays. C'est une de ces villes dont la nature a eu soin de désigner d'avance l'emplacement. Si le Canada redevenait par impossible le pays sauvage qu'il était il y a trois siècles, et si un nouveau Jacques Quartier l'explorait, il est certain qu'il s'arrêterait encore devant le mont Royal, et prédirait encore que c'est au pied du mont Royal que se développera la grandeur commerciale du Canada.

XXVIII

CHEZ LES IROQUOIS.

Il y a trois ans, j'ai fait un voyage dans les contrées les plus reculées de l'Europe septentrionale, et j'ai pu voir de près ces intéressants Lapons qui ont été refoulés dans l'extrême nord par les envahissements des blancs. Après les Lapons, j'ai voulu voir aussi les pauvres Indiens du Canada. Il existe à quelques lieues de Montréal, sur la rive droite du Saint-Laurent, un village d'Iroquois dont le nom a conservé toute sa saveur indienne : cette petite république s'appelle Caughnawaga.

Pour me rendre à Caughnawaga, je n'ai pas remonté le fleuve sur un canot d'écorce, comme au temps de Jacques Quartier; je me suis dirigé tout vulgairement vers la gare Bonaventure; là, en attendant le départ du train, j'ai pu voir sur les murs des avis imprimés en langue anglaise, française et... iroquoise. Quelle chute ! Le chemin de fer m'a conduit non pas à Caughnawaga, mais à Lachine, sur la rive opposée. Là, j'ai manqué le bac qui traverse le fleuve toutes les deux heures, et j'ai pu visiter Lachine à loisir.

Il faut savoir que Lachine, dont j'ai déjà mentionné le nom à propos des rapides, n'a absolument rien de commun avec l'empire du Milieu : je n'y ai pas vu l'ombre d'un Chinois. C'est tout simplement à une erreur géographique que cette localité doit son nom. Les premiers explorateurs du Saint-Laurent s'imaginèrent que ce fleuve n'était qu'un bras de mer qui offrait une nouvelle route vers la Chine et l'Inde. Dans cette conviction, ils remontèrent le Saint-Laurent au-dessus de Montréal, et lorsqu'ils arrivèrent à l'endroit où le fleuve s'élargit et forme ce que l'on appelle le lac Saint-Louis, ils tombèrent en extase et s'écrièrent : « La Chine ! la Chine ! » Avant d'atteindre les rivages du Céleste Empire, ces braves navigateurs auraient eu encore une jolie étendue de pays à parcourir !

Mais le nom de Lachine réveille des souvenirs plus dramatiques. Les massacres de Lachine forment l'un des épisodes les plus sanglants de l'histoire du Canada. Les premiers colons qui vinrent s'établir dans la Nouvelle-France furent souvent victimes de la perfidie des Indiens. L'un de ceux-ci surtout nourrissait une haine profonde contre les blancs : c'était le chef huron dont le nom authentique était Michillimakina. Les Français étaient en train de conclure un traité de paix avec les Six Nations, mais ce chef résolut de rompre les négociations entamées. Les députés indiens venaient de quitter Montréal et retournaient paisiblement à leurs tribus pour leur soumettre le traité, quand le Huron fondit sur eux avec une poignée de guerriers, en massacra quelques-uns, et fit le reste prisonnier. Comme l'un d'eux lui expliquait l'objet de leur voyage, il feignit une grande surprise et leur dit qu'il les avait attaqués sur l'ordre exprès du gouverneur français, de Nonville. Il relâcha les prisonniers, sauf un seul, et dit à leur chef : « Va, mon frère, je délie tes mains, et te renvoie chez toi, bien que toutes nos nations soient en guerre ; le gouverneur français nous a fait commettre un crime si noir, que je n'aurai pas de repos que les Six Nations ne soient vengées. »

Cet artifice eut un plein succès, et les Indiens, indignés de la prétendue trahison des Français, se réunirent immédiatement en conseil de guerre, et résolurent d'attaquer les blancs et de dévaster l'île de Montréal. Pendant la nuit du 5 août 1689, quatorze cents Iroquois traversèrent le lac Saint-Louis et débarquèrent sans bruit à Lachine. Avant l'aurore, ils s'étaient disséminés en pelotons autour de chaque maison dans un rayon de plusieurs lieues. Les habitants étaient plongés dans le sommeil — un sommeil qui ne devait plus avoir de réveil pour la plupart d'entre eux. — Les Iroquois n'attendaient qu'un signal de leur chef pour commencer l'attaque. Sitôt le signal donné, en un clin d'œil les portes et les fenêtres des habitations sont enfoncées ; tous ceux qui dorment sont traînés hors de leurs lits ; hommes, femmes, enfants, tous se débattent dans les mains de leurs bourreaux. Les maisons où les sauvages ne peuvent pénétrer sont incendiées ; les malheureux qui y sont enfermés ne fuient le feu que pour trouver la mort sur le seuil de leurs habitations. Les assassins sans pitié forcent les parents à jeter leurs enfants dans les flammes. Deux cents personnes furent brûlées vives ; les autres moururent après des tortures prolongées. Les maisons, les plantations, les moissons, tout fut réduit en cendres.

Tels étaient les souvenirs que je repassais dans mon esprit en parcourant les rues proprettes du joli village de Lachine. Souvenirs trop lugubres pour être associés avec un site aussi charmant ! Aujourd'hui, Lachine offre en été un but d'excursion pour les habitants de Montréal. Le long du Saint-Laurent, qui a ici trois kilomètres de largeur, les indigènes ont construit de gracieux cottages où les visiteurs peuvent prendre des rafraîchissements et respirer la brise du fleuve. Le dimanche, les Montréalais vont à Lachine comme les Parisiens vont à Saint-Cloud.

Le *ferry-boat* m'a transporté en un quart d'heure sur la rive opposée. Le sol où je débarquai constitue la réserve inaliénable des Indiens de Caughnawaga. Je dois dire qu'en pénétrant dans ce village iroquois j'ai éprouvé une très-amère déception. Le wigwam a fait son temps. Je n'ai trouvé ici que des maisons en bois, munies de fenêtres, de carreaux de vitre et autres accessoires qu'on trouve dans le plus vulgaire village de nos campagnes. J'ai pénétré dans deux de ces maisons, et j'avoue qu'on ne m'y a pas offert le calumet de paix, comme dans les romans de Cooper. Dans l'une, j'ai vu une Indienne assise auprès du berceau de son enfant ; ce berceau est le seul objet dont la *couleur locale* ait attiré mon attention : il consistait en une simple petite planche à laquelle l'enfant était étroitement lié par des bandelettes qui le mettaient dans l'impossibilité absolue de bouger. J'avais sous les yeux un type d'Indienne assez bien caractérisé : teint olivâtre, yeux noirs un peu arqués à la chinoise, pommettes saillantes, lèvres épaisses, cheveux noirs comme l'ébène. Ce type, comme celui des Lapons, semble dénoter une origine asiatique.

Dans une autre maison, j'ai trouvé trois jeunes filles et une bonne vieille occupées à confectionner des ouvrages en perles, dont je leur ai acheté un échantillon. Ces jeunes filles n'avaient pas la laideur que l'on attribue généralement aux Indiennes : l'une d'elles aurait même pu passer pour jolie dans les salons du monde civilisé. Je leur adressai la parole en français, et elles me répondirent en mauvais anglais qu'elles parlaient l'idiome iroquois[1]. Je leur demandai de me prononcer quelques mots d'iroquois, ce qu'elles firent de la meilleure grâce du monde ; mais je crus surprendre sur leurs lèvres un sourire narquois qui semblait vouloir dire : *Il est drôle, l'étranger !*

Après avoir salué ces dames iroquoises, j'ai continué ma promenade jusqu'au bout du village, jetant des regards indiscrets dans l'intérieur des habitations. Je n'y ai vu que des femmes et des enfants ; les hommes étaient probablement à la chasse ou à la pêche. J'ai rencontré

---

[1] Le vocabulaire iroquois que Chateaubriand a reproduit dans son *Voyage en Amérique* lui a été envoyé par le prêtre de la paroisse de Caughnawaga, qui était à cette époque M. Marcoux.

CIMETIÈRE INDIEN.   Page 369.

dans la rue qui mène à l'église trois vieilles Indiennes, à face ratatinée, chaussées de leurs mocassins en peau de caribou, et drapées de leurs longs châles à carreaux rouges : on eût dit les horribles sorcières de Macbeth en personne. J'arrivai ainsi à l'église, qui ne diffère en rien de nos églises de village ; la cloche qu'elle contient provient, dit-on, du butin que rapportèrent un jour les Iroquois, à la suite d'une de leurs incursions dans les provinces de la Nouvelle-Angleterre. L'église est entourée d'un cimetière qui ne m'a rappelé en aucune façon les cimetières indiens des anciens temps.

Le nombre des Indiens qui habitent Caughnawaga s'élève à quinze cent soixante-sept[1]. Ils ont quarante-cinq enfants à l'école. Ils s'occupent de canotage, de pilotage, de chasse, de pêche, mais n'ont pas le moindre goût pour la culture des champs. Ils ont complétement oublié l'usage du redoutable tomahawk et ne savent même plus se servir de l'arc que maniaient leurs ancêtres. Leurs femmes font de grossières broderies en perles et en poil de caribou qu'elles vendent aux blancs. A voir ces paisibles Iroquois, qui se douterait qu'ils descendent de ces terribles guerriers qui, en 1689, ont fait, ici même, le carnage dont j'ai rappelé tantôt le souvenir ! On a su les apprivoiser et en faire des êtres doux comme des agneaux.

---

[1] Quelques-uns de ces Iroquois, désirant vivre sous un climat plus chaud, venaient de pétitionner auprès du gouvernement des États-Unis pour obtenir des terres dans le territoire indien, situé entre le Kansas et le Texas.

Je ne puis m'empêcher de signaler ici le contraste entre la politique canadienne et celle des États-Unis à l'égard des Indiens. Le Yankee pourchasse le Peau-Rouge comme une bête fauve, le Canadien traite l'Indien en ami. Le Yankee aspire à l'extermination de toute la race rouge par le fer ou le wiskey, le Canadien cherche, au contraire, à augmenter le nombre de ceux qu'il considère comme des alliés fidèles. Aux États-Unis, les Indiens en sont réduits à se réfugier dans les retraites les plus inaccessibles aux blancs; au Canada, les mêmes Indiens habitent des villages situés près des villes, et, sans se mêler aux blancs, ils vivent pour ainsi dire au milieu d'eux. Caughnawaga, Saint-Régis, Lorette, Bécancour et bien d'autres villages exclusivement indiens sont situés dans les régions les plus peuplées du Canada.

Aussi, voyez les résultats si différents de la politique américaine et de la politique canadienne. J'étais en Amérique à l'époque de l'horrible massacre du général Custer et de tous ses compagnons par les Indiens Sioux des Black-Hills. Ce fut dans tous les journaux américains un immense cri d'indignation. Toutefois, je n'ai pu lire sans chagrin et dégoût la demande suivante que formula avec un incroyable cynisme le *New-York Herald,* la feuille la plus autorisée des États-Unis : « Que le général Sheridan aille, disait-il, avec l'armée entière dans le pays des sauvages; qu'il y demeure jusqu'à ce qu'il ait tué ou capturé le dernier Peau-Rouge. Alors, nous aurons une paix durable. C'est ce que demande le pays; rien de moins ne satisfera le peuple. »

Les journaux canadiens, notamment l'*Opinion publique* de Montréal, n'ont pas manqué de faire ressortir à ce propos que si les Américains sont constamment en guerre avec les sauvages, c'est qu'ils méconnaissent tous leurs droits, n'observent pas les traités qu'ils font avec eux, et exercent à leur égard toutes sortes d'injustices. Le gouvernement américain avait assuré aux indigènes la réserve des Black-Hills. Survint la découverte de l'or dans cette contrée, et le gouvernement, au lieu de protéger les sauvages contre l'invasion des mineurs, essaya de les forcer à céder leur territoire. Qu'y a-t-il d'étonnant que ces natures farouches se soient vengées, et se soient emparées des chevelures de leurs envahisseurs? La mort de Custer et de ses soldats remonte à l'infidélité du gouvernement de Washington, à la soif d'or qui dévore le peuple américain, à la politique qui consiste à abrutir et opprimer les Indiens au lieu de les civiliser et de les protéger.

Les tribus du Canada sont plus nombreuses que celles des États-Unis; et cependant les Canadiens n'ont jamais à se plaindre de leurs sauvages; au contraire, ils les comptent comme ajoutant à leur force numérique, et formant une portion utile et notable de leur population. Pourquoi cette différence? C'est qu'ils respectent les traités qu'ils font avec eux, maintiennent leurs droits, et les protégent contre la cupidité et l'injustice. Au Canada, quand des sauvages sont assassinés ou pillés par des blancs, les coupables sont punis aussi sévèrement que si c'eût été les blancs qu'on eût outragés;

tandis qu'aux États-Unis, c'est à peine si l'on reconnaît aux Indiens le droit d'exister : des bandes paisibles et amies y ont été gratuitement exterminées, non-seulement par les bandits des frontières, mais par les troupes régulières sous le commandement d'officiers supérieurs.

Si le nombre des Indiens diminue d'une manière effrayante aux États-Unis par suite de la politique d'extermination du gouvernement de Washington, il n'en est pas de même au Canada. « Ceux, dit M. de Lamothe, qui veulent absolument appliquer la loi de Darwin à la disparition des races indigènes, doivent renoncer à en venir chercher la preuve chez nos Iroquois. Après tant de guerres sanglantes au dix-septième et au dix-huitième siècle, guerres successivement entreprises contre les Hurons, les Français, les Anglais et les Américains, il semblerait que leur nation dût être presque entièrement détruite. Il n'en est rien cependant. Au jour de leur plus grande puissance, les Six Nations n'ont jamais compté plus de vingt-cinq à trente mille individus, dispersés sur l'immense espace qui s'étend des Alleghanies aux rives de l'Érié, de l'Ontario et du Saint-Laurent. En 1779, quarante de leurs villages, situés dans l'État actuel de New-York, furent détruits par les Américains, en punition de leur fidélité à la cause du roi d'Angleterre ; les confédérés iroquois se trouvèrent alors réduits à moins de huit mille hommes. En 1812, ils combattaient encore avec leur vigueur habituelle dans les rangs britanniques, et, à la paix, la moitié d'entre eux se réfugièrent sur le territoire canadien, où ils reçurent les réserves qu'ils occupent encore aujourd'hui. Toutefois, ils ne tardèrent pas à reprendre courage : ils conservèrent dans leurs nouveaux cantonnements les institutions fédératives qui avaient tant contribué à leur puissance, alors qu'ils s'incorporaient, avec des droits égaux, les nations vaincues par eux sur les champs de bataille : institutions fort curieuses à étudier, où quelques auteurs — l'indianologue Schoolcraft entre autres — ont voulu voir l'idée mère de la constitution des États-Unis. Depuis la paix de 1814, leur nombre n'a cessé de s'accroître ; il s'élève maintenant à plus de quinze mille, sans compter les nombreux métis de leur race qui, vivant parmi les blancs, sont aujourd'hui recensés comme tels. Ils ont donc plus que doublé depuis le commencement du siècle. »

XXIX

QUÉBEC.

C'est pendant la nuit que les steamers du Saint-Laurent franchissent la distance de cent quatre-vingts milles qui sépare Montréal de Québec. Je m'embarquai à sept heures du soir à bord du *City of Quebec,* un de ces palais flottants à quatre étages qui rivalisent de grandeur et de magnificence avec les célèbres steamers de l'Hudson. Après une navigation de douze heures, je me réveillai, le lendemain matin, devant l'ancienne capitale de la Nouvelle-France, qu'on a surnommée avec raison le Gibraltar de l'Amérique.

Cette ville m'a dès l'abord frappé d'admiration par la beauté merveilleuse de son site. De même que New-York, elle occupe une langue de terre, le cap Diamant, comprise entre deux rivières, le Saint-Laurent et la rivière Saint-Charles. Mais là cesse la ressemblance. New-York s'étend sur un terrain plat, Québec se développe en amphithéâtre sur un roc escarpé et sourcilleux que couronnent les massives murailles de la citadelle.

Bien que Québec soit à plus de cent cinquante lieues de l'Océan, son port est assez profond et assez vaste

QUÉBEC.   Page 374.

pour contenir toutes les marines de l'univers. Le Saint-Laurent a ici une demi-lieue de largeur : il est moins large cependant qu'à Montréal. Le fleuve est profondément encaissé entre les montagnes à pic qui le dominent de chaque côté ; un peu plus bas il s'élargit tout à coup et forme une admirable baie qu'on a comparée, et à bon droit, à la baie de Naples.

Mais Québec n'a pas, comme Naples, un ciel en harmonie avec la beauté de son site : bien que cette ville soit sous la même latitude que Nantes, son climat est celui de Christiania et de Moscou. A peine y étais-je arrivé, que la froide bise du nord m'a mordu à la gorge comme une bête fauve. J'en fus réduit à sortir de ma malle mes vêtements d'hiver que j'y avais laissés dormir depuis deux mois : mais je me hâte d'ajouter qu'après les chaleurs sans exemple des jours précédents, cette nouvelle température me parut une vraie bénédiction.

Québec m'a rappelé les vieilles et pittoresques cités de la Normandie. Elle a, dans son aspect général, un air de respectable antiquité si différent de ce qu'on voit dans les autres cités du nouveau monde, qu'on est tenté de croire que c'est une ville transplantée de la vieille France en Amérique. Les rues sont étroites, roides, irrégulières comme celles des ports de mer de la côte bretonne : on dit qu'elles sont bâties d'après l'alignement des sentiers de l'ancien village indien de Stadacona qui occupait autrefois l'emplacement actuel de la ville fondée par Champlain. Les édifices religieux, églises, couvents, hôpitaux, dominent de leurs masses imposantes les humbles maisons, comme font les cathédrales dans nos vieilles cités. Si à ce caractère religieux on joint l'air martial et menaçant que Québec emprunte à son antique citadelle, on comprendra d'où lui vient cette physionomie aristocratique et féodale qui la distingue si profondément de toutes les autres villes de l'Amérique.

La nature a divisé Québec en deux parties fort différentes d'aspect, la ville basse et la ville haute. La ville basse est le quartier du commerce, la ville haute est celui des magasins de luxe, des hôtels, des bâtiments du gouvernement provincial. C'est dans la ville haute, à l'hôtel Saint-Louis, que j'ai établi mon quartier général pour les quelques jours qui doivent s'écouler avant le départ du paquebot qui me ramènera vers les plages européennes.

Mon premier soin a été d'aller à la poste, en quête de cette chère pâture qu'on appelle les lettres du pays. Il me semble que j'y suis déjà — non pas à la poste, mais au pays. — Quand on vient des montagnes Rocheuses, Québec semble si près de l'Europe : une simple enjambée à travers l'Atlantique ! En entrant au bureau de poste, je remarquai au-dessus de la porte de l'édifice un chien d'or avec l'inscription suivante :

JE SUIS UN CHIEN QUI RONGE L'OS
EN LE RONGEANT JE PRENDS MON REPOS
UN TEMPS VIENDRA QUI N'EST PAS VENU
QUE JE MORDRAI QUI M'AURA MORDU.

Le premier habitant de Québec vous racontera la légende relative à ce chien d'or. Sous la domination française, un marchand de haute distinction, nommé Philibert, demeurait à l'endroit où s'élève aujourd'hui la Poste. Ce marchand eut à se plaindre des abus de pouvoir d'un certain intendant Bigot. N'ayant pu obtenir en justice la réparation du dommage, Philibert exprima ses sentiments sous l'image d'un chien d'or accompagné de l'inscription que je viens de rapporter. Bigot résolut de se venger. Un jour que Philibert descendait à la ville basse, il reçut dans le corps l'épée d'un officier français. L'instigateur de ce meurtre quitta le pays, mais le frère de Philibert le poursuivit jusque dans l'Inde, et le tua dans une rue de Pondichéry.

A chaque pas, on s'arrête dans les rues de Québec devant des inscriptions ou des monuments qui réveillent d'autres vieux souvenirs. Dans le jardin du gouverneur, un obélisque rappelle la mort glorieuse des généraux ennemis Wolf et Montcalm, qui succombèrent tous deux à la tête de leurs armées respectives. Noble et touchante pensée que d'avoir érigé un monument commun au vainqueur et au vaincu! Ailleurs, une inscription rappelle l'endroit où fut tué le général américain Montgomery qui succomba en voulant prendre Québec aux Anglais. Plus loin, dans les plaines historiques d'Abraham, où se livra la mémorable bataille qui décida du sort du Canada, je me suis arrêté devant une colonne érigée à l'endroit où mourut, criblé de blessures, le victorieux général Wolf. Ailleurs, c'est le *monument des braves,* destiné à rappeler la valeur que déployèrent, ici même, les troupes françaises dans la bataille de Sainte-Foye, sous le commandement du général Levis. Dans l'année qui suivit la prise de Québec par les Anglais, Levis tenta de reconquérir la ville; il défit les troupes du général Murray, mais il ne put réussir à le faire capituler. Le monument porte cette simple inscription en français : *Aux braves de* 1760. *Érigé par la Société Saint-Jean-Baptiste de Québec,* 1860.

L'histoire de Québec est pleine de grandeur. Des luttes héroïques se sont livrées autour de ses murs. En raison de son admirable position stratégique qui en fait la clef du Canada, elle a été disputée tour à tour par la France, l'Angleterre et les États-Unis. Cinq fois elle a été investie par des troupes régulières dans l'espace de moins de cent cinquante ans. M. Xavier Marmier a retracé de main de maître la glorieuse histoire de Québec, qui peut être considérée comme faisant partie de l'histoire de France, dont elle forme une des plus belles pages [1]. Je n'y reviendrai pas.

Montons à la citadelle. Elle occupe le sommet de la montagne escarpée sur laquelle la ville grimpe à la façon d'Alger. Cette citadelle est considérée comme imprenable. Elle couvre une étendue de quarante acres, entièrement ceinte de murailles, et domine le Saint-Laurent de trois cent quarante pieds. Depuis que les troupes

---

[1] M. Charles de Bonnechose vient de publier sur le même sujet un livre ayant pour titre : *Montcalm et le Canada français.* Paris, 1877.

anglaises l'ont évacuée en 1870, elle n'est plus gardée que par quelques volontaires canadiens. Le gouverneur général y a sa résidence d'été. J'y suis monté par un chemin en zigzag, enfermé entre de hautes et massives murailles de granit : à chaque détour du chemin, on se heurte à de formidables batteries de canons. Un ours plein de familiarité fait la sentinelle à l'entrée de la forteresse : je lui ai caressé le museau, et il s'est laissé faire d'aussi bonne grâce qu'un chat de bonnes manières. J'ai visité, en compagnie d'un soldat, le champ de parade, les magasins, les canons de tous les calibres, et tous les détails du matériel de défense. Les canons sont braqués dans toutes les directions du côté du fleuve. Des fossés, des parapets, des batteries d'un aspect rébarbatif, défendent la forteresse du côté des plaines d'Abraham. Les rochers qui se dressent à pic au-dessus de la rivière, comme le roc de Gibraltar, présentent une barrière naturelle d'où l'on peut balayer l'espace par un feu meurtrier.

Du haut de la citadelle se déroule aux regards un paysage d'une indicible magnificence. Comment rendre par des mots l'incomparable majesté du Saint-Laurent, ce géant des fleuves, roulant ses vastes eaux bleuâtres vers l'Océan, où il va se perdre à six cents kilomètres d'ici ! Comment peindre les admirables montagnes de la chaîne des Laurentides, ces premiers échelons de l'immense massif montagneux qui se continue jusque dans les régions polaires, et dont les cimes violacées, aux silhouettes d'une douceur exquise, se détachent au loin sur le bleu du ciel ! Comment décrire enfin l'ineffable beauté de cette large baie qui s'ouvre par delà l'embouchure de la rivière Saint-Charles, et du milieu de laquelle surgit comme une émeraude la verdoyante île d'Orléans ! Ce tableau, dans sa prodigieuse étendue, forme un panorama divinement beau et peut-être unique au monde. Les habitants de Québec aiment à le contempler du haut de la terrasse Durham qui leur sert de promenade.

Pendant que je savourais les délices de cette féerique perspective, un coup de canon me tira brutalement de ma rêverie. En me retournant, je vis un personnage accompagné d'une dame et de quelques aides de camp. C'étaient lord et lady Dufferin. Le steamer *Moravian*, de la ligne Allan, ayant à son bord le général Smithe, commandant de la milice canadienne, quittait le port en ce moment, se dirigeant vers l'Angleterre. Le gouverneur, debout sur une terrasse, saluait le départ du général par une salve de treize coups de canon.

Le gouverneur général, dont le hasard m'a permis de contempler les traits, a su s'acquérir une grande popularité au Canada. Appartenant à l'une des plus nobles familles de l'Irlande, il était bien jeune encore lorsqu'il a été élevé à la vice-royauté. Il accuse aujourd'hui une quarantaine d'années. C'est, dit-on, un sportsman accompli. Il est également grand voyageur devant le Seigneur : c'est lui qui, dans son propre yacht, a fait autrefois, au Spitzberg, en Islande et en Laponie, une croisière qu'il a racontée d'une façon piquante et hu-

LA TERRASSE DURHAM, A QUÉBEC.

nouristique dans ses *Lettres écrites des régions polaires*.

Lord Dufferin est, paraît-il, d'un abord aussi facile que le président des États-Unis. On m'a assuré que les étrangers qui lui sont présentés se retirent toujours enchantés de ses manières affables et de sa conversation pleine de charmes. A mon grand regret, je n'ai pu l'approcher : le lendemain du jour où je le vis à la citadelle, il partait pour la Colombie anglaise, la province de la Dominion qui confine au Pacifique. Lord Dufferin possède parfaitement la langue française, et se plaît à converser dans cette langue avec les Canadiens français, dont il a su gagner toutes les sympathies, à la différence de la plupart de ses prédécesseurs. Un écrivain canadien-français, fort peu ami des Anglais, en parle en ces termes : « Lord Dufferin est le plus galant, le plus aimable, le plus intelligent des gouverneurs que l'Angleterre nous ait donnés depuis lord Elgin. C'est aux Canadiens français qu'il donne ses prédilections, parce que, étant un esprit cultivé, littéraire, amant des arts, il se porte de préférence vers la race qui a le plus le culte de l'idéal. »

Québec est la seule ville du Canada dont la population ait su se préserver de l'absorption anglaise. La cause en est peut-être dans sa situation à l'extrémité du pays. La plupart des journaux sont rédigés en français; les enseignes des marchands, des notaires et des avocats sont en français; car sachez que dans cette bonne ville de Québec les avocats et les notaires suspendent au-dessus de leurs portes des enseignes en fer-blanc parfaitement semblables à celles de nos quincailliers. Les neuf dixièmes des Québecois descendent des anciens colons français dont ils ont conservé le langage, la religion et les vieilles coutumes : comme leurs pères, ils payent la dîme pour l'entretien de la paroisse. Nul coin du monde n'offre une image plus fidèle de la France sous l'ancien régime. Depuis l'annexion de Québec à l'Angleterre, la population a cessé de se recruter dans l'ancienne mère patrie, et toutes relations commerciales ont été suspendues pendant plus d'un siècle entre la vieille et la nouvelle France ; en sorte que le Bas-Canada est resté complétement en dehors du courant qui a transformé la surface de l'ancien monde.

Les Canadiens de Québec parlent encore comme on parlait au dix-septième siècle. Ils emploient une foule d'expressions vieillies, et ignorent les mots nouveaux dont s'est enrichi le dictionnaire de la langue française. J'ai fait faire une découverte à un Québecois, en lui apprenant qu'en France l'usage des expressions soixante-dix et quatre-vingt-dix s'est substitué à septante et nonante. Ils se vantent, d'ailleurs, d'avoir conservé la pureté de l'accent, et prétendent que la langue s'est altérée en France. J'avoue, cependant, qu'il m'était parfois difficile de les comprendre lorsqu'ils me parlaient de câle (colle) ou de bausse (basse) ville dans leur françà (français) du Canadai (Canada)[1].

---

[1] Il y a quelque temps, un Canadien écrivait de France à un journal de Québec ou de Montréal que ce n'est pas en Normandie, comme il s'y attendait, qu'il a retrouvé la prononciation de son

Les Québecois possèdent, en général, aussi bien la langue anglaise que la langue française. J'ai cru remarquer que les budgétivores veulent la substitution de l'anglais au français. M***, député au Parlement de Québec et l'un des meilleurs poëtes français du Canada, me disait fort naïvement que la littérature française n'a pas ombre d'avenir dans ce pays : comme tous les hommes en place, c'est un anglisant. Par contre, il y a chez les Français du Bas-Canada des hommes de la vieille souche qui, bien qu'ayant une parfaite connaissance de la langue anglaise, ont pour principe de ne jamais s'en servir dans leurs rapports avec les Anglais. Ils disent, et avec raison, que c'est aux gouvernants à apprendre la langue de leurs gouvernés. D'autre part, c'est un parti pris chez la plupart des Anglais d'ignorer la langue française. On n'a pas oublié à Québec le mot du duc d'Édimbourg au bal du gouverneur. Une jeune personne à qui il adressa la parole en français s'excusa de ne pas parler cette langue. Le prince répondit avec surprise : « Je ne m'explique pas qu'une Canadienne ne sache pas le français ! »

A Québec bien plus qu'à Montréal, il y a entre la société française et la société anglaise une ligne de démar-

---

pays natal. C'est à Chartres, dans la Beauce et dans la Perche que vivent encore l'accent et la prononciation que les premiers colons de la nouvelle France transportèrent au delà de l'Atlantique. C'est là qu'on prononce les mots loi, roi, moi, bataille, Versailles, comme sur le bord du Saint-Laurent (*loué, roué, moué, batoille, Versoilles*).

cation bien tranchée. Les deux populations se tiennent à distance respectueuse. C'est ce que j'ai pu observer à une soirée dansante, au *Music-Hall* de la Malbaie, le Brighton du Canada. Les Anglais ne dansaient qu'entre eux, avec leur roideur accoutumée, et les Français attendirent patiemment qu'ils se fussent retirés pour s'amuser à leur tour. Et l'on m'a assuré qu'il en est ainsi en toutes choses.

Il va de soi qu'à Québec, comme dans tout le Canada, le commerce est concentré entre les mains des Anglais qui opèrent avec de grands capitaux, parce qu'ils trouvent facilement des prêteurs à 3 pour 100. Les Français, au contraire, ne trouvent à emprunter qu'à gros intérêts, et ne peuvent guère se livrer à de grandes entreprises. Il y a d'ailleurs à considérer ici un fait historique. Lors de la conquête du Canada, presque tous les grands négociants français ont préféré retourner en France plutôt que de courber la tête sous le joug de l'Angleterre, et voilà comment les Anglais ont pu accaparer le monopole des affaires. Nul doute qu'il n'y ait là une des causes qui ont le plus contribué à asseoir l'élément anglais au Canada.

Il ne faut pas être exceptionnellement doué du sens de l'observation pour remarquer ce fait qui saute aux yeux quand on vient du pays des Yankees, que le Canada est plus pauvre et plus dépeuplé que les États-Unis. Les Canadiens sont moins actifs, moins énergiques, moins audacieux que les Américains; ils n'ont pas le même esprit d'entreprise ni la même foi dans le *go ahead*. Au point de vue du progrès matériel, de l'extension de la population, les États-Unis, pris en général, ont une évidente supériorité. Il suffit, pour s'en convaincre, de comparer le développement des villes américaines et de celles du Canada. La métropole du Canada était fondée depuis longtemps quand celle des États-Unis prit naissance. Et cependant New-York, avec ses faubourgs, compte deux millions d'âmes, alors que Montréal n'en a que cent quarante mille !

Québec, qui prétend être la plus ancienne ville de l'Amérique du Nord, n'a que soixante mille âmes, alors que Chicago, fondée il y a quarante ans, en compte un demi-million ! Preuve concluante que les États-Unis marchent plus rapidement que le Canada.

Lorsque vous signalez ce fait à un Canadien, il ne manque pas de vous répondre que si la Dominion est plus pauvre et moins peuplée que les États-Unis, les Canadiens sont, en somme, plus heureux que les Yankees. Ce ne sont pas les grandes agglomérations, les ruches humaines au-dessus desquelles plane la noire fumée des fabriques que le Canada envie aux États-Unis : le Canada est un pays essentiellement agricole, où la population est disséminée dans les campagnes, comme en Suède. Si le petit fermier canadien gagne moins de dollars que l'artisan yankee, il a des mœurs meilleures, respire un air plus pur, et sait goûter les joies de la famille.

Il y a aux États-Unis un certain nombre de partisans de la fameuse doctrine de Monroe qui veut l'annexion du Canada à l'Union. Mais les Canadiens ne sont nullement disposés à changer de maître ; même les Français du Canada les plus antipathiques à la prépondérance britannique préfèrent mille fois la tutelle de l'Angleterre à celle des États-Unis, et repoussent avec indignation toute idée de réunion à la grande République. Je n'ai pas rencontré un seul Canadien qui ne méprisât profondément son voisin le Yankee, pas un seul à qui il ne répugnât d'être à la merci du vote des nègres, pas un seul qui se déclarât disposé à payer les lourds impôts qui écrasent l'Union depuis la guerre de sécession, pas un seul enfin qui n'eût horreur du suffrage universel. C'est là la plus sérieuse garantie de la loyauté du Canada à l'égard de l'Angleterre : tant que le Canada ne sera pas assez fort pour se défendre lui-même contre les velléités d'annexion de l'oncle Sam, il se gardera bien de lâcher le jupon de la mère patrie.

XXX

MONTMORENCY. — LORETTE.

Les environs de Québec offrent une foule d'excursions charmantes. Voici d'abord, à quinze kilomètres de la ville, les chutes de Montmorency. Il est enjoint à tout étranger qui visite Québec de prendre une voiture pour cinq dollars — non compris les droits de barrière qui vous arrêtent à chaque pas — et de se faire conduire aux chutes de Montmorency. La route, d'ailleurs, est fort belle. Après avoir descendu la côte d'Abraham, on traverse, sur un pont de bois, la rivière Saint-Charles qui fait avec le Saint-Laurent l'angle aigu où est resserré Québec. Cette rivière, située à plus de cent cinquante lieues de la mer, n'en est pas moins sujette à des marées. Voici, à droite de la route, une vieille masure qui tombe déjà en ruine. Montcalm y tint son quartier général en 1759 : c'est peut-être la plus ancienne habitation qui subsiste au Canada, — *en* Canada, comme on dit ici. — Puis, voici le délicieux village de Beaumont qui semble avoir été transporté jusqu'ici du fond de la France. De gracieux enfants aux yeux bleus, aux cheveux blonds, vous jettent au passage de petits bouquets de fleurs. Mais ce qui sollicite surtout les regards, c'est toujours le Saint-Laurent qui, à deux cents pieds au-dessous de la route, se développe dans sa beauté mâle et grandiose.

Bientôt la voiture s'arrête devant une hôtellerie où l'on entend le bruit des chutes, mais d'où l'on ne peut les voir. Voulez-vous les voir? Payez un demi-dollar. On s'entend ici comme au Niagara à rançonner les voyageurs.

La chute de Montmorency est formée par la rivière du même nom et se trouve à une centaine de mètres de sa jonction avec le Saint-Laurent. Possible que le souvenir encore tout vivant du Niagara m'ait rendu difficile, mais j'avoue que cette cascade tant vantée m'a laissé impassible. Elle ne saurait, d'ailleurs, soutenir la comparaison avec les magnifiques chutes du Vöringfoss et du Rjukandfoss en Norwége. Dispensons-nous donc de la dépeindre. D'ailleurs, les descriptions de cascades — j'en ai, hélas! plus d'une sur la conscience, — outre qu'elles sont assez ennuyeuses pour celui qui n'a pas vu les chutes de ses yeux, ont souvent le tort de pouvoir s'adapter à trente-six tableaux du même genre. Il s'agit toujours d'une nappe d'eau plus ou moins volumineuse, qui s'écroule dans un gouffre plus ou moins profond, avec un fracas plus ou moins formidable que l'on est convenu de comparer au bruit d'une avalanche ou des vagues qui se brisent sur la grève, ou mieux encore — c'est le sublime du genre — au grondement du tonnerre. J'avoue que j'ai épuisé toutes ces ressources descriptives à propos des chutes d'eau de la Norwége, des Pyrénées et autres contrées montagneuses. Je suis à bout d'images et de fioritures littéraires en matière de cascades.

Ce qui a captivé mon admiration beaucoup plus que la chute, c'est la vue qu'on embrasse du haut des rochers qui la dominent : l'œil suit le cours du Saint-Laurent jusqu'à Québec qui se présente ici sous l'aspect le plus séduisant, perchée comme un nid d'aigle sur son rocher solitaire. Ses nombreux clochers aux toitures de fer étamé scintillent au soleil : à cette distance, on la prendrait pour une ville orientale hérissée de minarets.

Un escalier, qui compte autant de marches qu'il y a de jours dans l'année, m'a permis de descendre dans le précipice de quatre-vingts mètres de profondeur où s'engouffre la nappe d'eau. La chute ne se présente guère plus favorablement, vue du fond du gouffre; mais de là j'ai pu me rendre compte d'un phénomène assez intéressant : sous la cascade, la rivière, au lieu d'être émue du saut qu'elle vient de faire, est calme comme un lac ; elle semble n'y avoir qu'une faible profondeur, et l'on n'y voit pas le moindre courant. Autant de preuves que les eaux doivent se perdre dans le Saint-Laurent par une issue souterraine. Ce qui confirme l'hypothèse, c'est qu'on ne retrouve pas en aval de la cascade les objets jetés en amont. Autrefois, un pont suspendu réunissait les deux rives au-dessus des chutes. Un jour, le pont croula, et avec lui — ô fatalité ! — un homme, une femme et un petit garçon qui le traversaient sur un chariot. Tout fut la proie du gouffre, et l'on ne retrouva au-dessous des chutes ni pont, ni chariot, ni aucune trace des malheureuses victimes.

Je n'ai pas voulu quitter les chutes de Montmorency sans visiter une curiosité naturelle qui offre un bien plus grand intérêt que la cascade, bien qu'elle soit moins connue. Je veux parler des *natural steps* (degrés naturels) qui se trouvent à une demi-lieue en amont. Comme je n'avais pas de guide, j'ai eu quelque peine à en trouver le chemin. Me fiant à mon instinct de touriste et un peu aussi au hasard, j'ai fini par découvrir un sentier qui m'a conduit au fond d'un entonnoir où la rivière Montmorency se trouve profondément encaissée entre des rochers stratifiés d'un aspect fort bizarre. Le tableau que j'avais sous les yeux était d'une sauvagerie indescriptible; pas le moindre vestige de vie : on n'y entend que le bruit du torrent qui se tord dans un lit étroit. Comme je remontais la montagne, j'ai trouvé un autre sentier que je me suis mis à suivre jusqu'au bout, à travers les sapins. Me voici encore au fond d'un abîme : le site est, si possible, plus sauvage, plus solitaire que celui que je viens de quitter. J'y reconnais les *natural steps*.

Sur la rive gauche du Montmorency s'étagent en escalier des degrés parfaitement rectilignes qui semblent avoir été taillés dans la pierre schisteuse par quelque main inconnue. J'ai remonté ces gradins aussi haut que j'ai pu, mais au bout de cinq minutes j'ai dû m'arrêter devant un torrent qui les traverse pour aller grossir la rivière. J'étais tout seul dans ce lieu étrange, et j'eusse éprouvé peu de surprise si en ce moment j'avais vu paraître quelque génie escaladant cette longue suite de marches pour venir m'expulser de son empire. Je suis resté là je ne sais combien de temps, et c'est à regret que je me suis arraché à cette retraite mystérieuse que n'oseraient aborder les gens superstitieux.

Le lendemain, j'ai fait une excursion d'un genre bien différent. Après avoir vu les descendants des Iroquois, j'ai voulu voir les descendants des Hurons, qui sont établis à quelques lieues de Québec, dans un village appelé Lorette. Un Anglais des îles Barbades, logé comme moi à l'hôtel Saint-Louis, m'a accompagné dans cette promenade qui se fait en voiture par des routes fort bien entretenues. Tout le long du chemin, on jouit d'un paysage ravissant.

Les Hurons de Lorette me préparaient une déception plus grande encore que les Iroquois de Caughnawaga. Je n'ai trouvé là que des métis qui se rapprochent beaucoup plus du type français que du type indien. Nous avons été introduits dans la demeure du chef de la tribu, mais il n'a pas voulu se montrer parce qu'il se disait malade. Il y a encore à Lorette un Indien pur sang — un seul; mais il ne descend pas des Hurons : il appartient à la tribu des Marechis (j'écris ce nom comme je l'ai entendu prononcer de sa propre bouche). Sa tribu habite non loin de Saint-Johns, dans le Nouveau-Brunswick. Il a épousé une femme métis de Lorette. Quand nous sommes entrés dans sa maison, nous l'avons trouvé accroupi par terre, environné de sa famille, et occupé à fabriquer de petits canots en écorce de bouleau dont nous lui avons acheté un spécimen. Il parlait français, mais avec un accent marechis très-prononcé : le marechis est une langue distincte de l'iroquois et du huron.

Chose étrange, alors que les Iroquois de Caughnawaga ont parfaitement conservé la langue de leurs ancêtres, les Hurons de Lorette n'entendent plus un mot de la langue que parlaient leurs pères. Le dimanche, pourtant, ils chantent dans leur église des hymnes en langue huronne, dont ils ne comprennent plus le sens.

Les habitants de Lorette, au nombre d'environ trois mille, descendent des survivants de la nation autrefois si puissante des Hurons, qui s'enfuirent dans le voisinage de Québec, lors du massacre de leur tribu par les féroces Iroquois avec lesquels ils étaient en guerre. Ils s'établirent sur les bords de la rivière Saint-Charles en 1697, et fondèrent le village qui porte aujourd'hui le nom de Lorette, à cause de la ressemblance de sa petite église en brique avec celle de Notre-Dame de Lorette en Italie. En 1825, la tribu envoya quatre ambassadeurs en Angleterre : ils furent reçus au château de Windsor par le roi Georges IV, qui offrit à chacun d'eux son portrait et des médailles d'or et d'argent de grande valeur : ces objets sont encore religieusement conservés dans la tribu.

Les Hurons de Lorette n'ont pas plus d'aptitude à la culture des champs que les Iroquois de Caughnawaga : ils vivent de chasse, de pêche, et fabriquent des raquettes à neige, des mocassins en peau d'original et des objets en écorce qu'ils vendent aux étrangers qui viennent les visiter. Il n'y a pas longtemps que mourut le dernier des Hurons pur sang : il s'appelait Zacharie Vincent. L'un de ses petits-fils a été admis récemment à l'état ecclésiastique : c'est, dit-on, le premier Indien qui ait été revêtu au Canada de la dignité sacerdotale. On m'en a cité un autre qui s'est fait notaire. Un Huron dans l'habit d'un notaire : vous figurez-vous cela ?

Avant de quitter Lorette, mon compagnon m'a proposé de prendre un verre de lait chez Sullivan, arpenteur irlandais, établi au village indien. Il nous a reçus d'une façon toute cordiale. « J'ai épousé une sauvagesse, nous disait-il, parce que je préfère beaucoup les sauvagesses à nos femmes civilisées. » Quand je lui demandai quelle langue il parlait avec sa femme, il me répondit qu'il lui parlait *sauvage*. Le mot *sauvage* est employé au Canada comme synonyme d'Indien, et n'est pas pris en mauvaise part. Après nous avoir présenté sa *sauvagesse*, l'Irlandais fut tout fier de nous montrer ses *sauvageons*. C'étaient, ma foi, de beaux et vigoureux enfants. Le croisement des blancs et des Indiens produit une fort belle race. C'est vraiment fâcheux que les Américains exterminent ces pauvres sauvages : ils eussent régénéré l'espèce humaine.

XXXI

LE SAGUENAY.

On ne peut quitter Québec sans faire une excursion à la rivière Saguenay, le plus considérable et aussi le plus pittoresque de tous les affluents du Saint-Laurent. C'est un voyage de trois jours, aller et retour. On descend le Saint-Laurent jusqu'à cinquante lieues au-dessous de Québec, puis on remonte le Saguenay jusqu'à Chicoutimi et la baie des *Ha! ha!* En été, des steamers aussi élégants que confortables font ce voyage deux fois par semaine : ces bâtiments n'ont pas les dimensions énormes de ceux qui font le service entre Montréal et Québec, mais ils sont d'une propreté qui fait plaisir à voir; tout y est resplendissant de blancheur. Les repas y sont excellents, les cabines jolies comme des boudoirs. En voyage, il faut parfois savoir se passer du confort; mais quand on le trouve, c'est double plaisir. Ce qui ajoute aux charmes d'une excursion au Saguenay, c'est qu'on est toujours sûr de rencontrer à bord l'élite de la société canadienne. Le Saguenay attire dans la belle saison des légions de députés, de magistrats, d'avocats qui vont oublier un instant leurs dossiers au milieu d'une nature grandiose et réconfortante. Je n'oublierai pas les trop courts moments que j'ai passés parmi ces aimables Français de la nouvelle France.

Avant de nous embarquer à bord du *Saguenay*, déployons une carte de la région du Saint-Laurent et examinons le cours de son plus grand tributaire. Le Saguenay sort du lac Saint-Jean, vaste amas d'eau de forme presque circulaire, situé sous le 49° degré de latitude nord. Les tributaires du lac Saint-Jean prennent naissance dans la chaîne de montagnes qui sépare le Canada des régions septentrionales baignées par la baie d'Hudson. Les eaux du lac Mistassini, situé à une faible distance au nord de ces montagnes, se déversent dans la baie d'Hudson. Les sources les plus éloignées du Saguenay se trouvent à une centaine de lieues à l'ouest du lac Saint-Jean. Onze rivières se jettent dans le lac Saint-Jean, et le Saguenay reçoit dix-neuf autres tributaires avant de se déverser dans le Saint-Laurent. Tous ces cours d'eau ont conservé leurs anciennes dénominations indiennes. Elles sont d'une prononciation par trop compliquée pour que j'ose me permettre de les mentionner ici.

Il était sept heures du matin quand le steamer *Saguenay* quitta la rade de Québec. A peine étions-nous lancés sur les eaux du Saint-Laurent, que nous fûmes assaillis par une tempête de pluie, et tout le monde de se réfugier à l'intérieur. Les nuages rampaient si bas, que la partie inférieure des montagnes était seule visible.

Quand nous fûmes en vue du cap Tourmente, la pluie redoubla de violence. Il faisait un froid atroce. La plupart se lamentaient de s'être mis en route : à leurs yeux, une excursion au Saguenay par un pareil temps manquait de charmes. D'autres, en plus petit nombre, prédisaient avec un aplomb imperturbable que le beau temps viendrait à midi. Plus d'un souhaita que leur prédiction fût trouvée vraie. A midi moins le quart, le ciel était noir comme de l'encre. A midi précise, ô merveille ! le soleil dissipa les nuages « comme par enchantement » — c'est le cas d'employer le mot.

Ce fut une joie indescriptible. Tous les passagers se répandirent au dehors. Nous voguions sur l'immense nappe du Saint-Laurent, qui a ici trois lieues de largeur. A droite se profilaient les cimes bleuâtres des monts Alleghany ; à gauche, les cimes plus hautes et plus abruptes des Laurentides qu'ont chantées les poëtes canadiens. Ce tableau impose par sa grandeur. Ce n'est plus un fleuve qu'on a sous les yeux, c'est un large bras de mer. Le paysage est empreint de cette beauté particulière aux grands sites maritimes de l'extrême nord de l'Europe. Ici, comme dans les parages de la mer Glaciale, les marsouins sont en nombre prodigieux : autour du navire ils se livrent à leurs fantastiques ébats. Ces cétacés donnent de bonne huile et un cuir excellent. Un Américain a essayé d'en exposer à Philadelphie ; mais comme ils ne se plaisent que dans les eaux froides, ils n'ont pas pu y vivre. Nous croisons une foule de goëlettes qui fuient toutes voiles dehors. Le Saint-Laurent est la grande avenue suivie par tous les navires qui transportent en Europe les produits du Canada.

Le bas Saint-Laurent, par lequel on désigne cette partie du fleuve qui s'étend comme un long estuaire de Québec jusqu'à la mer, présente un aspect infiniment plus grandiose que le haut Saint-Laurent. On l'a dit avec raison : « ni le Mississipi avec ses eaux boueuses et son cours tortueux, ni l'Amazone avec ses rives basses et presque invisibles, ne peuvent rivaliser en majesté et en grandeur avec ce fleuve admirable dont les eaux, épurées par d'innombrables lacs, réfléchissent des montagnes granitiques dans un miroir de cristal. »

Le steamer fait escale à chaque localité importante pour le service des lettres. Nous touchons successivement à la *Baie Saint-Paul,* sujette à des tremblements de terre, aux *Éboulements,* à la *Malbaie,* à la *Rivière du Loup.* Cette dernière localité, qui doit son nom aux nombreux loups marins que les premiers navigateurs y ont rencontrés, est située sur la rive méridionale du fleuve, à cinquante lieues de Québec. En ce point, le Saint-Laurent a une largeur d'environ sept lieues. Il nous faut traverser le fleuve dans toute sa largeur pour gagner Tadoussac, situé sur la rive opposée, à l'entrée de la rivière Saguenay. Pendant ce trajet, nous sommes enveloppés tout à coup par une de ces brumes épaisses si fréquentes sur le bas Saint-Laurent. Le steamer ralentit sa marche, nous naviguons avec la plus grande prudence, car nous sommes dans le voisinage d'un grand banc de rochers qui barre en partie l'entrée du Saguenay. Le capitaine fait jouer le sifflet d'alarme, auquel répond bientôt un coup de canon parti de Tadoussac : dès ce moment, nous marchons à coup sûr dans la direction du son, et au bout de quelques minutes nous quittons la région des brumes pour pénétrer dans la baie de Tadoussac, où l'atmosphère est parfaitement claire. Les brumes du bas Saint-Laurent ne planent généralement qu'au-dessus du fleuve sans s'étendre au delà des rives.

Il pouvait être sept heures du soir quand le steamer nous déposa à Tadoussac. Comme nous devions y rester à l'ancre toute la nuit, nous eûmes le temps d'explorer la localité à loisir. C'est un endroit tout à fait délicieux, un *delightful spot,* comme disent les Anglais. Le gouverneur général en a été tellement épris la première fois qu'il y est venu, qu'il y a immédiatement bâti un modeste cottage, où chaque année il vient passer la belle saison avec sa famille. Au moment où nous débarquions, on m'a montré dans la foule qui encombrait le quai un aimable et joli enfant d'une douzaine d'années : c'était le fils du gouverneur.

Il y a à Tadoussac un petit lac solitaire qui dort au fond d'un entonnoir de montagnes d'une forme parfaitement circulaire : on y pêche de magnifiques saumons. L'une des curiosités de l'endroit, c'est la petite chapelle fondée il y a plus de trois cents ans par les Jésuites français : on la conserve religieusement dans son état primitif. C'est, dit-on, la première construction en brique qui ait été érigée en Amérique. L'intérieur est orné de quatre tableaux, assez médiocres, que les Pères avaient apportés de France. Tadoussac est la plus ancienne colonie française en Amérique. Jacques Quartier y débarqua le 1er septembre 1535, lors de son voyage qui amena la découverte du Canada.

A cinq heures du matin on vint, suivant mes recommandations, m'avertir que le steamer se remettait en route et entrait dans la rivière Saguenay. Quand je montai sur le pont, par un froid de loup, nous venions de quitter le Saint-Laurent dont je pouvais encore apercevoir la nappe illimitée fuyant derrière nous. En ce moment nous naviguions entre des monts géants, entre des murailles absolument abruptes. Point de montagnes ondulées, point de rives en pente douce, aux contours sinueux, comme sur l'Hudson ou l'Ohio ; non : partout des parois à pic, des falaises infranchissables. La montagne semble, dans un accès de fièvre, s'être fendue de part en part ; à travers le micaschiste s'est formée une énorme crevasse béante de cent kilomètres de longueur, de mille à quinze cents mètres de profondeur. Cette crevasse est devenue le lit du Saguenay.

La rivière est si étroitement resserrée, les masses gigantesques qui se dressent au-dessus d'elle sont si hautes, que c'est à peine si la lumière du soleil pénètre au fond du gouffre. Les parois perpendiculaires plongent leur base sous les eaux à une profondeur incommensurable : sur une espace de plusieurs lieues la sonde n'a pu toucher fond à deux mille pieds de profondeur. C'est à peine si quelque maigre végétation repose les yeux : les rochers sont trop escarpés pour que les arbres y puissent prendre racine; leurs flancs sont tapissés çà et là de mousse et de lichen; des bouleaux nains, des chênes rachitiques végètent dans les fentes.

Le Saguenay n'a point de rives : les escarpements entre lesquels il roule ses eaux froides et profondes font un angle droit avec la surface de la rivière. En cas d'accident, rien ne servirait de nager, car on ne saurait atterrir. A deux ou trois places seulement, des torrents ont creusé de profondes ravines, au bout desquelles s'est formé un amas de terre d'alluvion; mais on aperçoit ni crique, ni estuaire où une barque puisse aborder.

Pendant plus de vingt lieues, on navigue ainsi entre deux palissades abruptes; l'abîme succède à l'abîme, toujours sombre et morose, et l'œil n'aperçoit dans toutes les directions que de colossales parois rocheuses, dont les corniches surplombent, menaçantes et sourcilleuses, au-dessus du noir précipice.

Tout ce grandiose est farouche; de longues écharpes de brouillard se balancent aux flancs des montagnes; des cascades aériennes voltigent dans les domaines du vertige, et c'est à peine si on les entend frémir; l'atmosphère est humide et glaciale, le vent a des sifflements sinistres, l'eau est noire comme de l'encre, et le steamer y trace un étrange sillage d'un jaune rougeâtre.

La vie semble avoir fui cette région silencieuse et

désolée qui présente une image frappante des contrées hyperboréennes. On n'y voit point d'oiseaux de mer rasant la sombre nappe liquide; l'aigle ne plane point au-dessus de ces déserts; le phoque seul se complaît dans les eaux calmes et froides du Saguenay, où il trouve le saumon en abondance.

Voici deux rochers qui semblent vouloir nous barrer la route : ils se dressent l'un en face de l'autre, gigantesques, effrayants. L'un est le cap Trinité, l'autre le cap Éternité. Ici, les noms répondent aux choses. Le cap Trinité s'élance tout d'un jet, droit comme une tour, à la hauteur effroyable de dix-huit cents pieds au-dessus du niveau des eaux; la sonde n'a pu encore déterminer les dimensions de la base immergée de cet inébranlable monument. Le cap Trinité est dépassé par le cap Éternité, qui paraît cependant moins élevé, parce que ses flancs sont moins abrupts.

Le steamer glisse au pied de ces masses formidables, si près que l'on pourrait presque en toucher les parois. Nous saluâmes d'un coup de canon ces géants contemporains de tous les âges. Un prodigieux écho, semblable à un roulement de tonnerre longtemps prolongé, répondit au bruit de la décharge.

Notre voyage se termina à la baie des *Ha! ha!* où le paysage offre un aspect riant et enchanteur, qui fait un parfait contraste avec les sublimes horreurs du Saguenay. Cette baie doit son nom bizarre aux cris de joie que poussèrent les premiers explorateurs lorsque, après avoir vainement cherché tout le long du Saguenay un endroit favorable pour atterrir, ils purent enfin se reposer ici de leur longue et périlleuse navigation.

Au fond de la baie est le village de Saint-Alphonse, où nous nous arrêtâmes pour prendre une cargaison de bois. Toute la population du village était rassemblée autour du steamer ; çà et là un homme au teint basané, au costume bizarre, dressait sa haute stature au-dessus de cette foule bigarrée : c'était quelque descendant de la célèbre tribu des Algonquins ou Montagnais. On m'a assuré que ces vigoureux Indiens mènent toujours leur vie nomade dans les forêts des environs, au milieu des ours qui abondent dans la contrée.

Le village de Saint-Alphonse et la localité voisine de Chicoutimi vivent du commerce de bois. On m'a présenté à la plupart des notabilités de l'endroit. Ces messieurs voulaient me retenir de force à la baie des *Ha ! ha !* prétendant que je ne pouvais pas m'en retourner en Europe sans avoir fait une excursion dans l'intérieur, jusqu'au lac Saint-Jean, d'où sort le Saguenay. J'avoue qu'après l'avant-goût que je venais d'avoir de ce pays si pittoresque, il m'a été bien dur de devoir repousser ces sollicitations. On trouve chez ces bons Canadiens la même cordialité que chez les honnêtes populations de la Norvége.

Après une escale de trois heures, le steamer vira de bord. Nous saluâmes de nouveau le cap Éternité, et rentrâmes vers le soir dans les eaux du Saint-Laurent. Le lendemain, j'étais de retour à Québec. En résumé, le

Saguenay est, avec le Niagara et le Grand Cañon de l'Arkansas, ce qui m'a le plus vivement impressionné en Amérique. Les fjords de la Norvége offrent seuls des aspects aussi grandioses que le Saguenay.

XXXII

LE RETOUR. — CONCLUSION.

> Dum relego, scripsisse pudet, quia plurima cerno,
> Me quoque, qui feci, judice, digna lini.
> OVIDE, *Métamorphoses.*

Je me rembarquai pour l'Europe sur le *Peruvian*, le 29 juillet 1876, après deux mois de séjour sur le continent américain. De Québec à Liverpool, le trajet se fit en huit jours et demi : si l'on considère que les steamers les plus rapides mettent dix jours à faire la traversée de New-York à Liverpool, on pourra se convaincre que la ligne anglo-canadienne est infiniment plus courte que les autres. En effet, la ligne de Québec à Liverpool se rapprochant davantage du pôle nord, on conçoit que la distance d'un méridien à l'autre est d'autant plus abrégée. Mais le grand avantage de cette ligne, apprécié surtout par les personnes qui ont horreur du roulis, c'est que la navigation sur l'Atlantique se trouve réduite à six jours, si l'on déduit les soixante heures de navigation fluviale sur le Saint-Laurent.

Nous entrâmes en mer par le détroit de Belle-Isle,

LE RETOUR. — CONCLUSION.

resserré entre l'île de Terre-Neuve et les côtes désolées du Labrador. Nous vîmes dans ces parages septentrionaux une magnifique aurore boréale, quantité de baleines, et quelques banquises de glace dont la présence amena un abaissement de température.

Durant toute la traversée, l'Atlantique fut presque aussi calme qu'un lac : le fait est trop rare pour qu'il ne mérite pas d'être signalé. Jamais voyage maritime ne me parut plus court et plus agréable; jamais je n'eus mieux le loisir de contempler ce monde mystérieux, profond, inconnu, qu'on appelle la mer.

La mer! on l'a sondée, on l'a explorée jusque dans ses plus inaccessibles profondeurs; l'électricité transporte dans son sein la parole humaine, que ni ses tempêtes, ni ses orages ne peuvent étouffer; et, cependant, malgré l'*œs triplex* dont parle Horace, la mer est toujours pour nous cette force inconstante et insoumise, perfide et capricieuse, aujourd'hui douce, belle et flatteuse comme une sirène, demain féroce et traître comme une lionne, force brutale et sauvage que l'homme connaît peu, et qui ne connaît point l'homme. Ce n'est pas pour l'homme que sont ses menaces, mais pour les îles, les montagnes, les continents qui l'étreignent. C'est au firmament et aux étoiles qu'elle jette ses plaintes sonores. Pas un seul de ses mugissements ne s'adresse à l'imperceptible atome qui vogue sur l'immensité de ses flots. Il n'est rien qui humilie l'orgueil humain comme la contemplation de l'Océan.

Après une semaine passée entre le ciel et l'eau, j'aperçus avec une douce satisfaction les côtes septentrionales de l'Irlande. La petite ville de Moville, où nous fîmes escale vers le soir, est située au fond d'une baie qui ne le cède pas en beauté à celle de Queenstown. Nous doublâmes ensuite le célèbre promontoire de Giants' Causeway, dont les roches basaltiques sont si régulières, qu'il semble que des géants y aient appliqué l'équerre. Le cap de Giants' Causeway m'a paru aussi imposant que le cap Nord. Plus loin, nous eûmes en même temps en vue les rivages de la verte Érin et les côtes montagneuses de l'Écosse, se profilant dans un prodigieux éloignement sous les noirs nuages qui assombrissaient la mer. Tous les passagers convinrent que ce paysage maritime rivalisait de grandeur avec le Saint-Laurent.

Le lendemain, le *Peruvian* nous déposait sains et saufs sur les quais splendides de Liverpool. Je ne fis que traverser l'Angleterre et courus tout droit à mes chères Pyrénées que je voulais revoir encore et comparer aux montagnes Rocheuses. Puis, je regagnai mes pénates, en m'écriant, comme le Savoyard :

> Oh! yonder is the well-known spot,
> My dear, my long lost native home!
> Oh! welcome is you little cot,
> Where I shall rest, no more to roam!

*
* *

Je termine ici ces notes sur l'Amérique. Je crois n'avoir pas été irrévérencieux envers les Yankees au point d'amener des complications diplomatiques ; j'aurai peut-être réussi tout au plus à piquer ces délicates sensitives qui s'effarouchent dès qu'on s'écarte de la distance respectueuse du dithyrambe. J'ai trop bonne opinion des Américains pour croire qu'il y a parmi eux beaucoup de ces sensitives. A côté de mains petits défauts, ils ont d'immenses qualités. Si je me suis permis parfois de les critiquer, je ne leur ai pas non plus marchandé les éloges qui leur sont dus, n'étant pas de ceux qui dénigrent les Américains de parti pris. On peut ne point sympathiser avec eux comme individus, sans cesser de les admirer comme nation, toute question politique à part. Que les Yankees soient peu policés, qu'ils aient l'idolâtrie du veau d'or et un goût trop prononcé pour le wiskey et le chewing tobacco, tout cela ne les empêche pas d'être un peuple énergique et entreprenant : je n'en veux pour preuve que leur exposition centenaire de Philadelphie. Une nation qui arrive au bout d'un siècle d'existence à de si remarquables résultats est une nation grande, forte et pleine de séve.

Au reste, je crois que les Américains se soucient fort peu de ce qu'on pourrait bien penser d'eux de ce côté de l'Atlantique. Certes, ils aiment à entendre les étrangers faire l'éloge de leur pays, et je ne répéterai pas ici ce que j'ai dit ailleurs de leur vanité nationale. Mais j'ai cru remarquer que les Américains sont en général d'une incroyable ignorance au sujet de ce qui se passe en Europe : ils ont trop haute estime d'eux-mêmes pour s'intéresser aux autres nations. C'est à peine si leurs journaux s'occupent des événements extérieurs : c'est avec un magnifique dédain qu'ils traitent les affaires européennes ; ils semblent prendre en pitié les vains efforts que fait le vieux monde pour arriver à la hauteur de la grandissime République. Pour eux, l'Europe est la grenouille envieuse, l'Amérique est le bœuf de belle taille, la *big country*, comme ils se plaisent à l'appeler.

La grenouille pourrait bien n'être pas celle qu'ils pensent. Cette pécore creva à force de vouloir s'étendre. Les treize États du siècle dernier, qui se touchaient les uns les autres et n'occupaient qu'une étendue limitée, avaient certes plus d'homogénéité que les trente-huit États actuels, disséminés sur un territoire tellement vaste que Boston et San Francisco sont séparés par une distance qu'on pourrait comparer à celle de Paris à Téhéran, résidence du schah de Perse, ou, si l'on préfère, de Paris à la capitale de la Sibérie. On dit que l'oncle Sam n'est pas encore content : le Mexique, Cuba, le Canada doivent lui revenir un jour, suivant la prédiction du président Monroe. L'Empire romain était trop grand : là est le danger pour la République américaine. Il faudra à Washington un pouvoir bien fort pour lutter contre les tendances séparatistes qui ne feront que s'accentuer à mesure que se développera la puissance de l'Ouest, ce nouvel antagoniste plus formidable que ne le fut jamais le Sud, parce qu'il accapare la sève de la nation.

C'est à l'ouest des monts Alleghany que la population est aujourd'hui prépondérante : au siècle dernier, les hommes d'État américains se demandaient si ces vastes régions entièrement désertes seraient jamais peuplées, et voilà qu'en moins d'un siècle elles ont attiré des millions d'hommes. Le centre de la population des États-Unis est actuellement plus près de Chicago que de Philadelphie : depuis le premier recensement, ce centre de population n'a cessé de se déplacer et de s'avancer vers l'ouest, à raison de cent milles par période de dix ans. C'est par milliers que les treize États originaires ont envoyé leurs enfants peupler le Grand Ouest; l'ancien monde a contribué pour une grande part à ces gigantesques migrations. Et les prairies et les vallées que ces hardis pionniers ont arrachées aux Indiens sont devenues de nouveaux empires plus puissants, plus prospères, plus riches que les anciens États de l'Est.

Le Sud a succombé dans sa tentative de sécession : il n'était pas encore assez fort. Il paraît évident que la même question de sécession sera un jour posée par l'Ouest, ou tout au moins par les jeunes États du Pacifique, dont la métropole commerciale est San Francisco, cette future rivale de New-York. Le pavillon américain porte aujourd'hui trente-huit étoiles qui représentent les trente-huit États de l'Union. Lorsqu'on aura démembré le Texas et d'autres États d'une trop grande étendue, lorsqu'on aura érigé en États les cinq ou six territoires qui ne font pas encore partie de l'Union, la voie lactée de la Colombie n'aura guère moins de cinquante étoiles. C'est fort beau, tant d'étoiles sur un drapeau d'étoffe ; mais malheureusement, si toutes les étoiles sont identiques sur le drapeau, il n'en est pas de même des États qu'elles représentent. La Californie n'a pas les mêmes intérêts que l'État de New-York ; le Missouri, la Louisiane ont d'autres aspirations que le Massachussetts ; le commerce du Sud et de l'Ouest souffre du système protectionniste auquel les États industriels de l'Est doivent leur prospérité. L'antagonisme des intérêts a été la véritable cause de la guerre de sécession. L'esclavage supprimé, cet antagonisme subsiste, et la question se complique aujourd'hui d'un troisième élément, ce mystérieux Ouest auquel on ne songeait guère il y a vingt ans. Quant au Sud, ce serait se faire illusion que de croire qu'il a fait sa paix avec le Nord. Vaincu, il n'aspire qu'à la revanche : c'est plus que de l'hostilité, c'est de la rage. Leurs journaux se taisent, mais les hommes du Sud que j'ai rencontrés ne s'en cachaient point. Une sécession pacifique eût probablement mieux résolu le problème que tous les flots de sang versé pour maintenir une unité factice qui semble fatalement condamnée au morcellement.

Il en est peut-être de l'Union américaine comme des merveilleux édifices naturels du Parc monumental que j'ai visité dans les montagnes Rocheuses : ils sont d'une structure hardie et ingénieuse, mais ils résistent difficilement aux efforts du temps. La nature avait eu soin de pourvoir à leur conservation en les couronnant d'une pierre plate destinée à leur servir d'abri contre les intempéries des saisons ; mais du jour où ces chapitaux ont été renversés, les monuments ont commencé à se désagréger.

Washington, lui aussi, avait pourvu à la conservation de son édifice par des règles sages et bien conçues; mais il y a longtemps que ces règles ne sont plus respectées, et le « Père de la patrie » aurait peine à reconnaître aujourd'hui le monument qu'il a érigé il y a cent ans. Se trouvera-t-il un nouveau Washington qui arrêtera la désagrégation commencée? Je ne suis pas dans les secrets du sphinx Avenir.

FIN

TABLE DES MATIERES

		Pages
I.	A travers l'Atlantique	1
II.	Saint-Jean de Terre-Neuve. — Halifax.	12
III.	La Chesapeake. — Baltimore.	24
IV.	Philadelphie.	34
V.	La Ville impériale.	53
VI.	Un dimanche à New-York	72
VII.	L'Hudson	82
VIII.	Washington.	95
IX.	La Virginie	116
X.	L'Ohio.	130
XI.	Cincinnati.	144
XII.	Saint-Louis	157
XIII.	Le Missouri et le Kansas.	173
XIV.	Le Colorado.	185
XV.	Le Grand Cañon de l'Arkansas	195
XVI.	Manitou. — Le Parc monumental.	208
XVII.	Ascension du Pike's Peak	221
XVIII.	Une grande ville naissante.	242
XIX.	Golden City. — Idaho Springs	252
XX.	Central City. — L'exploitation de l'or	262
XXI.	De Denver à Chicago	271
XXII.	La Reine des lacs.	284

XXIII.	Le Michigan.	302
XXIV.	Le Niagara.	313
XXV.	Toronto.	332
XXVI.	Ottawa.	342
XXVII.	Montréal.	354
XXVIII.	Chez les Iroquois.	364
XXIX.	Québec.	374
XXX.	Montmorency. — Lorette.	387
XXXI.	Le Saguenay.	394
XXXII.	Le Retour. — Conclusion.	404

FIN DE LA TABLE DES MATIÈRES

TABLE DES GRAVURES

		Pages
1.	Indiens des montagnes Rocheuses. — Frontispice.	
2.	Halifax.	18
3.	Philadelphie	35
4.	L'École militaire de West-Point, sur l'Hudson.	89
5.	Le Capitole, à Washington	110
6.	Le Missouri.	174
7.	Un Chef de Peaux-Rouges.	197
8.	Un Cañon du Colorado	202
9.	Les Cathedral-Rocks, dans le jardin des Dieux.	212
10.	L'Hôtellerie du Pike's Peak.	228
11.	La Rivière de Chicago	286
12.	Le Lac Ontario.	336
13.	Montréal.	358
14.	Un Cimetière indien	369
15.	Québec.	374
16.	La Terrasse Durham, à Québec	380

FIN DE LA TABLE DES GRAVURES

PARIS. TYPOGRAPHIE DE E. PLON ET Cⁱᵉ, RUE GARANCIÈRE, 8.

A LA MÊME LIBRAIRIE

Le Mexique aujourd'hui, par A. DUPIN DE SAINT-ANDRÉ. Un vol. in-18. Prix. . . . . 3 fr. 50

Dans les Montagnes Rocheuses, par le baron E. DE MANDAT-GRANCEY. Un vol. in-18, avec dessins de Crafty et carte spéciale. Prix. . . . . 4 fr.

En visite chez l'oncle Sam, par le baron E. DE MANDAT-GRANCEY. Un vol. in-18, avec gravures. Prix. . . 4 fr.

Dix-huit mois dans l'Amérique du Sud, le Brésil, l'Uruguay, la république Argentine, les Pampas, et voyage au Chili par la Cordillère des Andes, par le comte Eugène DE ROBIANO. 2ᵉ *édition*. Un vol. in-18 Prix. . . 3 fr.

Chili. *Le Chili, l'Araucanie, le détroit de Magellan, et retour par le Sénégal*, par le Cᵗᵉ E. DE ROBIANO. 3 fr.

Voyage d'un jeune garçon autour du monde, par Samuel SMILES, traduction par madame C. DESHORTIES DE BEAULIEU. 2ᵉ *édition*. Un vol. in-18. . . . . 3 fr.

La France transatlantique : Le Canada, par S. CLAPIN. Un vol. in-18, avec carte et gravures. Prix. . 4 fr.

Souvenirs du Venezuela. Notes de voyage, par Jenny DE TALLENAY. Un vol. in-18, avec gravures. Prix. 4 fr.

Un Français en Amérique. *Yankees, Indiens, Mormons*, par Paul TOUTAIN. Un vol in-18. Prix. . . . 3 fr. 50

Les États-Unis contemporains, par Claudio JANNET, avec une lettre de M. Le Play. 3ᵉ *édit*. Deux in-18. . 6 fr.

Sud-Amérique, *Séjours et voyages au Brésil, à la Plata, au Chili, en Bolivie et au Pérou*, par le comte D'URSEL. Un volume in-18, avec carte et gravures. Prix. . . . . 4 fr.

Souvenirs du Far-West, par le baron Arnold DE WOELMONT. Un vol. in-18. Prix. . . . . 3 fr. 50

En canot de papier de Québec au golfe du Mexique, 2,500 milles à l'aviron, par N. BISHOP, traduit par HEPHELL. Un vol. in-18, avec cartes et gravures. 4 fr.

Lettres sur l'Amérique, par Xavier MARMIER, de l'Académie française. Nouvelle édition. Deux vol. in-18. 7 fr.

Aux Antilles, par Victor MEIGNAN. 2ᵉ *édit*. In-18.. 4 fr.

Paris. Typographie E. Plon, Nourrit et Cⁱᵉ, rue Garancière, 8.

www.ingramcontent.com/pod-product-compliance
Lightning Source LLC
Chambersburg PA
CBHW050907230426
43666CB00010B/2053